新时代
广州非物质文化遗产
保护发展报告

宋俊华　主编

SPM
南方传媒 ｜ 广东人民出版社

·广州·

图书在版编目（CIP）数据

新时代广州非物质文化遗产保护发展报告 / 宋俊华主编. —广州：广东人民
出版社，2023.6

ISBN 978-7-218-16681-0

Ⅰ. ①新… Ⅱ. ①宋… Ⅲ. ①非物质文化遗产—保护—研究报告—广州
Ⅳ. ①G127.65

中国国家版本馆CIP数据核字（2023）第095690号

XINSHIDAI GUANGZHOU FEIWUZHI WENHUA YICHAN BAOHU FAZHAN BAOGAO

新时代广州非物质文化遗产保护发展报告

宋俊华　主编

版权所有　翻印必究

出 版 人：肖风华

责任编辑：梁　茵　廖志芬
装帧设计：奔流文化
责任技编：周星奎

出版发行：广东人民出版社
地　　址：广州市越秀区大沙头四马路 10 号（邮政编码：510199）
电　　话：（020）85716809（总编室）
传　　真：（020）83289585
网　　址：http://www.gdpph.com
印　　刷：广东虎彩云印刷有限公司
开　　本：787mm×1092mm　1/16
印　　张：16.75　　字　　数：310 千
版　　次：2023 年 6 月第 1 版
印　　次：2023 年 6 月第 1 次印刷
定　　价：78.00 元

如发现印装质量问题，影响阅读，请与出版社（020-85716849）联系调换。
售书热线：（020）85716833

编委会

目 录

‖Ⅲ 热点分析‖

‖Ⅳ 附录‖

Ⅰ 总报告

新时代非物质文化遗产保护的广州探索

宋俊华　叶健莹*

摘　要： 随着新时代我国社会主要矛盾的转化，满足人民追求美好生活愿望已经成为我国非物质文化遗产保护的重要目标。过去五年，在习近平新时代中国特色社会主义思想指导下，广州市一方面秉承国际公约精神，坚持"党委领导，政府统筹，部门协调，社会参与"，持续完善非遗保护法规制度、机构队伍和基础设施建设，积极营造良好的社会氛围；另一方面坚持以人民为中心，坚持"双创""三见"理念，配合"老城市新活力"和"四个出新出彩"，探索与一线城市发展相适应的非遗保护范式，建立了以能力建设为核心，以多方协同为手段，以让"非遗绽放出更加迷人光彩"为目的的非遗保护发展新格局，展示了"敢为天下先"的广州精神。当然，各区、各类非遗保护发展的不平衡问题，仍是制约广州非遗保护发展的突出问题。

关键词： 新时代　非物质文化遗产　保护　美好生活　广州探索

一、非遗保护的基本状况

"十三五"期间，我国已全面建成了小康社会，并进入中国特色社会主义新时代。坚持新发展理念，加强社会治理能力现代化，实现高质量发展，解决人民日益增长的美好生活需要和不平衡不充分的发展之间的矛盾，是新时代我国经济社会发展的根本目标，也是我国非物质文化遗产（以下简称"非遗"）保护的重要使命之一。

"十三五"期间，党和国家高度重视中华优秀传统文化传承发展工作，颁布实施了一系列新的政策法规，为非遗保护工作指明了方向、营造良好的氛围。2017年1月25日，中共中央办公厅、国务院办公厅印发的《关于实施中华优秀传统文化传承发展

　　* 宋俊华，中山大学中国非物质文化遗产研究中心主任、中文系教授，广州新华学院中文系系主任；叶健莹，中山大学中国非物质文化遗产研究中心、中文系研究生。本文为教育部人文社科重点研究基地重大项目"非遗保护的中国经验研究"（17JJD850005）、广东省教育厅"粤港澳大湾区文学人与文化创新团队"项目等的阶段成果。

工程的意见》明确指出，保护非遗是中华优秀传统传承发展工程的重要内容，要"深入贯彻新发展理念，坚持以人民为中心的工作导向，坚持以社会主义核心价值观为引领，坚持创造性转化、创新性发展，坚守中华文化立场、传承中华文化基因，不忘本来、吸收外来、面向未来，汲取中国智慧、弘扬中国精神、传播中国价值，不断增强中华优秀传统文化的生命力和影响力，创造中华文化新辉煌"①。

2017年5月7日，中共中央办公厅国务院办公厅印发的《国家"十三五"时期文化发展改革规划纲要》指出，非遗保护是"十三五""文化遗产传承工程"重要内容，主要任务是健全非遗保护制度，加强国家级文化生态保护实验区建设，支持非物质文化遗产展览、展示、传习场所建设，推进非物质文化遗产生产性保护等，并将对国家级非遗代表性传承人进行抢救性记录，实施传承人群研修研习培训计划，加强非遗保护利用设施建设等②。

2017年10月18日，习近平总书记在党的"十九大"报告中指出，中国特色社会主义进入新时代，我国社会主要矛盾已经转化为人民日益增长的美好生活需要和不平衡不充分的发展之间的矛盾，必须坚持以人民为中心的发展思想，不断促进人的全面发展、全体人民共同富裕。明确强调"从现在到二〇二〇年，是全面建成小康社会决胜期"③。所以，按照党的"十六大""十七大""十八大"提出的全面建成小康社会各项要求，紧扣我国社会主要矛盾变化，围绕创新驱动发展、乡村振兴、区域协调发展、可持续发展等国家战略，开展非遗保护，让非遗为扶贫攻坚、乡村振兴、全面建成小康社会赋能，成为新时代非遗保护的重要使命。

在贯彻《关于实施中华优秀传统文化传承发展工程的意见》《国家"十三五"时期文化发展改革规划纲要》和党的"十九大"报告和十九届历次全会精神过程中，我国各级文化和旅游主管部门出台了许多非遗保护的配套政策，进一步完善了建立了非遗保护法规政策体系，为广州市开展非遗保护工作指明了方向。

"十三五"期间，广州市在非遗保护上，秉承国际公约精神，坚持"党委领导、政府统筹、部门协同、社会参与"，持续完善非遗制度、队伍和基础设施建设，倡导多元主体参与，营造良好社会氛围：其一，制定并实施了《广州市非物质文化遗产保

---

① 中共中央办公厅、国务院办公厅印发《关于实施中华优秀传统文化传承发展工程的意见》，中华人民共和国中央人民政府网，发布日期：2017年1月25日；访问日期：2022年5月4日。

② 中共中央办公厅国务院办公厅印发《国家"十三五"时期文化发展改革规划纲要》，中华人民共和国中央人民政府网，发布日期：2017年5月7日；访问日期：2022年5月4日。

③ 习近平：《习近平：决胜全面建成小康社会 夺取新时代中国特色社会主义伟大胜利——在中国共产党第十九次全国代表大会上的报告》，新华网，发布日期：2017年10月27日；访问日期：2022年5月4日。

护办法》《广州市市级非物质文化遗产代表性传承人认定与管理办法》《广州市发展振兴非物质文化遗产三年行动方案》等，促进了非遗保护工作的规范化；其二，健全了市、区非遗保护机构，增加了市非遗处、非遗保护中心的人员编制，壮大了非遗保护管理队伍；其三，启动了广州市文化馆新馆（广州非遗展示中心）、广州粤剧院新院的等非遗新场馆建设。其四，搭建了与高校、科研机构的合作平台，建立了多元主体参与非遗保护的协作机制，营造了社会参与非遗保护的良好氛围。

同时，广州市非遗保护工作始终坚持以人民为中心，坚持"双创""三见"理念，积极配合"老城市新活力"和"四个出新出彩"，探索与一线城市发展相适应的非遗保护范式，建立了以能力建设为核心，以多方协同为手段，以让"非遗绽放出更加迷人光彩"为目的的非遗保护发展新格局，展示了"敢为天下先"的广州精神：其一，在传承人群传承能力提升方面，积极引导传承人在保存、立档、研究、传播、传承、弘扬振兴等方面提升能力，加强评估和动态管理，其中市非遗保护中心打造了"广州非遗新生代提升行动"品牌，与国内著名高校合作培养广州非遗新生代，开发非遗创新产品，扩大了非遗传承人人群，提升非遗传承能力，增强了非遗生命活力。其二，在教育传播方面，市、区非遗保护主管部门充分依托"三馆"（文化馆、博物馆、图书馆）等公共设施，促进非遗从"三进"（进校园、进社区、进景区）向"三在"（在校园、在社区、在景区）战略转型，打造了多个具有全国影响力的非遗教育传播品牌：市非遗保护中心举办的"非遗课来了"，已经成为一个具有全国曝光度的品牌性非遗公益培训活动；"广绣进校园""中医药文化进校园""广府文化进校园""木版年画进校园"4个项目先后入选2019、2020年度全国"非遗进校园"十大优秀实践案例和十大创新实践案例，广州是全国入选案例最多的城市；市文广旅局与旅游企业合作开发出海珠区琴心之旅、西关十三行非遗游、沙湾古镇非遗游等多条广州非遗体验游路线，"广州老城新活力文化遗产深度游"入选12条"全国非遗主题旅游线路"之一，广州"三进"已经实现了向"三在"的升级发展。其三，在研究方面，广州市文广旅局与文化和旅游部恭王府博物馆合作共建了"国家非物质文化遗产展览展示研究中心（华南展示基地）""中国传统工艺振兴计划（广州）协同创新中心"两个重要研究平台，在文化和旅游部非遗司支持下搭建起"非遗品牌大会"的全国性学术交流平台，并与各类学术机构、出版机构合作产生了一批有影响的研究成果，如人类非遗代表作粤剧研究丛书、广州市非遗图录、广州市非遗普及读本、广州非遗代表性传承人口述历史资料片和口述史专著等。

整体而言，在党和国家政策的宏观指导下，在广州市委、市政府的高度重视下，"十三五"期间广州市非遗保护工作发展态势良好，在政策、队伍和设施保障上有新思路、新举措，在非遗传承能力建设上有新理念、新方法。党委领导、政府统筹、部门协同、社会参与，保护为主、创新利用的非遗保护新格局已经形成；服务一线城市高质量发展、人民群众美好生活升级、粤港澳大湾区核心城市非遗保护特色鲜明；品牌突出、示范性强的"广州经验"产生较大影响，为"十四五"时期非遗保护提速升级和可持续发展奠定了坚实基础。

二、非遗保护的新举措

"十三五"期间，围绕新时代城市经济社会和非遗保护的目标定位，广州市在非遗保护上通过一系列新的举措，强优势，补短板。主要表现在：完善非遗保护管理机制，增强非遗保护保障能力；创新非遗人才培养，提升非遗传承能力；加强非遗普及教育，提高非遗可见度；建立学术协作机制，提升非遗理论研究水平；鼓励多元主体参与，激发非遗创新活力。

（一）完善非遗保护管理机制，增强非遗保护保障能力

"政府主导、社会参与"是我国非遗保护工作的基本方针。根据《中华人民共和国非遗法》的规定，"政府主导"是指县级以上人民政府是我国各地非遗保护的责任主体，要确保所在地非遗项目的生命力，要从制度、人员、经费等方面确保非遗保护工作的顺利开展。[①]"十三五"期间，广州市各级政府部门认真贯彻党的十九大和十九届历次全会精神，在非遗保护方面履职尽责，重视非遗保护管理机制建设，把非遗保护与推进城市治理能力现代化、"四个出新出彩"相结合，完善非遗法规政策，加强队伍管理，高素质的管理人才队伍；加大了经费投入，确保了非遗保护工作的运行。

1．完善法规政策，强化政策保障

《国家"十三五"时期文化发展改革规划纲要》要求各地坚持"保护为主、抢救第一、合理利用、传承发展"的工作方针，进一步完善非物质文化遗产保护制度，以人的培养为核心，以融入现代生活为导向，推动非物质文化遗产保护事业深入发展。"十三五"时期，广州市先后出台《广州市培养非物质文化遗产保护人才工作方案》《广州市建设非物质文化遗产工作站方案（2018—2020）》《广州市非物质文化遗产保护办法》《广州市市级非物质文化遗产代表性传承人认定与管理办法》《广州市发展振兴非物质文化遗产三年行动方案（2020—2022）》《广州市非物质文化遗产保护中心非物质文化遗产实物征集办法》等法规和规范性文件，为广州市非遗保护工作提

---

① 《中华人民共和国非物质文化遗产法》（2011年2月25日第十一届全国人民代表大会常务委员会第十九次会议通过），全国人民代表大会网，发布日期：2011年2月25日；访问日期：2022年5月4日。

供强有力的政策保障，促进广州市非遗保护工作规范化和专业化发展。

依据《中华人民共和国非物质文化遗产法》和《广东省非物质文化遗产条例》，结合广州市实际制定的《广州市非物质文化遗产保护办法》（以下简称"《保护办法》"）于2020年5月1日正式实施。①该《保护办法》对广州市级、区级非遗项目与传承人的申报条件作出细化的规定，要求市级、区级非遗项目具备在本地传承一百年以上、世代传承传播、具有鲜明区域特色、在本地有较大影响等条件，规定市级、区级非遗代表性传承人传承谱系不得少于三代，重点突出非遗项目与非遗传承人的传承历史与保护价值。《保护办法》还明确对各非遗项目实行分类保护，针对非遗项目的特点与存续情况制定相应的保护措施，为非遗项目提供行之有效的保护。作为《保护办法》的配套规范性文件，《广州市市级非物质文化遗产代表性传承人认定与管理办法》（以下简称"《管理办法》"）于2020年11月10日正式实施。②《管理办法》将非遗代表性传承人的申报条件、申报途径、日常管理、退出机制等内容进一步细化，为文化主管部门的认定、管理工作提供明晰的标准，推动文化主管部门实行常态化、规范化的管理。

此外，广州市荔湾区非遗中心出台传承人扶持政策，制定《荔湾区扶持非物质文化遗产实施方案》，保障传承人的利益并加强对传承人履行义务的监督。黄埔区编制、出台《黄埔区非物质文化遗产保护和活化利用总体规划方案》《黄埔区非物质文化遗产生产性保护指导意见》等，加强了对本区开展非遗保护工作的管理与指导。

2．加强队伍管理，提升人才保障水平

管理人才是非遗保护队伍的重要力量，是实现非遗保护政府主导的基本保障。广州市在广州市文化广电旅游局下设非物质文化遗产处，在广州市文化馆加挂广州市非物质文化遗产保护中心，两个机构专门负责广州市非遗保护管理工作。广州市各区相应成立了区非遗科和区非遗保护中心，为建立专门的非遗保护管理队伍提供了机构保障。全市各区保护工作联席会议制度也全面建立。"十三五"期间，广州市加强了管理队伍建设，在编制设置、能力建设和考核评估上都采取了一系列措施，确保了高素质管理队伍的发展。

首先，增加了管理人员编制，壮大了管理队伍。为适应广州市文化馆新馆和市非遗展示馆建设需要，广州市政府在保持原有6个编制的基础上，专门为市非遗保护中

---

① 《广州市非物质文化遗产保护办法》，广州市人民政府网，发布日期：2020年2月21日；访问日期：2022年5月4日。

② 《广州市市级非物质文化遗产代表性传承人认定与管理办法》，广州市人民政府网，发布日期：2020年10月17日；访问日期：2022年5月4日。

心增加了10个编制，用以充实市非遗保护中心的管理人才队伍。截至2020年底，市非遗保护中心专门从事非遗保护管理的干部队伍有7人，区级非遗保护中心机构从事非遗保护的专职、兼职人员共有33人，数量居于全国同类城市前列。

其次，加强了管理人员的培训，提升了管理人员的业务水平。广州市十分重视非遗保护管理人员的培训工作，于2016年出台、实施的《广州市培养非物质文化遗产保护人才工作方案》要求广州市各级单位需要每年对非遗管理干部进行培训。2017年，广州市文广新局在从化区、增城区组织全市非遗工作培训班，面向非遗保护工作人员开展"非遗代表性项目申报录像片制作要求""非遗代表性项目保护单位的职责""人类非遗项目粤剧保护经验介绍""非遗保护趋势和政策解读"等培训，令参与培训的工作人员了解自身职责与代表性项目的保护经验，同时掌握非遗保护政策的最新动向。2019年，广州市文化广电旅游局在南沙区举行广州市非遗保护单位培训班。2020年，广州市文化广电旅游局在越秀区举行全市非遗传承人培训班，首次集中邀请多位国内非遗知名专家前来授课。此外，广州市非遗保护工作者还多次参加国家、广东省组织的"国家级非遗代表性传承人抢救性记录工作规范培训班""全国非遗策展人才培训班""全省非物质文化遗产保护工作人员研修班"等专题培训班，全力提升广州市非遗保护工作水平与专业素质。

最后，广州市各非遗保护单位完善了管理人员的考核，定期组织对管理人员的培训与考核，提高管理人员的工作积极性，稳步推进非遗保护工作。

3. 建立专项资金，确保经费投入

"十三五"期间，广州市将非遗保护经费列入财政预算，不断增加非遗保护的经费投入，并积极吸收社会投入，保障广州非遗的可持续发展。

"十三五"期间，广州市对市级非遗代表性项目补助经费约200万元/年，对市级非遗代表性传承人补助经费为1万元/人/年。具体历年度广州市所获国家、省、市级专项资金情况如下：2016年，广州市级以上非遗代表性项目和代表性传承人共获得补助经费522万元（含中央、省、市三级财政拨款），包括国家财政136万元（项目经费120万元，传承人经费16万）；省财政172万元（项目经费40万元，省级文化生态保护区建设经费20万，传承人经费112万）；市财政214万元（项目经费155万元，传承人经费59万元）。2017年，广州市级以上非遗代表性项目和代表性传承人共获得补助经费938万元（含中央、省、市三级财政拨款）。2018年，广州市级以上非遗代表性项目和代表性传承人共获得补助经费663万元（含中央、省、市三级财政拨款），包括国家财政126万元（项目经费110万元，传承人经费16万元）；省财政262万元（项目经费126万元，传承人经费136万元）；市财政275万元（项目经费200万元，传承人经费75万元）。2019年广州市级以上非遗代表性项目和代表性传承人共获得补助经费751万

元，含中央、省、市三级财政拨款，包括国家财政250万元（项目经费220万元，传承人经费30万元）；省财政172万元（项目经费52万元，传承人经费120万元）；市财政329万元（项目经费220万元，传承人经费109万元）。2020年，广州市级以上非遗代表性项目和代表性传承人共获得补助经费494万元（含中央、省、市三级财政拨款），包括国家财政80万元；省财政60万元；市财政354万元（北京路街区项目展示经费50万元，省级文化生态保护试验区补助经费100万元，市级项目保护经费204万元）。"十三五"期间，广州市非物质文化遗产保护中心平均每年度获得非遗保护专项工作经费约135万元，用于非遗建档、调查、研究、宣传、弘扬、振兴等保护工作。广州市财政在非遗保护方面的经费投入较"十二五"期间明显增加，市财政经费已占市级以上非遗代表性项目和代表性传承人总保护经费的40%以上。

同时，"十三五"期间，各市级非遗项目保护单位也加大非遗保护资金投入力度，投入资金约1800万元以上。其中，对人类非遗代表作项目——粤剧的经费投入有了显著增长，用于"粤剧表演艺术大全"编撰出版项目的经费投入已超过1000万元，用于广州市粤艺中心的传统粤剧挖掘整理的经费也达232万元，资助出版了《此物最相思——粤剧史料文萃》《粤剧传统表演排场集》《漫话粤剧》等图书及《古韵新声·贰》《粤俗好歌》等音像制品。岭南传统天灸疗法项目保护单位广东省中医院每年度投入超过50万元用于天灸疗法的专项研究，已成功立项天灸新处方专利3项。

除了市级层面加大投入外，各区也加大了非遗经费投入。"十三五"期间，白云区投入专项资金达1900余万元，天河区投入专项资金达1500余万元，黄埔区投入专项资金达1000余万元；2019年，南沙区落实专项经费，通过竞争性选拔的方式扶持龙狮麒麟队、咸水歌队等20个民间文艺团体，共资助200万元。

4．科学推进非遗名录认定和档案建设工作，夯实基础

截至2020年12月，广州市共有市级以上（含市级）非遗项目116项，其中省级项目81个，国家级项目17个[①]，人类非遗代表作2个。2017年，广州市第六批市级非遗代表性项目名录认定盘古王传说、郑仙传说、广东汉乐（增城）、螳螂拳（广州）、广州饼印制作技艺等11个新项目与洪拳（黄飞鸿派）、广州玉雕等5个拓展项目。2018年，广东省公布第七批省级非遗代表性项目名录，其中广州市有金花娘娘的传说、广州螳螂拳等13个项目入选。2019年，广州市第七批市级非遗代表性项目名录认定粤讴、蔡李佛拳、白眉拳、书画装裱修复技艺、广式凉果制作技艺等9个新项目与岭南古琴艺术、广东醒狮（海珠区）等7个拓展项目。新增市级项目传承谱系清晰，具有较高的历史、文化、艺术和科学价值，申报单位具有相应的资质和条件，且制定保护

---

① 见图1，有些国家级项目为市级直报，未归入各个区，故各区在此数据上与此有出入。

计划具体可行。

此外，广州市各区积极开展区级非遗代表性项目评选工作，不断拓展广州非遗的项目名录体系。目前，白云区有区级以上（含）非遗项目17项（其中，省级项目3项，市级项目10项），从化区有区级以上（含）非遗项目24项（省级2项，市级8项），番禺区有区级以上（含）非遗项目39项（国家级3项，省级12项，市级18项），越秀区有区级以上（含）非遗项目35项（省级10项，市级17项），海珠区有区级以上（含）非遗项目45项（国家级3项，省级14项，市级23项），花都区有区级以上（含）非遗项目22项（国家级1项，省级3项，市级12项），黄埔区有区级以上（含）非遗项目35项（国家级1项，省级4项，市级14项），南沙区有区级以上（含）非遗项目10项（省级2项，市级4项），天河区有区级以上（含）非遗项目44项（国家级1项，省级1项，市级4项），荔湾区有区级以上（含）非遗项目45项（国家级1项，省级10项，市级23项），增城区有区级以上（含）非遗项目35项（国家级1项，省级4项，市级8项）。各区非遗名录情况见图1。

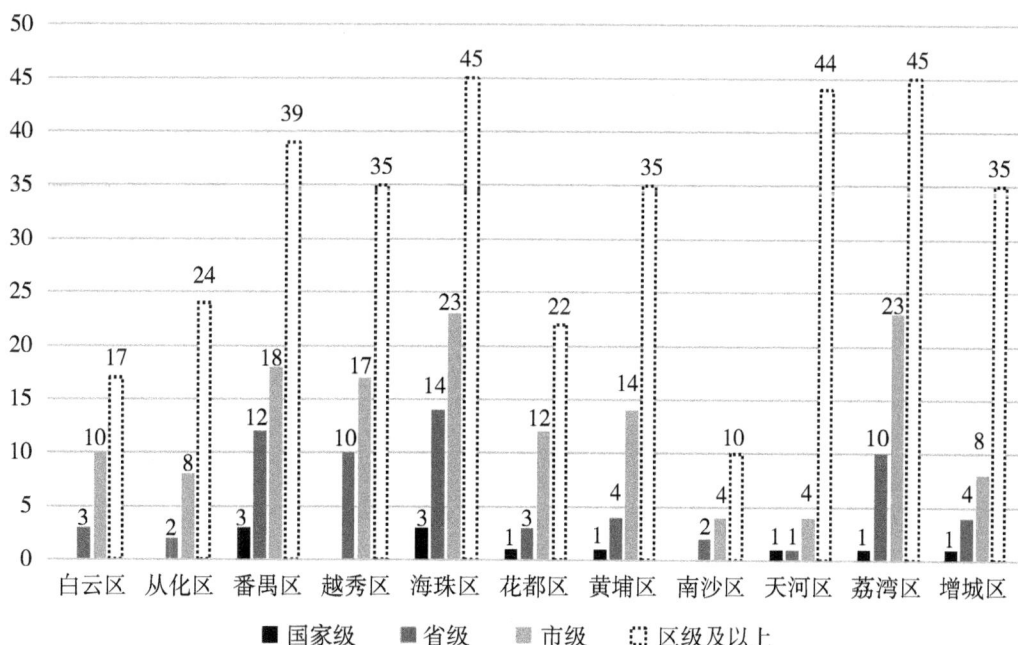

图1　广州市各区非遗名录建设情况（2006~2020）

《中华人民共和国非物质文化遗产法》第十二条规定，文化主管部门和其他有关部门进行非遗调查，对非遗予以认定、记录、建档，并建立健全调查信息共享机制。"十三五"期间，广州市稳步推进非遗档案建设工作，各非遗保护单位积极收集、整理项目相关信息、实物等，不断丰富项目档案资料。广州市文广旅局组织拍摄制作了六批非遗代表性传承人口述历史资料片共49部，为广州非遗传承传播和研究提供了珍贵的资料；对116项市级代表性项目、208名市级代表性传承人均分门别类建立档案，对于历年开展的各种非遗活动也建立起工作档案，并建立了广州新生代传承人群的基本档案。再以黄埔区为例，2016年，黄埔区完成"保护项目、基地、传承人"的文字、图片、声像、实物、数据库新建平移工作，新建了原萝岗区的档案；2017年时，黄埔区运用科技手段创新管理档案资料，在原有非遗数据库基础上，整合文字、图片、音频等资料，建设多领域可使用的非遗资源数据库；目前，黄埔区已完成2016年至2019年的非遗资源整理、归档工作，为有效管理与保护区内非遗项目奠定基础。

（二）创新非遗人才培养，提升非遗传承能力

传承人是非遗传承的主体，非遗保护要以确保传承人的传承为前提。认定、培养和保护传承人是非遗保护工作的核心内容。"十三五"期间，广州市进一步加大了非遗传承人的保护力度，使得非遗传承人群持续扩大，开展非遗传承活动的主动性、自觉性不断增强，传承能力显著提高。

1．加强了传承人认定工作，扩大了传承人群体

2016年至2020年，广州市不断加强非遗传承人队伍建设工作，先后开展了广州市第五批、第六批、第七批市级非遗代表性传承人的认定工作，同时组织开展了广东省第五批、第六批省级非遗传承人、第五批国家级非遗传承人的申报、推荐工作。2016年，广州市公布了第五批市级非遗代表性传承人名录，新增32位市级非遗代表性传承人。2018年，广州市公布了第六批市级非遗代表性传承人名录，新增34位市级非遗代表性传承人，并成功推荐7位传承人入选第五批国家级非遗代表性传承人。2020年，广州市公布了第七批市级非遗代表性传承人名录，新增31位市级非遗代表性传承人，其中传统医药类新增7人，有两位梅花奖获得者入选为粤剧项目市级代表性传承人，使粤剧项目市级代表性传承人达13人，涵盖了粤剧领域的各行当。近年来广州市新增市级非遗代表性传承人已涵盖我国非遗十大门类中的九大门类，其中传统技艺类新增代表性传承人数量最多。广州市各门类非遗项目新增代表性传承人数量（见图2）。

截至2020年12月，广州市共有市级非遗代表性传承人208人，省级非遗代表性传承人79人，国家级代表性传承人12人，形成了层次合理且稳态的传承队伍，为广州市的非遗保护与传承工作提供了有力支撑。另外，各区非遗保护单位积极开展传承人认定工作，全市共认定区级传承人324人。各区区级传承人数量（见图3）。

2．创新了传承人群培养，提升了传承能力

目前，广州市非遗代表性传承人的传承方式以家族传承、师徒传承为主，如广绣、广彩、玉雕、打金制作技艺等传统技艺类项目，通过师带徒的形式传承技艺，培养

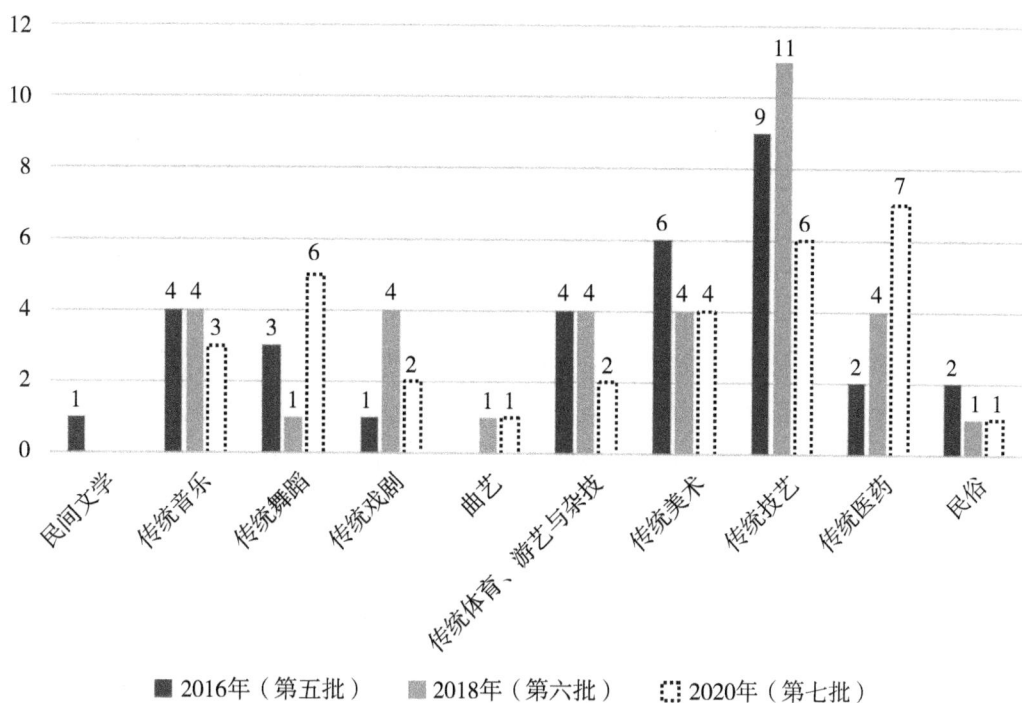

图2　广州市非遗九大门类项目新增市级代表性传承人情况（2016~2020）

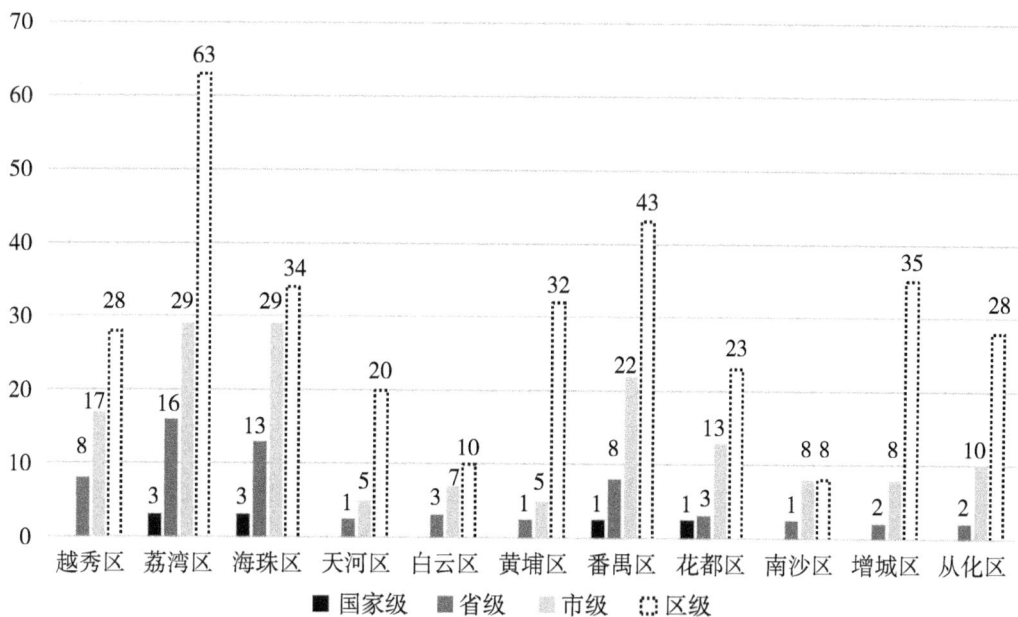

图3　截至2020年12月广州市各区区级非遗代表性传承人数量

学徒至出师需耗费较多时间与精力。受益于扶持政策的不断加大，广州市非遗代表性传承人队伍近几年不断扩大，所获得的社会资源不断增多，促使了其子女们的主动回归，如广彩、牙雕、广绣、广州珐琅、西关打铜、广州榄雕、广式家具、广州灰塑等项目代表性传承人的儿女都主动继承父业，主动参与非遗项目传承、传播和开发工作。

除了家族传承、师徒传承，一些非遗项目的传承人与保护单位还主动探索非遗传承的新路径，不断创新传承方式。例如，粤菜烹饪技艺项目保护单位——广州酒家集团出台《新菜品研发管理办法》《餐饮店季节性创新作品研发奖励方案》等文件，采用校企联动、双师教学、精准帮扶的方式，举办广州市青年"粤菜师傅"创新创业大赛，鼓励厨师团队研发出新菜品与申请技术专利，培养高素质烹调和食品技能人才，并与社会合力打造广州酒家粤菜师傅创业就业孵化中心，提升学徒就业创业能力。再如，非遗的学历教育、职业教育在广州开展较好，如广州美术学院工业设计学院开设广绣创新设计课程、广州大学美术与设计学院进行岭南传统工艺美术创新转化人才培养、广州市轻工技师学院设置有工艺美术专业、广州市轻工职业学校开展广彩、玉雕、木雕专业人才培养等。仅据不完全统计，在广州，专职与兼职从事非遗传承的人员总数达3000余人，形成了层次合理且稳态的传承队伍。再如，依托非遗协会开展传承传播工作，2020年3月，由荔湾区多位国家级传承人发起的广州市首家非遗协会"荔湾区非遗协会"挂牌成立，协会首批创始会员包括传统工艺、美食、中医药、曲艺等多个行业，涵盖广州市最顶尖的一批传承人和非遗企业，吸纳27家非遗保护单位、44家非遗企业、近百名会员，成为链接非遗传承人、非遗企业与知识产权法律服务、企业、园区等资源的综合性平台。

特别值得一提的是，广州市积极响应中国非遗传承人群研修研习培训计划，与知名高校、科研机构合作，开展传承人群研修研习培训，促进非遗融入当代生活。"十三五"时期，广州市重点开展非遗新生代研培活动，着力提升广州市非遗传承人群的传承实践能力：2016年，广州美术学院列入中国非遗传承人群研修研习培训计划首批参与院校。广州市非遗保护部门与广州美术学院合作，开设了"广彩瓷烧制技艺"普及培训班。该培训班从广彩传承人、工艺大师工作室及广州市轻工职业技术学校招收学员55人，通过一个月的培训学习，学员尝试将广彩应用到更多生活产品中，在继承广彩传统技艺的基础上关注市场需求，研发出更多适用于生活使用的广彩作品。2018年，广州市轻工技师学院按照《中国非物质文化遗产传承人群研修研习培训计划实施方案（2018—2020）》通知，依托学院的市级非遗传承基地，积极实施非遗传承人群研修研习培训计划。广州市非遗保护部门支持广州市轻工技师学院在校内建立了广彩、广绣、玉雕、牙雕、木雕等15个岭南特色工艺大师工作室，聘请60位工艺美术大师进入校园，负责非遗项目的相关创作、教学工作，为传承人在校培养人才创造条件，有效推动年轻一代传承非遗。2019年，广州市非物质文化遗产保护中心与清华大学美术学院合作，举办"广作新生代清华创意设计工作营"，致力于提高广作传承人群的实践水平。广作新生代是非遗传承的重要力量，20位新生代学员在清华大学美术学院开展研修活动，设计出多项满足当代生活需要的传统工艺作品，进一步为振兴广州传统工艺作出贡献。2020年7月至11月，广州市举办"老广餐桌再造"新生代研培活动，31位广州非遗新生代通过集中培训、分组研习、品牌走访等形式，对广式餐桌场景进行研究并作出新呈现。参与研培活动的传承人群之间互相学习、促进，拓宽知识视野，利用所学知识结合传统技艺创作适应时代的新产品，实践能力得到显著提升，并大大增强了非遗的活力。

3．完善了传承人保护措施，激发了传承人创造活力

根据《广州市非物质文化遗产保护办法》规定，广州市为每位市级以上（含市级）非遗代表性传承人提供每年1万元的补助，支持传承人开展非遗保护、传承活动。2020年11月起开始实施的《广州市非物质文化遗产代表性传承人认定与管理办法》进一步规范市级非遗代表性传承人认定与管理工作，完善了传承人保护措施，鼓励和支持传承人开展传承活动，该办法体现了广州市对传承人的重视与人文关怀，规定市级代表性传承人罹患重大疾病，市文化主管部门可给予500元慰问金；市级代表性传承人去世的，市文化主管部门可给予其亲属1000元慰问金，并组织、发布传承人相关传承事迹的宣传报道。市非遗保护中心还将每两年组织一次对市级代表性传承人履行义务和补助经费使用情况的考核和评估，组织相关专家开展具体评估工作并形成评估报告，对传承人的保护、传承工作进行有效的监督与管理，从而强化传承人的责任意识，推动传承人更积极投入到保护、传承工作中。

2020年8月，广州市文化广电旅游局、广州市荔湾区人民政府与万科公司共同推动的广州非遗街区（永庆坊）正式开市，该非遗街区选择了十家具备创新意识和市场运营能力的非遗企业，建立了多个集制作、展示、销售、体验、交流、研究等功能于一体的综合性非遗大师工作室，为非遗代表性传承人提供了与群众交流、宣传非遗产品、传授非遗技艺的空间，大大激发传承人的传承活力。同时，2020年8月，广州市正式启动"岭南之窗"广州文商旅融合示范区项目，在广州地标广州塔（4A景区）长期举办非遗展和粤剧粤曲名家周末惠民演出活动，提升了广州非遗传承人的积极性和传播力。

（三）加强非遗普及教育，提高非遗可见度

1．发挥"三馆"优势，开展非遗公益培训

"十三五"时期，广州市、区两级非遗保护中心、文化馆、图书馆、博物馆等多次组织非遗项目代表性传承人开设非遗免费培训课程、讲座等活动，吸引了众多市民参与学习。

其中，广州市非物质文化遗产保护中心组织的"非遗课来了"，作为一项品牌性的非遗传播活动，已形成系列培训班、单次体验课、体验游、研学营、公开课、直播课、微课、慕课等8类课程，涉及90多个非遗项目，每年开设课程达线上线下培训学员达300多万人次。其中，2018年举办"非遗课来了——广州非遗优秀课程征集和推广"活动，在5—7月开设20余堂优秀非遗课程，系统化、规范化、示范化运行非遗培训课程，引导传承人从售卖产品向提供服务转变，拓展了传承人的营收渠道，开创非遗课程新维度。2019年时，依托岭南二十四节气开创"依时而作"的非遗课新模式，进一步贯彻了"见人见物见生活"的非遗保护理念。2020年，更是创新组织模式，更多开展线上课程，其中"广州非遗"公众号发布广彩慕课16期，并推出26期防疫相关主题推文，在进行抗疫宣传的同时，向民众传授非遗知识。

图书馆、博物馆方面，广州少年儿童图书馆的"立体阅读：穿越历史——非遗就在我身边"主题活动，自打造开始至2018年已举办广绣、剪纸、榄雕、粤剧、广彩、咏春拳、咸水歌、古琴、醒狮等36个主题活动191场，9800多人次参与，为读者推荐馆藏图书资料近700册（件），参观读者达120万人次。广州图书馆举办"漫话传统文化"系列活动，其中开设了广州灰塑、广东醒狮、广州戏服等多期非遗体验课。广东省博物馆、广东民间工艺博物馆、广州十三行博物馆等也围绕广州非遗开展了多场非遗讲座和培训课程。

同时，各区也逐步完善非遗培训体系，形成属于本区的文化品牌，如海珠区举办多期"岭南古琴"公益培训班，番禺区文化馆举办多期"禺山记忆——番禺非遗讲堂"，天河车陂举办多期龙舟课堂"爷爷奶奶一堂课"，白云区举办非遗暑期传承班和非遗夏令营，越秀区举办"5G非遗空中课堂"和"玩转非遗"体验班，从化举办非遗传承培训班等，充分弘扬本区优秀传统文化。

多年来，广州市非遗培训课程的持续开展充分调动传承人的积极性，大大提升了各非遗项目的影响力，吸引更多民众发挥力量参与到学习非遗知识、宣传非遗之中，形成良性循环，进一步促进非遗的传播、传承。

2．举办展示展览，助力非遗传播

展示、展览与展演是最为直观展现非遗项目的方式，广州市每年都举办多样的展出活动，传承人积极在活动中将自己的实践成果向公众展示，并与公众交流、宣传。

2016年，广州市的"非遗——以生活方式呈现"广州非遗展参加了第21届广州国际艺术博览会，大力宣传本市非遗项目。广州市各区也举办了多样的展示活动，海珠区组织广彩、榄雕等非遗项目及非遗传承基地的学生作品参加国际版权展——海珠非遗展示活动，设立非遗互动区为群众提供体验尝试。越秀区在广府庙会上展示全国各地的非遗项目，同时举办"非遗创意设计大赛作品展"，展出了200多件参赛作品。白云区开展了"火龙印记　前世今生"图文展与"非遗集市　玩赏一夏"的非遗嘉年华活动。花都区在盘古王诞期间，举办"五彩缤纷汇民俗——民俗风情长廊及非遗项目展"，展示了灰塑、玉雕、广彩等非遗项目。增城区举行了首届客家民间艺术展演，舞春牛、舞貔貅、客家山歌等非遗项目参与演出。此外，广州少年儿童图书馆全年举办了广州珐琅、红木宫灯、广彩等5个非遗展览，共开展非遗活动38场，参加人数达1550人，深受读者喜爱。

2017年，广州市与毕节市合作，在荔湾湖公园举办"广州毕节非遗交流季"，宣传两市非遗资源，吸引更多社会力量关注。12月，"指尖上的非遗——广州非遗传承人精品展"在广交会内进行，展览除了展示传承人作品外，还有传承人现场进行技艺展示，并与公众展开互动、让公众尝试体验制作。此外，积极组织广州非遗项目到外地参展，包括在澳门举办的2017年春风送绿岭南岸——广东省、香港及澳门春节习俗展，在安徽黄山举办的第三届中国非遗传统技艺大展，在浙江杭州举办的第九届浙江·中国非遗博览会，在武汉举办的第二届长江非遗大展等。

2018年，广州市举办了"岭南衣橱——广东服饰类非遗展"、"振兴传统工艺，我们在行动""走进永庆坊，留下城市的记忆——广州非遗展""绣美校园——2018广绣进校园"等专题展览。此外，广州市到多地开展展览活动，推动本市非遗项目走出去，如至济南参加第五届中国非遗博览会、至杭州参加第十届浙江·中国非遗博览会、至北京参加"锦绣中华——中国非遗服饰秀"、至东莞参加非遗墟市、至佛山参加2018粤港澳大湾区非遗周暨秋色巡游活动等。

2019年，广州市举办了"文化和自然遗产日"非遗宣传展示全国主会场系列活动，活动由文化和旅游部、广东省人民政府共同主办，文化和旅游部非物质文化遗产司、广州市人民政府、广东省文化和旅游厅承办共同承办，其中主场展览于广州城市规划展览中心举行，得到100多家主流媒体的关注和播报，在全国范围取得了广泛的传播效益，这是我国所有40项列入联合国教科文组织非遗名录名册项目首次集中展示，充分展现了中国非遗保护的生动实践。当年，广州市启动建设"广作华章"系列展文化品牌，并于恭王府博物馆举办首展"广作华章——广绣历史文化与传承展"，总观展人数达百万人次以上；此后，该展于广州白云机场海天走廊陈设，扩大展览受众覆盖面，强化展览的影响力。还举办"广作华章——广作新生代清华创意设计工作营结业成果展"，充分展现了广作在当代生活中的可延展性和非遗新生代传承人群的创造活力。

2020年，广州市举办了"我哋广式——通草画广州一日展""悬壶济世——广州传统医药类非遗项目抗击新冠肺炎疫情主题展览""影响世界的中国非遗展——非遗见证广州与世界的对话""广州．潮州非遗精品展""礼乐人间——广东木雕精品展"等专题展览以及首届广州非遗购物节线上宣传展示活动。此外，还参加了在济南举办的第六届中国非遗博览会，组织策划了展会"感悟习近平总书记的非遗情缘"板块中的永庆坊展区。

除了多样缤纷的展出活动外，广州市还举办了大型非遗赛事，促进非遗传承人通过参加赛事推出更多优秀实践成果。2016年，广州市举办"绣美花城——广州非遗创意赛·广绣风"，这一比赛围绕广绣项目开展，开设7期广绣培训班、2个广绣工作坊、20余次对接活动等，促使广绣融入现代生活，提高了公众对广绣的认知度，有效活化利用广绣资源。2017年起，广州市与多部门合力，连续举办了4届广州市青少年醒狮表演赛，对醒狮资源进行梳理、开设醒狮相关培训课程、设置校园狮文化展示和狮文创展销等，激励青少年狮队提升自身实力，同时将醒狮表演带到公众视野中，产生了广泛的社会影响。此外，还有海珠区每年一度举办"岭南古琴音乐会"，成为岭南琴家集中展示献技的舞台；南沙区举办多届社区文化节，通过竞争性选拔方式扶持20个民间文艺团体；天河区举办"同舟杯·龙舟文创设计大赛"，增城区举办非遗文创大赛，创造更加优秀的文创环境。大型非遗赛事既是展示传承人能力、鼓励传承人加强文化交流的重要平台，也是深化非遗保护、唤醒人民文化自觉的有效途径，对于广州各非遗项目的振兴发展，有着积极借鉴意义。

除了政府举办的各类非遗活动，广州非遗传承人群也积极开展各类展览、展演、讲座、培训、非遗体验课及其他社会公益活动，策划组织活动的自主能力得到提升，自我宣传意愿大大增强，更善于讲好非遗故事。据不完全统计，"十三五"时期，各级非遗项目保护单位和代表性传承人共参与各类展览展演320余场，讲座、体验和各类培训、公益活动1000余期，相关书籍出版450余本，开设自营网站、网店60余个，开设微信公众号50余个，开设短视频号50余个，建立传承传播场馆200余个，线上线下各项活动覆盖民众达数千万人次。

3．实施"三进""三在"战略，营造民众参与氛围

其一，"非遗进校园"是有效传播、传承非遗项目的途径，"十三五"期间广州市全面开展"非遗进校园"工作，取得了显著成效，至少有500余所学校长期开展非遗活动，涵盖了幼儿园、小学、中学、职业技校、特殊教育学校、高等院校多个层次。比较典型的工作，有2017—2018学年，广州市非物质文化遗产保护中心与广州美术学院、广州大学、广州市第十七中学开展了5个合作项目，涉及广彩、广绣、玉雕、灰塑等；2018年，由广州市文化广电新闻出版局、广州市教育局主办"绣美校园——2018'广绣进校园'"系列活动，希望通过广绣个案的分析，探索非遗学校教育推广的多种模式和有效路径；越秀区策划非遗教学设计大赛、微课比赛；从化区举办"走进共享·文化和自然遗产日"从化非物质文化遗产旅游推介进高校活动；花都区与区内艺术协会合作，在多所大中小学开展定期培训活动；白云区编撰非遗通识系列教材，编撰了适合于中小学推广普及的洪拳、宫灯等教材，规范了该区"非遗进校园"工作。2020年，广州市对全市开展非遗进校园调查，并于广州购书中心举办非遗进校园交流会，出版《广州非遗校园读本》。根据调查显示，广州市有130余名市级以上传承人进行非遗进校园活动，有51项市级以上非遗项目进入到校园中，共计开设86000多课时，大力推动了非遗在校园内的传播和传承。自2019年开展全国"非遗进校园"十大优秀案例评选活动以来，广州市申报的案例连续两年分别入选十大优秀实践案例和十大创新实践案例，成为全国唯一连续两届双入选的城市。

其二，广州市积极探索"非遗进社区"与"非遗进商圈"。比较典型的工作，有越秀区与梅花村街和北京街达成合作，建设总分馆，并通过"越秀·粤语讲古名人堂"项目探索非遗进社区的越秀模式；越秀区引入非遗推进北京路步行街改造提升；天河区发挥天河商圈的商贸特色，在天河南街开展非遗进商圈的系列活动，开展"非遗·手工"创意市集、"天河区非遗·文创嘉年华"等活动；广州市在以广州塔、广州国际媒体港片区为核心的"岭南之窗"广州文旅融合创新示范区建设"非遗文创+"展示集散中心等。在宜居的社区和热闹的商圈内吸引消费群众，既能让群众关注、认识非遗，也能销售非遗文创品、增加非遗传承人收入，实现双赢。

其三，"非遗进景区"，是践行文旅融合、推动文化产业和旅游业高质量发展的重要内容。"十三五"期间，广州市文广旅局与旅行机构合作开发20条非遗线路，提供特色旅游体验，2020年"广州老城新活力文化遗产深度游路线"被列入全国非遗主题旅游12条线路之一。广州市还设立粤剧艺术博物馆、陈李济中医药博物馆、永华红木艺术馆、黄阁麒麟舞博物馆等15个主题性非遗展示馆，为实现广州非遗的全域旅游奠定基础。

（四）建立学术协作机制，提升非遗研究水平

1. 搭建了交流平台，为调查研究提供了学术支持

2020年11月，广州市文化广电旅游局与文化和旅游部恭王府博物馆合作共建的"国家非物质文化遗产展览展示研究中心（华南展示基地）"和"中国传统工艺振兴计划（广州）协同创新中心"在广州正式成立，10位全国和广东省非遗领域的专家组成推进战略合作工作领导小组专家委员会，为广州未来的非遗保护事业提供坚实的智力支撑。

依托"国家非物质文化遗产展览展示研究中心（华南展示基地）"和"中国传统

工艺振兴计划（广州）协同创新中心"两个平台，合作双方将通过展示展览、基地共建、人才培训等方式加强彼此交流，打造多个非遗品牌：在广州文化馆新馆中着力开设非遗展，利用双方的展示空间和文化氛围进行非遗项目的跨地域展示，提升两地非遗项目的影响力与知名度，并重点打造"海上丝绸之路非遗交流展"和"粤港澳大湾区非遗展"两大区域非遗展览品牌，推动广州市乃至全中国非遗的弘扬振兴；积极推进双方人才交流合作，开展人才培训、流动互访、实习交流等活动，例如依托"传统工艺振兴计划"对广作传统工艺从业人员、非遗策展人才进行培训，建设广作传统工艺品牌；在携手港澳建设国际一流湾区的战略要求下，两个中心将联合港澳地区的非遗保护和研究机构，对粤港澳地区共有的非遗项目（如粤剧、粤曲、醒狮等）展开合作研究。"国家非物质文化遗产展览展示研究中心（华南展示基地）"与"中国传统工艺振兴计划（广州）协同创新中心"两个交流平台的搭建，为广州市开展非遗保护与研究工作提供更有力的学术支持，进一步推动广州市非遗资源的创造性转化和创新性发展，促进广州非遗适应新时代的发展。

此外，广州市自2018年起，每年度举办"中国非遗品牌大会"，已逐渐成为辐射大湾区、影响国内外的非遗领域品牌活动。大会一般包括学术论坛、主旨发言、品牌展示等板块，邀请政府相关官员、各省市国家级传统工艺工作站负责人、专家学者、优秀企业家代表、非遗传承人、科技公司代表、设计师、媒体代表等，整合产业发展、品牌营销、媒体传播、文化创意等诸多行业领域，共同就传统工艺工作站及中国非遗品牌的建设、创新、管理、传播等一系列问题展开深入探讨，观点汇聚，思维碰撞，深度探讨，助力新时代、新格局下非遗品牌的传播与发展。

2．多方协作，有序推进非遗调查

为促进非遗资源向活化利用方向转变，广州市加大力度推进非遗资源普查工作，对本市非遗资源进行了详尽的调查与系统的梳理。

2016年，广州市各区完成地方戏曲剧种普查工作，普查内容包括地方戏曲剧种的名称、声腔、艺术渊源、形成时间、流行区域、作品剧目等。确认从化区现有粤剧团队7个，白云区有私伙局41个，越秀区活跃的粤剧私伙局有14个、京剧私伙局5个。番禺区有民间班社（含私伙局）75个，南沙区有民间班社26个。此外，区级文化馆选取部分非遗项目展开深入调查工作：从化区对客家山歌项目开展深入调研，收集山歌作品手稿300多份，山歌作品2000多首；花都区对春节习俗项目展开实地调查和资料收集，整理、上报元宵灯会等四个花都区特有非遗项目的资料；黄埔区调查、挖掘和记录舞貔貅的分布区域、存续状态和历史价值等；番禺区对关帝十乡会、钟村康公主帅巡游、沙湾北帝诞飘色巡游、化龙镇潭山村娘妈诞巡游、汀根华光诞等民俗活动做实地调查与记录。

2017年，广州市非物质文化遗产保护中心组织开展了广州非遗资源调查工作，通过微信宣传、组织各区文化馆与传承人座谈会、填写非遗资源调查表等形式，详细掌握全市各非遗点能提供的服务、产品、价格等信息，并在青春版"广州非遗朋友圈——广州非遗资源展"公布广州非遗资源黄页，展示资源普查成果。

3．深化非遗理论研究

在研究出版方面，广州市不断深化非遗理论研究，成果丰硕。广州市非物质文化遗产保护中心编印、出版《广州市非物质文化遗产名录图典（2009—2014）》《广绣教程》《广绣针法说明书》《广州非物质文化遗产校园读本》《广州非遗传承人口述史》等。其中，与广州绣品工艺厂有限公司共同主编的《广绣教程》从广绣历史、作品、技艺、教学等方面介绍广绣文化，对大专院校学生及初学者学习广绣具有较高的参考价值。2019年，广州市非物质文化遗产保护中心出版了《广州市非物质文化遗产名录图典（2009—2014）》，对广州市第二批至第四批市级非遗项目进行了翔实的图文介绍。2020年12月，《广州非遗校园读本》新书发布及赠书仪式在广州购书中心举办，进一步推动广州非遗在校园的传播和传承。

番禺区编撰、出版了《番禺区非物质文化遗产代表性项目名录图典》《番禺历史文化概论》，从化区整理出版《从化区客家山歌作品集》《2016从化区非物质文化遗产名录专集》，南沙区出版了《南沙文化遗产》，生动介绍了南沙区级以上非物质文化遗产名录项目，有效保存了非遗项目的相关信息。白云区以"简明扼要、通俗易懂、互动启发"为原则，编撰了洪拳、广式红木宫灯非遗通识教材，推动洪拳项目在中小学内普及推广。越秀区组织出版《广州粤剧戏服》，该书是第一本广州戏服的百科全书。非遗工作者卢欣在非遗工作十年积淀的基础上，创作了以广州戏服四代人传承为主线的文学作品《华衣锦梦》，向读者呈现出广州戏服的百年兴衰史。岭南天灸疗法传承人编写了《岭南天灸疗法大全》《符文彬针灸医道精微》两部专著，丰富了非遗项目的理论研究。

此外，广东省艺术研究院收集、整理粤剧传统剧目，出版了新《粤剧汇编》以及《粤剧传统音乐唱腔选辑》（9册）、《粤剧传统表演排场集》等粤剧著作。新《粤剧汇编》分6卷，收录131个粤剧剧目，该书既是帮助后人了解粤剧文化的珍贵史料，也是推进粤剧研究、丰富粤剧演出的重要资料。而由粤剧项目代表性传承人倪惠英主持编撰的《粤剧表演艺术大全》，计划设置"做打卷""唱念卷""锣鼓器乐卷""排场剧目卷""化妆服具卷"等五大卷，对于粤剧未来的研究与演出有着重要意义。其中，"做打卷"撰写有300多条词条，选用了600多帧图片，于2019年11月完成出版。"唱念卷"共收入340段范例音频、50段实例视频以及7首示范曲目，于2020年12月完成出版。2019年，广州市启动"粤剧申遗十周年纪念活动"，举办"粤剧保护的广州经验"学术论坛。

（五）鼓励多主体参与，激发非遗创新活力

自国家出台了系列非遗保护的制度与管理办法，原来鲜为人知的非遗嵌入社会主流话语后日渐进入大众视野，社会各界力量积极参与到非遗保护工作中，形成"非遗+"新业态。

1．社会合力举办"文化和自然遗产日"活动

2017年，原"文化遗产日"调整为"文化和自然遗产日"。广州市各界借助"文化和自然遗产日"这一平台，组织开展了丰富多样的宣传活动。2017年的文化和自然遗产日，广州市围绕"广州资源活化利用"主题开展活动，全市范围内的工艺美术大师工作室、展览厅、民俗古迹点等30余个非遗点向公众开放，让市民切身体验非遗的魅力。2018年，广州市组织广绣、广彩、广州珐琅等12个非遗项目在南海神庙广场进行"多彩非遗，美好生活——广州非遗体验展"。2019年，广州市非物质文化遗产保护中心组织了76场开放日活动，并与非遗旅游公司合作，推出数十条非遗旅游线路，形成了中心示范推广、企业合力的模式。2020年，广州市首度打造广州非遗购物节，安排传承人线上传播非遗，协助传承人入驻各电商平台并参与全国非遗购物节活动。

多年来，文化和自然遗产日的活动让人民感受到非遗融入到自身日常生活中，文化和自然遗产日逐渐成为广州市人民了解、体验、传承非遗的重要节日。

2．与社会各界合作，形成"非遗+"新业态

国家《关于实施中华优秀传统文化传承发展工程的意见》要求坚持创造性转化和创新性发展，使中华民族最基本的文化基因与当代文化相适应、与现代社会相协调。为促进非遗适应当代生活，实现创造性转化和创新性发展，广州市积极推行非遗的跨界融合，通过社会合力的方式推动城市文化出新出彩。

近年来，广州非遗与动漫、文创、旅游、扶贫、法律等多领域展开合作，形成"非遗+"的新业态，部分"非遗+"案例见表1。

表1　广州市"非遗+"案例

"非遗+"	合作案例
"非遗+动漫"	广州金银首饰有限公司邀请炭烧老广利用活泼的漫画，打金工艺漫画通过地铁广告的方式进入大众视野 广州市非物质文化遗产保护中心与广州动漫行业协会合办广州非遗动漫创作营，壮大非遗传播的合作力量

（续上表）

"非遗+"	合作案例
"非遗+文创"	广州市举办"绣美花城——广州非遗创意赛·广绣风"，共征集到220余件参赛作品，以广绣为个案探讨广州非遗的创意化保护之路 天河区举办"同舟杯·龙舟文创设计大赛"，用文创产品呈现龙舟文化，参赛者设计、制作非遗漆艺手拎包、《彩龙夺锦》榄雕等作品，有效宣传、活化非遗资源
"非遗+地铁"	广州市非物质文化遗产保护中心与广州地铁合作开展"搭地铁·赏国学"、广州地铁吉祥物嘉年华、地铁庙会等活动，不但为乘客提供愉悦的搭乘环境，也为非遗提供了更广阔的展示舞台
"非遗+机场"	广州市文化广电旅游局与白云机场多次合作，在机场公共空间举办展览展示活动。如2016年的"绣美花城——广州非遗创意赛·广绣风成果展"、2017年的"美好生活，与非遗同行——广州非遗展"、2019年的"广作华章——广绣历史文化与传承展"和"广作新生代清华创意设计工作营结业成果展"等，白云机场作为世界各地许多人士前来广州的第一站，促进了非遗作为"城市名片"的延伸传播
"非遗+旅游"	广州市整合了广州市深厚的非遗资源，开发出"广州老城新活力文化遗产深度游"线路，该线路涵盖了广绣、粤剧、广彩等多项非遗项目，让游客深度体验广州非遗
"非遗+扶贫"	广州与毕节合作开展非遗传承教育扶贫项目合作，由广彩传承人谭广辉授课，选择符合条件的学生到广州进行学制三年的民间传统工艺（广彩）专业学习，毕业后根据其意愿留在谭广辉大师工作室工作或回乡就业。钉金绣裙褂非遗传承人唐志茹与贵州贫困地区的绣娘连线，传授钉金绣技巧，增强她们的生产力，通过技术扶贫帮助绣娘。广绣传承人王新元到毕节市威奢乡开展刺绣技能培训班，使当地妇女在家就能就业，学员作品统一在广州销售，除去运营成本，利润的60%归学员个人
"非遗+共享住宿"	越秀区与爱彼迎公司合作探索共享住宿，助力文商旅融合
"非遗+演艺"	广州市推出的大型舞剧《醒·狮》，把南狮、南拳、蔡李佛拳、大头佛、英歌舞、岭南曲风、广东狮鼓、木鱼说唱等诸多岭南非遗项目作为创作元素，于2019年荣获了第十一届中国舞蹈"荷花奖"舞剧奖
"非遗+法律"	2018年，广州市组织成立广州非遗法律援助服务队，开创了"非遗+法律"的志愿服务新模式
"非遗+融媒体"	广州市制作了广州非遗宣传片、广州非遗系列慕课、广州非遗美食系列短片、非遗手绘地图、非遗纪录片及纪录电影等宣传内容。2020年疫情期间，广州市充分利用新媒体传播手段，在网络平台推出了系列非遗课程，吸引约百万人次观看。在学习强国全国总台发布了超100集非遗课程，传播量在全国居于前列。2020年"文化和自然遗产日"广州非遗宣传展示活动直播、短视频、社交等新媒体的直播观看量累计达到772万人次

（续上表）

"非遗+"	合作案例
"非遗+电商"	2020年，广州市与电商平台东家合作打造线上"广州非遗购物节""线上广州非遗馆"，引导传承人进行线上线下双线传播、经营和发展，共有26家传承人店铺入驻。同时，广州非遗传承人还积极入驻淘宝、天猫、京东、快手等电商平台并参与全国非遗购物节活动，全市有30多个非遗项目保护单位新入驻电商，上线店铺总数达44个
"非遗+公园"	借力文旅融合，非遗在公园活起来。如海珠晓港公园建设首个非遗主题公园、越秀公园的客家山歌墟、荔湾湖公园的南派花毽活动和醒狮文创中心、广州文化公园的羊城菊会和粤剧粤曲活动等

"非遗+"的新形式为非遗的保护、传承注入更多活力，广州市十分重视开展"非遗+"的活动，在2018年，借助广州文交会的优势平台，广州市在全国首度发布《广州非遗+文化资源与交易合作手册》，梳理、提炼、发布大批广州非遗+的文化合作资源，为社会各方面预约、购买、定制广州非遗的相关服务提供清单，进一步推动"非遗+"的深入发展。

3．建立了多个非遗传承基地与非遗工作站，促进非遗走入现代生活

"十三五"时期，广州市积极认定和建设非遗传承基地与非遗工作站，为广州非遗搭建跨界合作、资源整合平台、社会合力促进非遗走进现代生活，积极探索一条基于现代化大都市背景下的非遗振兴道路。2018年，广州市确定47个单位为市级非遗传承基地，进一步推进广州市非遗传播载体的建设。非遗基地类型丰富，包括博物馆、中小学校、高等院校、行业协会、文化公司等各类单位（见表2）。

表2　广州市非物质文化遗产传承基地（2018—2020年度）名单

序号	推荐地区或单位	申报单位
1		粤剧艺术博物馆
2		广州市荔湾区西关实验小学
3		广州市荔湾区耕酸堂木制品店
4	荔湾区	广州市逸彩彩瓷设计有限公司
5		广州市荔湾区玉莹轩工艺品店
6		广州市真光中学岭南湾畔校区（初中部）
7		广州市广辉文化传播有限公司

（续上表）

序号	推荐地区或单位	申报单位
8	荔湾区	广州市荔湾区康迪学校
9		广州市荔湾区西关幼儿园
10	海珠区	广州市海珠区培红小学
11		广州市海珠区昌岗东路小学
12		广州市海珠区前进路幼儿园
13		广州市海珠区鹤鸣五巷小学
14		广州市轻工高级技工学校
15		广州市海珠区大元帅府小学
16		广州市海珠区后乐园街小学
17		广州市海珠区南洲小学
18		广州市岭南画派纪念中学
19		广州市海珠区瑞宝小学
20		广州绿方八时文化传播有限公司
21	黄埔区	广州市黄埔区文冲社区东约善群堂龙狮协会
22		广州市黄埔区陆柳卿广绣工作室
23	天河区	广州市天河区凤凰街文化站
24		广州市天河区珠村小学
25		广州市幼儿师范学校附属幼儿园
26		广州市天河区西华幼儿园
27	越秀区	广州区氏宏山古琴有限公司
28		广州市越秀区署前路小学
29		广州市第三十七中学
30	白云区	广州市白云区槎龙镇泰小学
31		广州佳欣文化传播有限公司（红木宫灯教研工作室）
32		聚英武馆
33		广州市白云区良田第二小学
34		广州市白云区竹料第二小学

（续上表）

序号	推荐地区或单位	申报单位
35	增城区	广州市增城区广播电视大学
36	花都区	广州市花都区新华街培新学校
37		广州市花都区实验中学
38	南沙区	广州市南沙区东涌镇咸水歌会
39	从化区	广州市从化区鳌头镇桥头村民委员会
40		广州市从化城郊街东风小学
41	广州市非物质文化遗产保护中心	广州美术学院建筑艺术设计学院
42		广州市工艺美术研究所
43		广州市轻工职业学校
44		广州美术学院工业设计学院
45		广州市第十七中学
46		广州大学建筑与城市规划学院
47		广州少年儿童图书馆

47个非遗基地中大部分是中小学、幼儿园等学校，以学校作为传承非遗项目的基地，有利于非遗项目在学生中推广，培养更多年轻一代自觉传承非遗，加强学生们对非遗的认识和认同感；而入选的协会、图书馆、研究所等单位，则显示出广州非遗为民间团体、公共文化机构和学术院所等各类社会单位提供参与平台。

另外，广州市自2018至2020年连续3年共建成10个市级非遗工作站，广泛发挥社会力量的作用，鼓励各非遗工作站实施具有自身特色的保护实践工作，开拓出适合所处地区、所属类别项目的工作站模式。首个非遗工作站——岭南武术非遗工作站设于广州体育学院武术学院，岭南武术工作站对广州武术项目资源进行调查，整理、保存了广州武术项目的实物资料，并将非遗项目与影视、动漫、舞台剧等结合起来推广展示。广正街非遗工作站是目前国内唯一设在购物中心里的非遗工作站，自2018年6月开街以来，该工作站先后举办了两届广州市乞巧文化节、醒狮、剪纸、广彩等非遗展等，在鼓励消费升级的同时促进非遗的传承与创新。2019年，广州市古玩城非遗工作站正式运行，该工作站设置了展示非遗大师作品和非遗文创产品的非遗角，让参观市民切身感受非遗的魅力，大力推动非遗与现代文化、旅游业及大湾区建设相结合，促进非遗融入市民的当代生活，助力广州非遗保护发展。

此外，广州市先后成功创建了广府文化（越秀）生态保护实验区和粤剧粤曲文化（荔湾）生态保护实验区两个省级文化生态保护实验区，并以此为抓手，促进文化遗产整体保护工作。

4．组建了志愿者团队，充实了人才队伍

"十三五"时期，社会各界人士组建起了广州非遗视频志愿者团队、广州非遗法律援助服务队、广州非遗推荐官等志愿者团队，充实了非遗保护的人才队伍，进一步加强广州非遗的宣传、保护工作。

来自触电新闻、独道、三爻传媒等传媒单位的志愿者们，活跃在广州非遗视频记录的第一线，对非遗课程进行实时直播，课程线上观看人数达数万人，取得了良好的传播效果。30位法律界人士组成广州非遗法律援助服务队，多次开展非遗法律援助活动，包括多次面向传承人群的讲座和实地服务、展会现场服务、线上服务，成立2个专项工作小组等，有效保障传承人群的传承工作。广州非遗视频志愿者金玲和广州非遗法律援助服务项目分别荣获2018年度"广州市优秀文化志愿者"和"广州市优秀文化志愿服务项目"的称号，广州市非遗法律援助服务队志愿者邓尧律师获2019年度"广州市优秀文化和旅游志愿者"称号，志愿者及团队的工作得到了肯定。

三、新时代非遗保护的新经验

广州市是有两千多年历史的商贸城市，也是我国改革开放的前沿阵地，顾大局、识大体，开放、包容、务实、创新是广州城市的基本精神。在非遗保护工作上，广州市充分展示了这种精神，展示了自己的特色和风采。具体表现在以下几个方面：

（一）坚持开放包容、务实创新的理念

在保守与开放对立中，选择了开放、包容。在守旧与创新对立中，选择了务实、创新，既符合国家非遗保护"创造性转化、创新性发展""守正创新""弘扬当代价值"的理念，又契合了广州人"敢为天下先"的人生追求。

党的十九大报告上，习近平总书记指出要发展社会主义先进文化，更好构筑中国精神、中国价值、中国力量，为人民提供精神指引。广州市依照《中华人民共和国非物质文化遗产法》的要求，积极保护和传承非遗，广州非遗不断融入主流话语体系中，积极弘扬时代精神，注重以时代精神推动非遗的创造性转化和创新性发展，适应国家法规政策的发展。一个生动的案例，就是2020年10月—2021年，广州市举办"记录我们的新时代——广州非遗新作品宣传展示活动"，向社会征集并评选100个非遗新作品，引导传承人以新作品反映时代精神，庆祝中国共产党成立100周年。征集的百余件非遗新作品可分为致敬英雄、致敬城市、致敬传统、致敬未来四类，蕴含着丰

富的时代精神，传承人以非遗作品为载体，歌颂革命英雄、抗疫英雄的大无畏精神，生动呈现出广州人民建设美好家园的奋斗精神与开放包容、务实创新的非遗保护理念。这些体现时代精神的新作品是广州非遗创造性转化和创新性发展的重要成果，涵盖了实物、表演、动漫多个领域，在理念、技艺以及非遗跨界融合等方面有了新突破和新成果，实现了非遗的创新性发展。

（二）促进非遗保护与城市发展相融合

2016年，国家将"粤港澳大湾区"的概念写入"十三五"规划，2017年逐步落实粤港澳大湾区建设，并于2019年印发《粤港澳大湾区发展规划纲要》，以粤港澳大湾区建设推动实现新时代全面开放的格局。《粤港澳大湾区发展规划纲要》要求广州市充分发挥国家中心城市和综合性门户城市引领作用，全面增强国际商贸中心、综合交通枢纽功能，培育提升科技教育文化中心功能，着力建设国际大都市。"十三五"期间，广州市非遗保护工作积极探索粤港澳合作新路径，自觉融入粤港澳大湾区建设，顾大局，识大体，既举办多项活动将湾区资源融合起来，也主动发挥广州的引领作用，搭建交流平台，促进湾区城市之间的交流合作。广州与香港澳门合作，举行了"粤港澳南音粤乐薪传欣赏会""粤港澳南音名家汇""粤韵同声——粤港澳粤曲唱作竞演"等活动，为观众带来粤港澳三地的艺术演出。2019年，广州市"穗港澳青少年文化交流季"活动组织了一批大湾区青少年体验广府非遗，令其切身感受广府文化的魅力，增强其对祖国的自豪感。越秀区在广府庙会中设立"大湾遗珍·粤港澳非遗荟萃"区，邀请香港、澳门、深圳等湾区城市的非遗项目参加展演。增城区建设"粤港澳大湾区文化遗产游径"，加强湾区城市间的文化合作。此外，广州市的非遗项目主动到其他城市开展文化交流，曾到澳门参加2017年春风送绿岭南岸——广东省、香港及澳门春节习俗展，到佛山参加2018年粤港澳大湾区非遗周暨秋色巡游活动，并赴东莞市文化馆参加东莞非遗墟市粤港澳大湾区城市专场。2020年9月，广州市非物质文化遗产保护中心成为"粤港澳大湾区文创联盟"成员单位，参与粤港澳大湾区文创联盟成立活动、"广东（大湾区）文创联展"等活动，持续推进"人文湾区"建设。

2018年，习近平总书记到广州永庆坊进行考察，参观了"三雕一彩一绣"展览与粤剧艺术博物馆，强调城市规划和建设要高度重视历史文化保护注重文明传承、文化延续，让城市留下记忆，让人们记住乡愁。为深入贯彻落实习近平总书记重要指示精神，广州市在永庆坊建立了第一条非遗街区，引入了广彩、广绣、醒狮等项目入驻非遗街区，成为广州的新名片，让老城市焕发新活力，有效助推广州实现"四个出新出彩"。永庆坊非遗街区集展示、体验互动和商品销售于一体，既为民众提供了接触、体验非遗的渠道，也让非遗产品走进市场。传承人可在永庆坊宣传自己的非遗作品，而到永庆坊游玩的群众可购可学可参观，还在一定程度上带动了广州旅游业的发展，真正实现多赢发展。

（三）建设多元一体的非遗保护传承体系

经过多年来的探索、实践，广州市从制度设计、展示宣传、人才培养等多方面推行的各项保护措施有力地保障传承人开展非遗保护与传承工作，逐渐建立起健全的非遗保护传承体系，基本形成政府、传承人群、社会合力推动非遗保护的格局。

《广州市非物质文化遗产保护办法》《广州市市级非物质文化遗产代表性传承人认定与管理办法》《广州市发展振兴非物质文化遗产三年行动方案（2020—2022）》《广州市非物质文化遗产保护中心非物质文化遗产实物征集办法》等法律法规的制订与实施，有效地对广州市开展非遗保护工作进行规范、引导和保障，完善了广州市非遗保护体系。

在"十三五"期间，广州市充分发挥文化馆、图书馆、博物馆的职能作用，积极举办展示展览与培训课程，形成了"广作华章系列展""岭南之窗系列展""广州市青少年醒狮大赛""非遗课来了""广州非遗开放日""广州非遗体验游""广州非遗购物节""广州非遗进校园""立体阅读——非遗就在我身边"等文化品牌，显示出广州非遗保护的新活力，加大了对广州非遗项目的宣传。2020年，广州市非遗保护中心有序推进非遗实物征集工作，多次召开项目对接会与指导交流会，确保广州文化馆新馆非遗展科学化、专业化开展，持续推进广州非遗的展示宣传工作，提升广州非遗项目的影响力。

非遗新生代人群是非遗传承和创新的中坚力量之一，广州市十分重视非遗新生代人群的培养，通过"广作新生代清华创意设计工作营""老广餐桌再造"等研培活动，提升非遗新生代的传承实践能力，培养适应新时代需求的非遗人才。而"国家非物质文化遗产展览展示研究中心（华南展示基地）"与"中国传统工艺振兴计划（广州）协同创新中心"两个国字号非遗中心的学术机构落户广州，促进了战略合作方之间的文化交流与人才培养，为广州市非遗保护工作的开展提供了有力的保障。

（四）实施总分联动、一区一品的品牌运作

广州市各区依照各项政策要求开展非遗保护工作，做到从自身区情出发，利用本区非遗资源，总分馆联动打造系列品牌活动，夯实基层保护力量，传承保护水平大大提升，激发各项目的传承发展活力。越秀区将"广府庙会"作为本区品牌活动，在"广府庙会"中布置非遗展演，并推进"广府庙会"走进颐和园，借助颐和园的平台宣传广府文化。海珠区稳步开展岭南古琴保护传承工作，设立专门的古琴传承基地，举办多次岭南古琴公益课与音乐会，广泛开展古琴进社区、进校园活动以及"古琴+

广绣""古琴+书法"等跨界融合活动。在非遗进校园方面,海珠区取得优异成绩,区内南洲小学的"中医药文化进校园实践案例"实践案例入选成为国家十佳创新实践案例,南洲小学是广州首个中医药非遗基地,该校把中医药文化与教学结合起来,开发《南洲百草课程》、举办"陈皮节"等,让学生们从多途径学习了解中草药文化。荔湾区扎根于本区丰厚历史底蕴,围绕"老城市新活力"的理念推动非遗发展,培育以粤剧粤曲为核心的非遗生态圈,成功申报省级粤剧粤曲文化生态保护实验区,并在永庆坊建成广州市第一条非遗街区,加强永庆坊非遗聚集区建设与粤剧艺术博物馆的活化运营。白云区着力打造"火龙民俗文化节"品牌活动,以"互动性、普及性、参与性、趣味性"作为办节理念,在文化节中增加"VR看白云"的特别展示区域、推出"我与龙仔有个约会"的线上集卡游戏等,让受众在真实、趣味的体验中细致了解白云非遗。天河区结合天河商圈的文化特色,积极开展非遗进商圈活动,以文化创意市集、步行街非遗展示活动吸引商圈消费者关注天河非遗,同时发挥区域优势推动非遗衍生产品的发展,吸纳更多青年群体到非遗文创设计中。南沙区利用本区水乡文化特色,举办"广州水乡文化节"与"南沙妈祖旅游文化节",把南沙区的非遗同旅游、体育、商贸充分融合起来,组织醒狮、麒麟、咸水歌等多个非遗项目在文化节上展出展演。番禺区注重挖掘本区民俗文化,围绕"禺山记忆"开展各类传播传承活动,组织举办多期"禺山记忆——番禺非遗讲堂""寻找禺山的记忆"等非遗进校园活动,并编写、印制《禺山记忆——番禺非物质文化遗产通识读本》,向区内青少年大力科普番禺非遗。花都区致力将盘古王诞打造为本区文化名片,积极拍摄非遗宣传节目,加大宣传力度,提升花都非遗的影响力。从化区持续深化非遗进校园活动,区内有多所非遗进校园传承示范学校,新建多个非遗传承基地,推进从化非遗的传承工作。黄埔区以千年庙会波罗诞与香雪文化旅游节擦亮本区文化品牌,加大对非遗展示展演的投入,加强对黄埔非遗的挖掘和宣传。增城区依托本区的荔枝节、美食节、菜心节等节日宣传非遗,基于本区非遗资源,建立广州榄雕传承培训基地、广东汉乐传承培训基地等,将增城非遗融入到群众文化生活中。

广州市各区的非遗保护工作呈现出充分发挥特色优势、积极扩大影响的新趋势。工作队伍开展保护工作的动力明显增强,在挖掘非遗底蕴、宣传推广非遗项目、活化利用非遗资源、建设非遗传承基地等方面取得显著进展,并打造出能够发挥本区特色的品牌活动,同时,积极推动本地品牌活动走向全国,把广州非遗带到其他省市进行展示,大大增强了广州非遗的活力与影响力。

四、新时代非遗保护的挑战与对策

面对新时代新要求,广州市非遗保护工作有序开展,在多方面积累广州经验,取得了积极成果，形成与一线城市发展相适应的广州模式。但在具体开展非遗保护工作中仍存在非遗管理不够精准、传承人内生动力不足、区域间发展不平衡、社会参与层次浅的问题，需要各级文化主管部门、保护单位、传承人等加大非遗保护力度，巩固深化实践成果，调动全民参与非遗保护的积极性，促进非遗融入现代生活。

（一）强化政府投入，克服非遗治理瓶颈

目前，广州有100余项市级非遗代表性项目，市级传承人200多位，数量较多，相关文化主管部门管理难度较大，难以面面俱到地管理到每一个项目、每一位传承人。对于传承人是否履行传承义务、在传承过程中是否遇到了问题，相关部门难以及时了解。以越秀区广州戏服制作技艺项目为例，该项目作为市级、省级非遗代表性项目，其保护单位状元坊戏服厂能够得到政府部门一定的资金投入，但由于越秀区的非遗项目数量较多，政府难以给予足够重视。状元坊戏服厂在开拓电商销售渠道时，遇到了盗版抄袭问题，盗版低质量戏服的出现极不利于戏服制作技艺的传承、发展，严重影响了戏服厂的经营运作。不少非遗项目也深受盗版问题困扰，影响了传承人开展传承工作的积极性。

因此，广州市需要对本市非遗精准管理，针对各类非遗进行精准管理，施行保护政策，克服非遗治理瓶颈，从以下三方面强化管理：①根据新颁发的《广州市非物质文化遗产保护办法》《广州市市级非物质文化遗产代表性传承人认定与管理办法》，文化主管部门应当及时制定对非遗项目与传承人的考核标准，落实好每两年的市级代表性传承人履行义务和补助经费使用情况的评估工作，对各非遗项目实施动态监测，根据不同项目的具体情况分类施策，从粗放式管理走向精准式管理。对缺少资金的非遗项目予以帮扶，鼓励项目加大宣传力度，吸引民间力量的资金投入。②不断强化非遗保护单位与传承人的责任意识，加强非遗传承人的法律知识培训。利用广州非遗法律援助服务队，向各保护单位、传承人提供法律咨询服务与法律知识培训，提高传承人的法律意识。在2020年调研形成的《广州非遗的知识产权保护现状调研报告》基础上，广州非遗法律援助服务队可为知识产权受到侵害的传承人提供法律方面的帮助和支持。③传承人应自觉了解传承人管理办法的内容，主动向文化主管部门报告自身情况与保护传承工作的相关情况，帮助管理部门掌握动向。可与社会力量合作，提高非遗的经济效益，减轻自身开展非遗保护工作的负担。

（二）汇聚多方力量，共克非遗传承短板

当前，广州市仍有许多非遗项目在传承方面遇到困难，传承人群内生动力不足，一些传统技艺类项目由于行业前景一般，学习周期长，难以留住学徒。而随着现代社会的高速发展，现代潮流变化快，传统工艺品的设计内容更新慢，仍停留在传统题材

的传统工艺品很难得到年轻人的关注，更难吸引年轻人从事技艺传承工作。如广州市的传统美术类项目"三雕一彩一绣"均在传承过程中遇到困难，象牙雕刻项目受禁止商业性加工销售象牙及制品政策的影响，传承人只能使用其他材料代替雕刻；玉雕、木雕项目对雕刻技艺要求较高，新生代从业人员难以坚持；广彩、广绣项目以家族传承为主，产品制作精细，但传承的范围和影响力过于狭窄。

针对传承人群内生动力不足的问题，广州市可围绕提升传承人能力、推进非遗进校园、开展符合自身定位的生产性保护工作、促进非遗跨界融合四个方面切入解决。①加强开展传承人研修研习培训，帮助传承人了解市场变化与需求，把传统技艺与现代元素结合起来，提升传承人的创新能力，让传统技艺焕发新活力，进而留住传承新生代。②鼓励传承人开展非遗进校园活动，传承人可根据学生的情况因材施教，对于幼儿园学生与小学生的课程以激发学生兴趣为主，对于职业院校、高等院校的课程则以培养学生传承、创新能力为主，动员更多学生加入非遗传承中。还可创新传承方式，以校企合作等方式培养更多非遗人才。③传承人应找准非遗产品的定位，有针对性地开展生产性保护工作，摆脱单一的经营模式，针对不同受众设计、推出相应的产品，在保持稳定传承的基础上适度进行高端化开发。④促进非遗项目进行跨界融合，与动漫、影视等领域合作，借助其他领域的力量宣传、传承非遗，增强非遗项目的吸引力与凝聚力，唤起年轻群体保护、传承非遗的兴趣。

（三）协调区域战略，化解非遗发展不平衡难题

广州市各区之间的非遗发展不平衡，一是各区申报、认定非遗项目、非遗传承人数量上存在差距，二是非遗保护力度上存在差距，有的区经济较发达，在非遗保护方面投入较多资金与资源，保护成效显著，但一些区非遗经费有限，开展工作相对落后，有较大的发展空间，需要再接再厉。不同类别的非遗项目开展保护工作也存在不平衡的情况，日常生活中人们接触传统技艺、传统美术、传统戏剧的项目比较多，这些项目相对关注度较高，而民间文学、传统体育、传统医药等类别项目关注度低一些，这些项目仍然具有极大的开发潜力与价值。

面对区域间非遗发展不平衡的情况，广州市各区应具备大局观，加强协同联动。在走区域特色化道路的同时，考虑与其他区合作开展品牌活动，推动本区与其他区的非遗项目通过展览、体验等方式加深合作、扩大影响。各区可积极引导社会力量参与非遗保护，由政府主导、社会参与才能形成合力，能够发挥多方的优势，为非遗发展吸纳更多人才，推动相对落后的区加快提升非遗发展水平，从而缩小各区之间非遗工作发展的差距。此外，针对不同类别非遗保护存在差异的情况，需要各级单位与社会各界共同努力，不断扩大非遗项目宣传工作的覆盖面，增强非遗推广工作的渗透力，

借助互联网平台、"非遗+"等提高非遗项目的认知度，调动更多力量投入到关注度相对低的非遗项目中，化解不同类别非遗项目发展不平衡的难题。

（四）创新传播方式，营造全民参与氛围

2016年至2020年，广州市在引入社会力量参与非遗保护方面作出了许多有益尝试。但是，如今各项非遗与社会力量的合作仍停留在较低水平，尚未形成规范、系统的体系。比如，广州市从社会上招收志愿者组成的非遗志愿者队伍，参与到非遗保护工作的时间与机会有限，而志愿者水平参差不齐，有待进行规范管理与培训。

对于鼓励社会力量参与非遗保护工作，广州市政府应出台相关政策加强引导与提供保障，形成有利于社会力量参与非遗保护的氛围。积极与新闻媒体、企业集团、学术研究机构、教育机构、行业协会、社会组织等社会力量开展合作，发挥不同机构、组织的作用，促进社会力量参与非遗保护层次与水平的提升，推动非遗成果实现全民共享。

五、结语

"十三五"期间，广州市持续深化多年来积累的"广州经验"，构建出具有广州文化特色的非遗保护体系。广州市、区两级非遗保护机构、传承人群和社会力量开展了多姿多彩的非遗保护工作，"非遗+"、非遗街区、非遗品牌大会、非遗进校园、非遗新生代研培、非遗旅游、"非遗课来了"以及广府庙会、波罗诞、火龙民俗文化节、广州水乡文化节等品牌项目皆是广州市非遗保护工作的亮点，是广州非遗不断尝试、探索的优秀实践成果，对于广州市及其他地区未来的非遗保护实践具有一定的指导作用。

进入"十四五"时期，我国发展仍处于重要战略时期，国家"十四五"规划纲要指出要传承弘扬中华优秀传统文化，强化重要文化和自然遗产、非遗系统性保护。《"十四五"非物质文化遗产保护规划》要求进一步加强非遗系统性保护，健全非遗保护传承体系，提高非遗保护传承水平，加大非遗传播普及力度。《广东省国民经济和社会发展第十四个五年规划和2035年远景目标纲要》提出实施岭南文化资源普查和保护利用工程，健全岭南文物和非物质文化遗产系统性保护体系。面对"十四五"时期系统性保护非遗的要求，广州市需要克服非遗区域发展不平衡、社会参与水平低等问题，坚持由政府主导，鼓励社会参与，多举措保护传承非遗，系统有序地开展非遗保护传承工作，推动广州非遗的创新发展。

Ⅱ 专题报告

白云区非物质文化遗产保护发展报告

姚月华　陈君慧　刘颖欣[*]

摘　要： 进入新时代，中共白云区委、区政府高度重视非物质文化遗产（以下简称"非遗"）保护工作，在非遗保护机制建设、能力提升和协同发展等方面形成了白云经验、白云品牌，为白云区非遗保护可持续发展奠定了基础。同时，白云区非遗保护工作在激励机制、队伍建设、创新利用等方面仍存在短板，需要进一步解放思想，守正创新，把非遗保护与国家发展战略、文化强区建设结合起来，推动非遗绽放出更加迷人光彩。

关键词： 非物质文化遗产　保护　白云区　经验　品牌

进入新时代以来，中共白云区区委、区政府高度重视非物质文化遗产（以下简称"非遗"）保护工作，坚持"保护为主、抢救第一、合理利用、传承发展"的工作方针，坚持守正创新和"见人见物见生活"的理念，认真贯彻落实省、市有关非遗保护的工作部署，在非遗保护机制创新、资源普查、名录建设、基地培育等方面稳步推进，在非遗人员培训、品牌打造、教材开发、传播创新等方面进行积极探索，形成了白云经验、白云模式。

一、基本情况

（一）非遗工作机制创新

非遗保护是一项政府主导、社会参与的长期性、系统性工作，发挥区（县）级政府的主体责任，建立相对独立的保护管理机构，配备与非遗保护工作相匹配的人员编制和经费投入，是贯彻落实《中华人民共和国非物质文化遗产法》《广东省非物质文化遗产条例》的基本要求。中共白云区委、区政府高度重视非遗保护工作，在机构设置、人员配备和经费投入给予大力支持，2018年1月25日，区编制委员会委员会印发通知

＊　姚月华：广州市白云区文化馆副馆长，白云区非遗保护中心负责人，群众文化副研究馆员；陈君慧：广州市白云区非遗保护中心群众文化馆员；刘颖欣：广州市白云区非遗保护中心群众文化助理馆员。

批准成立了广州市白云区非遗保护中心（与白云区文化馆合署办公），配备3名专职人员，负责白云区非遗的保护工作，职责包括白云区非遗的普查、认定、申报、保护和传播等工作计划的制定和实施，确保了白云区非遗的可持续发展。

白云区共有17个非遗项目保护单位。为推动白云非遗保护单位管理的规范化、科学化，区非遗保护中心把区文化馆作为保护单位的一些项目进行剥离，重新确定新的保护单位，推动了舞火龙、洪拳、广州重阳登高等非遗项目保护单位的在地化调整，并指导这些保护单位不断完善自身管理机制建设，以便更好实施项目的传承保护工作，提升非遗项目的可见度。

（二）非遗资源调查

为摸清全区非遗家底，推动非遗项目的分类保护和精准管理。白云区开展了两次全区非遗资源普查，并对传统戏剧、曲艺和醒狮等非遗资源进行了专项调查，建立全区非遗资源线索以及传统戏剧、曲艺、醒狮等专项资源档案，并实现了数字化。调查发现，白云区共有78个非遗项目线索和17个重点项目线索，其中民俗类占了总数约40%，尤以各类神诞居多，说明本区在民俗活动方面氛围浓厚，民俗文化保留得较为完好；传统戏剧、曲艺团体共有41个，主要以粤剧、粤曲为主，发掘了38位粤剧人才；醒狮队方面，共挖掘64支醒狮队伍，遍布全区各镇街。

（三）非遗名录建设

白云区十分重视非遗代表性项目和代表性传承人的名录建设，除了积极配合国家、省、市工作部署，做好国家级、省级和市级非遗代表性项目和代表性传承人推荐外，还积极动员鼓励申报区级非遗代表性项目和代表性传承人。进入新时代以来，全区新增各级非遗代表性项目10项，使得区级、市级、省级非遗代表性项目分别达到17项、10项和3项；新增各级非遗代表性传承人5人，使得区级、市级、省级非遗代表性传承人分别达到4人、3人和3人。白云区非遗代表性项目和代表性传承人的数量、水平都较以前有大幅度提升，影响力大大提高。

（四）非遗传承基地建设

自2018年以来，白云区广泛发动各非遗学校、训练基地、工作室等参加广州市非遗传承基地申报工作。2018—2020年度，白云区共有5个传承点成功被评为广州市非遗传承基地。白云区通过指导市级非遗传承基地开展传习活动与邀请市级传承基地参与区非遗通识教材的打造，来盘活区内非遗资源，让非遗项目得以广泛传承传播。截至2021年，白云区市级非遗传承基地由原来的5个增加到现的11个，传承基地建设工作取得显著成效。

二、特色经验

（一）注重基层能力建设

白云区非遗资源丰富，但非遗保护能力相对不足，因此白云区非遗中心坚持以镇街联动为基础，开展常态非遗培训，提升非遗保护工作人员的业务水平与专业素养，推进各项工作顺利开展。自2018年起，针对白云区非遗保护基础工作仍较为薄弱，全区非遗保护工作者非遗理论与非遗实践工作经验较为缺乏的问题，白云区以"联动镇街聚合力量，引进来与走进去并举"为思路，搭建非遗学习平台，邀请各界非遗专家对全区非遗保护工作者开展了系列非遗培训，提升了基层非遗保护工作者的工作素质与工作能力，切实提高了白云区非遗工作效率。2018年，白云区首次成功开展区级非物质文化遗产代表性项目申报专题培训班，邀请市非遗保护中心骨干为白云区22个镇街文化站负责人及文化骨干共40多人开展《非遗与社区文化建设》及《新时代下非遗申报与保护工作指南》的专题培训，培训以逻辑严谨的理论基础与丰富实用的实践案例支撑，针对性强，对工作人员实际开展社区申报工作开展具有较强的指导作用。2019年，举办白云区文化骨干非遗专题培训班，本次培训以"学习人群广覆盖，非遗助力乡村振兴"为指导，培训内容分包括非遗主题讲座与粤剧博物馆、永庆坊参观学习等，并邀请省市非遗专家开展题为"大湾区核心城区周边镇街文化振兴策略""乡村非遗资源的特点与优势及其运作实操讲解"的主题讲座，旨在引导区内文化骨干挖掘社区非遗资源，发挥非遗资源在乡村振兴中的作用，提升乡村的文化服务和文化自信，参加讲座人员包括22个镇街文化站负责人及社区骨干共440多人。讲座结合现场参观粤剧博物馆、永庆坊的场馆设施，使学员们对文化空间打造赋能文化建设的作用有了新的认识。

持续的培训使基层非遗业务人员熟悉白云区非遗的情况，了解非遗领域创新性的发展。白云区依靠这批基层非遗业务人员强大的社区群众关系网络以及非遗知识储备，在接下来的实际工作中，一方面，指导社区建设工作融入非遗以及动员社区群众参与到非遗宣传活动；另一方面，有效开展为社区群众解惑答疑、甄别非遗项目、指导申报等工作。

（二）探索"非遗+博物馆"传播模式

白云区打造"非遗+博物馆"宣传展示模式。白云区非遗项目分布在各个镇街，其中以江高镇非遗项目居多。为发挥白云区江高镇多点发展的优势，带动片区，联动打造白云区广州木雕传承基地。省级非遗项目广式硬木家具制作技艺省级传承人胡敏强在江高镇建成松园广作家具博物馆，完善博物馆管理机制，持续打造集收藏、展示、教育、文创及技艺体验和传承于一体的主题博物馆，是"非遗+博物馆"模式的先行者，该馆已于2020年8月向社会开放。开馆以来，举办公益活动十余场，其中涵盖李卓祺书法展、广式硬木家具体验活动等形式，接待参观人员上千人，有力地实现了广式硬木家具制作技艺非遗的在地传承。目前博物馆已与神山大岭小学达成合作，共同探索青少年非遗的在地教育。近年来白云区全面加强对农村优秀民间民俗文化资源的系统发掘、整理和保护，未来将持续探索"非遗+博物馆"宣传展示模式，因地制宜地将散布于白云各地的非遗资源充分利用、调动起来，由点及面，形成具有白云特色的非遗展览展示形式。

（三）加强非遗与公共服务融合发展

白云区非遗中心依托文化馆平台，以走近百姓为原则，采取多种形式开展非遗传承、传播活动，加大非遗项目保护与宣传推广力度。区非遗保护中心深入挖掘和梳理非遗资源，不断创新非遗活化传承体制机制，推进非遗资源与现代文化精准衔接。近年来，白云区采取举办夏令营、传承班、展演、集市、巡回展览、编演节目、有奖知识问答、非遗宣传片等方式，宣传推广非遗项目。多样化的形式、丰富的内容让群众耳目一新，受到群众的热烈追捧。

此外，为加强非遗的宣传推广工作，系统介绍非遗基本情况，展现非遗内涵，引导受众关注和参与非遗的当代传承和发展，白云区非遗保护中心专门制作《云想花开　白云印记》非遗宣传片，将区内17个非遗项目以视听的方式展现给民众，让民众们在观看视频中感悟到非遗的文化真谛，同时，这也是对非遗的一种保护，对于实现可持续的经济、文化全面协调发展具有重大意义。作为非遗线上传播的重要载体，非遗宣传片为民众打开了认识非遗、了解非遗的重要窗口，宣传片对实现非遗的跨地域、跨时间、可持续传播，实现非遗受众的广覆盖、强影响，具有积极的作用。

（四）积极实施非遗"双进"工作

以在地传承为理念，编撰白云区非遗系列通识教材，推进白云区"非遗进社区""非遗进校园"等科普工作。为充实传承人队伍建设，培育年轻一代非遗传承人才，白云区以校园为传承新阵地，在区内长红小学、广州白云学院、竹料第二小学、良田第二小学、槎龙镇泰小学、横沙小学、神山第一小学等校区，覆盖小学至本科院校开展醒狮、洪拳、粤语讲古、白眉拳、广式红木宫灯等"非遗进校园"活动，同时，也在区内各个镇街广泛开展广式硬木家具制作技艺、粤讴等"非遗进社区"活动，有力地培养了青年传承队伍。为规范非遗进校园、非遗进社区活动的开展，自2018年起，白云区非遗保护中心联合各非遗项目保护单位系统开发了非遗教材。本着促进白云非遗在地传承的目的，以"通俗易懂、互动体验、趣味传承、多元传播"为原则，内容涵盖非遗项目的在地历史、技艺特点、学习教程等。根据目前互联网大背景下的传播规律与各项目特点，白云区创新性地在教材中以扫码学习的方式为读者提供线上学习视频，并开发了相应的非遗教具及线上教学游戏，让读者便捷、快速地了解各非遗项目内容，扩大了教材的受众群。目前，白云区已完成《洪拳》《广式红木宫灯制作技艺》通识教材的开发，《洪拳》电子教材已在"文化白云"公众号完成推送并在聚英武馆、良田第二小学等进行使用，效果较好。《广式红木宫灯制作技艺》出版发行后将在神山第一小学进行推广使用。现白云区第三本非遗通识教材《广式硬木家具制作技艺》也正在开发中。

（五）打造非遗节庆品牌

以品牌建立为目标，持续策划开展白云区民俗文化节，打造白云非遗名片。近年来，白云区举办的白云火龙民俗文化节、白云区文化和自然遗产日两个大型综合性非遗品牌活动均受到社会各界的广泛好评。它们不仅展示白云区近年来卓有成效的非遗保护成效，而且把富有白云地域特色、文化特色的非遗项目带给群众，吸引无数市民朋友参与互动，真切地感受到非遗的独特魅力、感受到非遗能让我们的生活更美好。

以"尊重传统，敬畏民俗"为立足点，以"火龙节来自民间，火龙节火在民间"为办节理念，白云区巧用多媒体力量，全面打造"趣味性"与"深度性"兼容，"传统性"与"创新性"并蓄的广州白云区火龙民俗文化节，自2012年以来，已连续成功举办八届。白云区火龙民俗文化节主要从以原生态保留舞火龙民俗，完整呈现白云文化符号；深度挖掘与创意多维展示火龙文化，举办火龙系列衍生活动；巧用媒体与文创力量，升级打造线上线下火龙等三个方面打造品牌活动。自2012年至2019年，白云区始终坚持最完整呈现舞火龙文化的理念，融合祈福文化与民俗文化，原生态展示舞火龙文化内涵。每年中秋当晚，白云村落均禾街清湖村、石马村，江高镇江村、白云湖夏茅村、大朗村万人空巷，"火龙现身、蛟龙点水、祥龙祈福"为一体的火龙制作仪式及"龙腾万家——火龙巡游仪式"吸引了白云本地及区外民众争相观看，线上线下观看人数每年均超10万人。

此外，为激发区内外人民对火龙文化的兴趣，提高民众参与火龙民俗文化节的积极性，白云区以火龙文化为源，积极探寻火龙文化系列衍生活动——举办《火龙的前世今生》专题图文展、"祥龙在野"白云火龙民俗摄影采风活动，《源远火龙文化　流长白云非遗》为主题的火龙学术研讨会、粤语相声表演艺术家黄俊英、何宝文原创"火龙讲古"作品演绎，《火龙传说》少儿趣味讲座、黏土火龙制作小课堂、火龙立体书制作、火龙绘画教学、龙文化小剧场、龙文化知识大赛、扎龙体验活动、火龙VR体验区等，通过动静相宜、趣味互动的方式让民众亲近火龙文化、熟知火龙文化。为增强火龙文化节的影响力度，白云区在利用报刊、广播、电视等传统媒体报道的同时，巧用新媒体力量进行火龙文化节的宣传报道。2016年，白云区文化馆微信公众号"文化白云"推出火龙节专题系列活动，并发起"晒照片""讲故事""猜灯谜"赢奖品等活动，打造线上火龙节。2017年，白云区开发的火龙文化节宣传动画在各镇街电子屏轮番播放，为当年火龙节的宣传工作打响"头炮"，火龙君吸粉无数。另外，在原有微信宣传报道的基础上，白云区于火龙节启动仪式当天进行现场网络直播，腾讯网、广视网、今日头条等媒体争相报道，央视新闻移动网、央视新闻微博、头条号、客户端也对中秋当晚原生态舞火龙巡游进行现场网络直播，两场直播观看总人数超50万人次。除此，2017年火龙民俗文化节启动仪式上，白云区首个"火龙君"原创手绘IP布偶发布。2018年，发起线上"我与龙仔有个约会"H5合影互动与"集龙卡"兑奖游戏，配合启动仪式、中秋舞火龙线上直播，进一步扩大火龙节宣传，提高火龙节影响力。

三、面临挑战

随着社会经济的不断发展与城市化进程的不断推进，我国非物质文化遗产面临着严峻的考验，一些非物质文化遗产因无法适应时代发展而正逐渐被边缘化，生存环境逐渐恶化。由于生存空间的萎缩，许多传统技艺后继乏人，传承出现了断层，面临消亡的危险。目前白云区非物质文化遗产的保护主要面临以下三方面的问题。

（一）非遗传承创新能力有待提升

主要体现在两个方面，一是区内民众对非遗虽有基本的认识，但对其理解不深，关注度不够。近来，全国掀起文化热、非遗热，各领域纷纷出现与非遗跨界合作的趋势，白云区群众对非遗虽有基本的认识与了解，但日常参与非遗保护实践仍缺乏足够的行动力，往往是被动式的参与，非遗与日常生活还有较大的割裂；二是传承人群缺乏自主创新能力与意愿，对非遗"创新性发展，创造性转化"的理念践行积极性不足，自主开展传承活动能力较弱。

（二）专业人才相对不足

区内开展非遗保护工作的专业人才缺乏，无法开展系统、专业的保护工作。白云区地域广阔，常住人口达277万余人，属于常住人口超大区，区非遗保护中心目前仅有固定人员3人，且都不是非遗专业人员，需要负责全区范围的非遗调研、常规开展的各级别各类型的申报等非遗保护工作及非遗主题活动与多样化的宣传推广活动；镇街的文化工作人员同样面临"上面千条线，下面一根针"的困境，而且文化工作人员基本是兼职从事非遗保护工作，工作不稳定，专业知识相对缺乏，还随时面临因为机构改革而被裁撤的窘况，因此对非遗保护工作常常是心有余而力不足。

（三）非遗展示场所有待改善

白云区缺乏集中展示非遗的空间和场所，区域内普及性宣传展示阵地不足。近年来如非遗馆、博物馆等已成为非物质文化遗产展览展示的重要场所，担负着传承和弘扬非遗的重要使命，其公共服务属性已经引起了相关部门的高度重视，但目前白云区并没有集中展示非遗的专门场所，各非遗项目都分布在各镇街，且多分布于如江高镇、人和镇等区域，交通不便导致民众只能碎片化地了解非遗，或是借助相关的非遗主题活动了解白云区非遗项目，区域内普及性宣传展示阵地不足的困境大大削弱了区内非遗工作的宣传普及效果。

四、对策与展望

（一）持续加强基层能力建设

继续深入开展非遗项目的挖掘与非遗代表性项目的后续保护工作，提升民众对非遗项目的保护意识，是白云区未来非遗保护工作的重要方向。针对白云区非遗申报工作较为薄弱，联动镇街申报起步较晚的实际情况，白云区要继续与各镇街加强合作，除开展非遗培训外，将加大对非遗项目的挖掘，加强与镇街文化工作人员、当地文化名人的沟通，并邀请相关院校专家学者、调研团队就非遗重点项目申报工作进行指导，做好非遗申报的基础工作，针对已列入非遗目录的项目，将通过经费补助、教材开发、平台提供、活动开展等形式，继续对其进行保育传承，以提升民众的关注度。

（二）不断创新宣传推广模式

继续开展非遗系列传习传播活动，通过各种现代化文化传播手段和方式，扩大白云区非遗区域影响力。深入挖掘区内历史文化，持续开展"非遗进社区"之"印记白云"非遗图文巡展活动，推进白云区非物质文化遗产保护与传承工作。通过非遗夏令营、非遗体验课、非遗展览、非遗沙龙、非遗影视欣赏等多样化方式开展红木宫灯制作、硬木家具制作、洪拳、白眉拳等非遗项目传承班系列课程。通过建设非遗（美食）博物馆群落、非遗创意工坊、非遗小剧场、非遗实训中心等方式，加快中国（广东）非遗创意创新孵化器建设，将其打造成为岭南特色非遗的重要展示、创意开发平台。充分探索"非遗+研学""非遗+民宿"等方法，将非遗与其他文化产业结合起来，让民众充分体验非遗，深度参与非遗活动，加深对传统文化了解和认同。

（三）培育壮大非遗传承力量

继续整合区内非遗材料，编撰白云区非遗系列通识教材，推动专业化传习培训课堂建设。以"一个项目，一本教材"为指引，持续开发白云区非遗系列通识教材，在已开发教材《洪拳》《广式红木宫灯制作技艺》《广式硬木家具制作技艺》基础上，结合非遗项目的特点与教学对象的实际，进一步探索更适合白云乡土文化传承的非遗教材。在教材编写人员方面，引入专家参与教材的编写，力求使教材的编写更加科学、专业。在教学方式方面，继续以线上线下的方式培养学员的自主探究能力，通过扫码学习、在线游戏等形式为学员创设学习情境。在教学用具开发方面，研究开发集趣味性与知识性为一体的教具，以发挥其最大的辅助性作用。

（四）持续完善"非遗+博物馆"模式

激活非遗活力与生命力，拓宽非遗传承与保护的发展空间。以白云区松园"广作"家具博物馆为试验点，白云区将利用博物馆资源，以广式硬木家具制作技艺非遗教材为抓手，联动项目保护单位、各个院校、社会团体举办"广式硬木家具课程在校园""广式硬木家具课程在社区"等系列教育活动，规范化、系统化地开展非遗课程。在日常非遗体验课的开设方面，结合文化和自然遗产日、各种传统节庆活动举办各式样的体验课程，并配合省市区各项文创品牌活动，为广式硬木家具的创意开发提供发展平台，实现"非遗+博物馆"传承模式的长久发展，激活项目的发展活力。

（五）推进非遗创造性转化与创新性发展

当前，在粤港澳大湾区国家发展战略深入实施以及广州推动"四个出新出彩"实现老城市新活力以及建设具有国际影响力的时尚流行策源地、时尚品牌集聚区等大背景下，白云区将以立足粤港澳大湾区、辐射全国、面向世界、引领未来的发展理念，以建设大湾区"世界级时尚产业之都"为发展愿景，全力打造集时尚创新、文化引领、设计研发、品牌培育、营销推广等功能于一体的湾区时尚产业中心。白云区在非遗保护上将借力白云时尚之都发展契机，继续推动"非遗+时尚"的融合。2019年白云区市级非遗代表性项目非遗拳术蔡李佛权、洪拳、白眉拳，2020年白云区区级非遗代表性项目狮舞（广东醒狮）借助广东时装周的平台，以创意化的舞台表现形式亮相广东时装周，赢得民众好评与媒体报道，是白云区"非遗+时尚"融合的成功尝试。白云区将继续以"世界级时尚产业之都""设计之都"为指引，深挖白云非遗内涵，举办非遗文创设计大赛，加强白云区非遗创意产品设计开发，以培育一批岭南传统文化创意领军产品品牌，以打造白云文化产业新增长点，把白云区建设成为广州、广东甚至粤港澳大湾区的文化产业高地。

（六）继续擦亮白云文化品牌

舞火龙项目已于2018年被评为省级非遗代表性项目。白云区火龙民俗文化节经过多年的打造，已具有一定的影响力。火龙民俗文化节将从"政府牵头"逐步向"社区主导"转变,舞火龙项目保护单位均禾街社区服务中心将通过火龙娃文创IP开发、舞火龙纪实摄影展、舞火龙摄影打卡等一系列形式打造白云特色非遗品牌。

(七)响应乡村振兴战略,加强文旅融合

为积极响应国家乡村振兴战略,全国首个空港文旅小镇白云区凤和村坚持"非遗+民宿"的理念,通过旅游产业助推非遗保护工作。从重塑城市形象与推动城市可持续发展的高度,广州白云空港文旅小镇建设广东非物质文化遗产创意创新孵化器(基地/园区),旨在围绕广州特色、岭南特色,进行非物质文化遗产保护发展的创新孵化,包括政策研究、技术研发、非遗主题建设、资本运作、交易平台共五大板块内容。

政策研究主要围绕政府非遗传承、保护、发展和创新战略的决策咨询、非遗行业标准制定等开展研究,以推动相关工作的系统化、规范化、科学化,探索行业标准制定,提升行业水平。

技术研发部分一方面是通过建立非遗创新实验室(研究院),与非遗传承人和传统工艺美术从业者及相关企业进行合作,开展传统工艺新材料、新技术的研发,进行产业链创新模式研究;另一方面通过非遗大数据中心不断进行数据采集与处理、非遗资源转化与应用相关成果存贮、展示与开发利用于一体,来对接产业和资本进行协同创新;此外,通过建立非遗实训中心,紧盯市场需求,抓住设计师和销售渠道两大痛点,培养"设计+非遗+营销"等方面的复合人才,为非遗创新发展提供智力支持。

在非遗主题建设方面,通过设立"粤菜师傅"美食博物馆群落、非遗图书馆、非遗小剧场、非遗创意工作坊,有效并有针对性地开展文旅融合建设,打造融文化展示和非遗体验为一体,充满岭南文化风情的开放式一站文旅空间。非遗主题图书馆将围绕非遗产资料查阅、非遗创新成果展示、项目传习体验等主要功能来开展。非遗小剧场的设立,有利于整理挖掘非遗精品和创新品牌,以影像和舞台的形式进行展示传播,以非遗的传承保护为出发点,促进相关创新成果经验的交流。非遗创意工作坊是吸引国内外知名艺术家、设计师和非遗传承人入驻的最佳途径,通过设立联合工作室,进行撮合配对,创作出符合现代人审美需求的作品。

孵化器的后续效能主要体现在资本运作这一环节,通过发起非遗主题投资基金、多渠道筹措资金,对非遗产品创新进行股权投资或融资支持。

平台交易将是该项目最终得到质变的结果。通过非遗产品交易的互联网平台,打通电商平台和自建渠道,在互联网上进行非遗创新产品的宣传、推广和销售。同时,初步建立白云区的非遗产品交易所(会),长期展示国内外非遗创意产品,提供产品

发布、采购订货、交流学习，定期举办大型的线上线下采购会，推动非遗产业持续有效地发展。

通过微改造方式打造集空港产业服务、公寓居住、商务办公、特色民宿、休闲农业等功能于一体的临空经济发展区，并命名为"广州翼·空港文旅小镇"，为凤和村注入乡村振兴的源源活力。结合乡村旅游，将非遗体验，融入到凤和村的乡村旅游线路当中，打造精品乡村粤菜美食旅游景点和线路。

越秀区非物质文化遗产保护发展报告

张　蓉　柯林海　刘颖雯*

摘　要： 越秀区地处广州市中心城区，素有"广府文化源地，千年商都核心"的美誉，区位优势明显，非遗资源丰富，非遗生态优越性和复杂性并存，成功创建了广东省广府文化（越秀）生态保护实验区。为推动非遗的保护、传承和创新，落实非遗的整体性保护，越秀区在非遗社会传承的融合发展方面率先开展探索研究，在构建活态传承体系，拓展社会传播途径，搭建资源共享平台等方面建立了一套完善的机制，形成了独具特色的越秀非遗保护模式，具有典型性、示范性和创新性，对城市中心城区的非遗保护具有借鉴意义。

关键词： 非遗保护　融合创新　越秀实践

一、前言

越秀区历来高度重视文化遗产保护工作，近五年来深入贯彻习近平总书记关于广州要实现老城市新活力和"四个出新出彩"的重要指示精神，按照"保护为主、抢救第一、合理利用、传承发展"的方针，采取切实有效措施做好非遗保护传承工作，初步建立了以省、市、区三级非遗名录为基础的非遗保护体系，打造了集传承、体验、教育和创新为一体的非遗生态圈，推动非遗融入当代社会，融入当代生活，助力越秀区成为具有浓郁广府特色的优秀旅游目的地。本文将以广府文化（越秀）生态保护实验区的建设为例，阐述越秀区非遗的整体性保护思路，创造性转化与创新性发展成果以及亟待破解的问题。

---

*　张蓉：越秀区文化馆馆长，越秀区非遗保护中心主任；柯林海：越秀区文化馆副馆长；刘颖雯：越秀区非遗保护中心工作人员。

二、越秀区非遗保护基本情况

（一）政策、法规、制度

越秀区先后出台了《广州市越秀区非物质文化遗产代表性项目管理办法》（2009年）、《广州市越秀区非物质文化遗产保护专项资金管理办法》（2018年）、《广州市越秀区非物质文化遗产代表性传承人评估办法》（2018年）等政策，扶持处于濒危状态的非遗项目，提升保护单位和传承单位自身的造血功能，并建立非遗项目评估机制。下一步拟出台《广州市越秀区非物质文化遗产代表性传承人绩效管理办法》，通过与代表性传承人签订落实传承责任协议书，对代表性传承人的执行情况做好考核登记，实行动态监管，协助其履行传承义务；每年组织一次专家评审会议，对代表性传承人的传承活动进行绩效评估，探索代表性传承人、保护单位进入、退出机制等措施，切实落实非物质文化遗产的有效传承，为非物质文化遗产传承与保护工作的持续发展提供长效保障。

（二）确认

目前，越秀区已建设省、市、区三级非遗名录体系，包括省级代表性项目10个、市级代表性项目17个、区级代表性项目35个，以及省级代表性传承人8位、市级代表性传承人17位、区级代表性传承人28位。2020年，民俗项目行花街成功入选第五批国家级非物质文化遗产代表性项目名录推荐项目名单，实现了国家级非物质文化遗产代表性项目零的突破。

（三）立档与保存

越秀区根据非物质文化遗产保护、保存工作需要，组织了多次非物质文化遗产调查，对辖区内非物质文化遗产予以记录、建档，建立非物质文化遗产档案及相关数据库，并利用越秀公共文化数字云平台进行储存与传播，全方位建设数字化保护体系。目前通过收集全区35个非物质文化遗产项目及30个代表性传承人的代表性实物、整理调查工作中取得的资料、实物图片等档案建成标注齐全的非遗普查资源数据库、项目资源数据库、专题资源数据库，电子版数据超过500G，纸质件超过5000份。开展了象牙雕刻（象牙微雕）的抢救性记录工作，撰写了关于该行业和传承人家族发展历史的书稿《一粒牙米颂百年——"南派牙雕"之冯氏家族微雕细刻》近4万字，并计划将其出版；整理编写了《广州象牙发展史简略》《广州象牙微雕创立及发展》《象牙微雕历史渊源》《象牙微雕细刻工艺实践教学大纲》《象牙微雕班教学笔记》《冯氏家族主要微雕作品一览表》等合约5万字；存有访谈视频、工艺流程等录像资料近300分钟，冯氏三代传承人的珍贵老照片70多张，连同其他照片等有400多张。此外，撰写、出版了《关于广州箫笛制作技艺生产性保护路径的探索研究》《广州粤剧戏服》《千年花事》《妙缮天成——中国书画的保护与修复探微展》以及《非遗玩家》系列教材等。

（四）研究

越秀区在探索实践非遗保护工作的基础上，不断总结提升，理论研究初见成效：一是建立了长效性的非遗研究发布与交流平台，促进相关学术成果的实际应用。在五年间举办了"跨界·非遗保护新思路"2018越秀区非物质文化遗产保护研讨会、"共生·非遗与城市"专题交流会、"非遗通草画——讲述古今中国故事"广州通草画展专家研讨会、"非遗进校园"教学研讨会等线上线下学术研究活动超过20场，来自全国各地的非遗专家、非遗传承人以及媒体、文创、科技、电商等企业的代表、齐聚一堂，分享了非遗活态传承的相关案例，从多个维度探寻在城市化进程中核心城区的非物质文化遗产保护与创新的路径，在对谈中碰撞出了思想的火花，对非遗的活化和走进生活起到了积极的推动作用。二是鼓励并推动了越秀区非物质文化遗产相关理论研究课题的申报、研究与成果出版。2014年，越秀区在广州市率先开展市级课题《探索越秀区传统手工技艺项目的生产性保护发展之路——以广州箫笛制作技艺、广州戏服制作技艺为例》研究，并顺利结题；引导和支持传承人群体开展《基于凋亡自噬机制探讨岭南头皮针对脑外伤昏迷大鼠的促醒作用》《刺络疗法治疗带状疱疹神经痛40例的临床研究》《书画修复中的清洗技艺——以洗霉为例分析》等论文、科研课题研究工作超过20项。先后编辑出版了《寻找岭南遗珍，驱动传承创新——2015首届非遗创意大赛作品集》《广州戏服》《华衣锦梦》等非遗书籍，结集出版相关纸质文献资料超过10册。其中，《广州戏服》五年磨一剑，成为第一本广州戏服的百科全书，并先后被翻译为西班牙文、韩文出版；《华衣锦梦》是非遗工作者对非遗工作十年积淀的基础上创作的、以广州戏服四代人传承为主线的文学作品，再现了广州戏服的百年兴衰史。同时利用广州日报、南方日报、羊城晚报、中国文化报等媒体平台，推广越秀区非物质文化遗产及文化生态保护实验区工作进展、经验。

（五）宣传

越秀区积极联动有关部门及社会力量开展非物质文化遗产的宣传、展示、传播工作，提高全社会保护非物质文化遗产的意识。从2011年起，每年举办广府庙会、行花街、广东省非物质文化遗产创意设计大赛、文商旅嘉年华、我在越秀玩非遗、青少年暑期兴趣班、非遗进校园、非遗进社区、非遗进商圈、非遗进博物馆、非遗进景区，以及各类主题展览、展演、市集、雅集、山歌墟等活动超过一百场次。此外，越秀区充分借力越秀区数字文化云平台，整合微信、微博、抖音、快手等平台的流量资源，连续两年在"文化和自然遗产日"系列活动中，使用中国联通5G优质网络开展空中课堂、云展览、社区通草画文化导赏等传播活动，线上线下年均参与市民群众上千万人次。

三、越秀经验：以创建广府文化（越秀）生态保护实验区为核心，推动广府文化区域整体性保护

越秀区自秦代设立南海郡至今，其所在范围一直是广府文化核心区域，是广州市最古老的中心城区。越秀区历经上下两千多年历史，孕育了广州这座历史文化名城的文化之根，成为广州的政治、经济、文化中心。越秀区的非遗保护工作已如火如荼地开展了十余年，非物质文化遗产代表性项目存续情况总体良好，多数项目有着较为稳定的社会基础，保护和传承自发性强、生存能力强，通过采取针对性措施恢复其传统形态，保护面貌已大为改善。越秀区在生产性保护、抢救性保护工作的基础上，逐步探索了更为有效、完备的非遗保护模式，把非遗保护工作重心向区域整体性保护转移，建设了全省首个位于现代化大都市中心城区的文化生态保护实验区。

（一）建设背景

"文化生态保护区"是指以保护非物质文化遗产为核心，对历史文化积淀丰厚、存续状态良好，具有重要价值和鲜明特色的文化形态进行整体性保护，并经各级文化主管部门批准设立的特定区域。2011年6月1日实施的《中华人民共和国非物质遗产法》指出，对非物质文化遗产代表性项目集中、特色鲜明、形式和内涵保持完整的特定区域，实行区域性整体保护。"文化生态保护区"的理念和实践是中国政府对非物质文化遗产及与其相关的实物、场所、自然环境实行区域性整体保护的一种创举。它把非物质文化遗产保护与相关的物质文化遗产和自然生态保护相结合，构成一种新型的整体性保护方式和特色文化区域的可持续发展模式。

2015年，越秀区在入选为广东省第二批省级文化生态保护实验区后，经过开展多次调研、专家论证会，深入多个社区和学校，广泛收集各单位、各领域的意见，编制了《广府文化（越秀）生态保护实验区总体规划》，并于2019年11月收到省文旅厅同意实施该规划的批复。

广东省广府文化（越秀）生态保护实验区是根据该文化区域的特征，以区域内非物质文化遗产的活态传承为核心，对具有重要价值和突出代表性的文化形态及生态环境进行整体性保护而划定的文化区域范围，其规划范围与广州市越秀区的行政区域范围保持一致。这对广东省建设文化强省、实现"四个走在全国前列"具有积极的推动作用，有利于广州市的城市文化建设，有利于越秀区进一步整合发挥自身文化优势，

为经济社会发展提供文化保障和内生动力。实验区的建设是政府和广大市民的责任和福祉所在，其实践对在现代大都市中开展非物质文化遗产的整体性保护具有十分重要的探索和示范意义。

（二）文化资源

越秀区文化遗产资源丰富，存续形态多种多样。保护工作涉及物质文化遗产、非物质文化遗产，也涉及区域内的文化生态环境，相互依存，不可分割。

1．非物质文化遗产

越秀区非物质文化遗产资源丰富，涵盖民间文学，传统音乐，传统舞蹈，曲艺，传统体育、游艺与杂技，传统美术，传统技艺，传统医药和民俗等九个门类，已建设省、市、区三级非遗名录体系，包括省级代表性项目10个、市级代表性项目17个、区级代表性项目35个。2020年，民俗项目行花街成功入选第五批国家级非物质文化遗产代表性项目名录推荐项目名单，越秀区实现了国家级项目的零的突破。

2．物质文化遗产

物质文化遗产与非物质文化遗产相对，此处特指本区内与非物质文化遗产相关的各种历史文献、用具实物、空间场所等。它是非物质文化遗产重要的物质载体，也是保护工作开展的重要依托，不同类型的物质文化遗产是文化生态保护实验区活化利用的重要对象。截至2020年5月，全区辖内共有不可移动文物205个，全国重点文保单位19处（28个），省级文保单位13处（16个），历史城区9.2平方公里，历史文化街区9片〔北京路、传统中轴线（近代）、文德南、人民南（跨行政区域）、海珠南一长堤、五仙观一怀圣寺一六榕寺、新河浦、华侨新村、海珠中〕，历史风貌区4片〔东皋大道、农林上路、白云山（跨行政区域）、珠江广州河段（跨行政区域）〕，骑楼街58条。

3．非物质文化遗产传承人

非物质文化遗产保护的关键在人。保护好非物质文化遗产项目代表性传承人并鼓励他们有效地履行职责，对非物质文化遗产的传承和广府文化生态链的存续具有重要作用。目前，越秀区拥有省级代表性传承人8位、市级代表性传承人17位、区级代表性传承人28位。

4．民俗活动

越秀区各种形态的民俗活动十分繁盛。除了春节、元宵节、清明节等与其他地区类似的民间习俗、节庆活动外，还有着如行花街、广府庙会、城隍诞、五仙观祈福献穗、越秀灯会等具有广府文化特色的民俗活动，既可从中管窥广府民众的生活习俗、价值取向，亦能承载非遗宣传、弘扬、传承、振兴等功能。

（三）保护措施

1．以北京路文化核心区为重要载体，建设广府非遗保护"生态圈"

党的十九届五中全会提出健全现代文化产业体系，推动文化和旅游融合发展。党中央在各方面战略、策略、方针、政策的制度，无不贯穿着融合发展的重要思想并基本形成了完整的体系。在当前深化改革、社会大融合的背景下，非遗传承实现融合发展，是创新驱动的必然趋势。因此，越秀区将文化资源的综合布局作为一种重点突出、点面结合的整体性和活态性的保护措施，依据不同地段的历史背景和文化特点，进行合理的时空布局。在文化生态保护实验区内，以北京路国家级文化产业示范园区建设为重要载体，打造集展览、传承、体验、教育和创新为一体的广府非遗保护"生态圈"，同时结合区内文化资源的集聚情况，辐射周边区域，形成有层次、有侧重的非物质文化遗产保护工作空间格局。

（1）科学规划，精准定位，有机融入，助力非遗保护

广州北京路文化核心区位于广州文化核心区，范围是以北京路为中心的两侧区域，"北至越华路，南至天字码头，西至解放路，东至仓边路及德政路，面积约2.1平方公里"。这一区域不但拥有众多的文物保护单位，也是广州新老字号的汇集之地，还是现代化大中型商场集中之地。在文旅融合的背景下，通过科学规划，精准定位，将核心区内文化遗产、文化要素、文化风尚有机融入公众日常生活，努力打造成为可与纽约、东京、巴黎、伦敦等世界文化名城文化核心区相媲美的文化圣地，有利于构建健康的文化生态，实现非遗区域可持续发展。

2020年12月，广州北京路文化核心区获评国家级文化产业示范园区，是全国首批9家创建成功园区之一。区别于封闭式园区管理模式，它是一个全开放式、没有围墙的文化产业园区，正积极探索"文旅一体、景城一体、产城一体"的开放式园区发展新模式。园区围绕广州传统中轴线，以文化为主线，实施"文化＋"融合发展战略，发展文化旅游、文化商贸、文化创意、文化金融四个主题特色鲜明的功能分区，形成了"一轴四区"产业空间布局。一轴，即被誉为千年古城中轴的北京路广州传统中轴线；四区，即以广州创意大道产业基地为核心的文化创意区、以北京路商圈为核心的文化商贸区、以世界优秀旅游目的地为载体的国家4A级文化旅游区、以广州民间金融街及海珠广场文化金融CBD为载体的文化金融区。

其中，文化商贸区立足北京路商圈，围绕"千年城脉、广府商街"的定位，以"文化带动商贸，商贸反哺文化"，形成了广州老字号一条街、惠福美食花街、广府非遗街、北京路步行街等特色文化商贸街区。现有商户近7000家，商圈年交易额超过1500亿元，步行街年交易额近120亿元，每年游客约8000万人次。这种良好的发展生

态，是在城市化高速发展的当下，非遗传承保护面对现代商业发展和市场化等冲击，从被迫搬离城区到融合各方资源，实现创新驱动，重新回归市中心，建立创新融合的发展机制的动力保证。

（2）打造沉浸式非遗生态空间，增强非遗传承体验影响力

在广州北京路文化核心区内，越秀区结合历史文化街区与传统风貌建筑的保护利用工作，打造了中山四路骑楼街"非遗之窗"、北京路非遗手信店、点都德广府茶俗体验门店、南乳花生非遗体验馆、周生记太爷鸡、广州都城隍庙、广州市工人文化宫等非遗体验空间，以静态展览、动态展示、传习、演出、讲解、销售、体验等互动方式，为市民创造沉浸式非遗体验场景。2020年9月，广药陈李济在越秀区多个部门的支持下，还原岭南建筑风貌，在北京路建设了老字号非遗展馆、非遗工作室、陈皮文化体验小馆与大健康展贸厅、凉茶文化品牌展厅等传统医药文化体验空间，通过"器、技、艺、礼"等手段，向广大市民推广传统中药文化，重现四百年老铺的文化魅力，使市民在吃、住、行、游、购、娱等消费场景中共同参与非遗保护、共享非遗保护成果。

（3）打造节庆文化品牌，焕发非遗传承活力

越秀区作为广州市的老城区，保留了老广州的街容街貌，文化氛围浓厚，加之有着丰富的物质文化遗产，据此越秀区非遗保护中心提出用组织节会的方式进行非遗保护。通过由地方政府组织并举办各种独特魅力的民间传统节日和节会活动，让非物质文化遗产还原到民俗活动的动态结构里去。举办节会民俗活动的意义在于为非物质文化遗产营造一个完整的文化空间，提供一个集中展示的平台，保持非遗的原真性和完整性。从2011年起，越秀区重点围绕"迎春花市""广府庙会"等节庆文化品牌，设立非物质文化遗产项目的展示、演出等活动，丰富群众参与民俗文化活动、助力传统文化传播的方式，突出品牌文化活动的平台作用和社会效益。尤其以广府庙会为典型的非遗展示活动历经10年打磨，逐渐成为全市非遗保护工作的品牌。

作为全省首个综合性的非遗节庆展示项目，在近年来的探索与实践中，越秀区围绕北京路文化核心区，以广府庙会为原点，逐渐形成了集形象设计、标准规划、项目筛选、事件推广、洽谈研讨等于一体的非遗展示品牌。从2011年起，广府庙会在每年的正月十五元宵佳节盛大开幕，历时七天，以"广府庙会，幸福相约"为主题，以广州城隍庙为始发点，以北京路文化核心区为中心向越秀区辐射，拥有中心主会场、非遗区、广府美食区、巡游区等区域，包含广府达人秀等品牌活动，是一项集慈善庙会、小巷庙会、水上庙会、地铁庙会、祠堂庙会、青年庙会、动漫庙会、空中庙会等多种形式为一体的大型民俗文化活动，每年吸引数百万群众热情参与。其中，非遗展示区设置南北荟萃、岭南精粹、创意市集、大湾遗珍等区域，结合民俗文化巡游活

动，每年吸引30多个省内外非遗项目与市民进行互动，人流量超过百万人次。2015—2019年庙会期间，广府庙会组委会联合广东省非遗保护中心、广东省非遗促进会等多家单位在北京路北段开展广东省非物质文化遗产创意设计大赛优秀作品展览展销活动，搭建了一个集合非遗传承交流、非遗人才培养、非遗多元传播、文商旅融合及版权保护展示交易平台，推动文旅企业、创业者、非遗传承人、中职高校师生、设计师等群体参与创作、交流、展示及交易。2020年，在确保疫情防控安全的前提下，越秀区结合传统民俗节庆，拓展展示渠道，打造了广州欢迎您——"叹寻广府情·众享粤滋味"2020越秀区文商旅嘉年华分会场活动、"玩转非遗·七夕趁墟"、"玩转非遗·创市集"、"玩转非遗·喜迎中秋"——北京路步行街改造提升开街仪式暨国家级文化产业示范园区创建系列活动等线下非遗体验盛宴，全面满足市民吃喝玩乐购等需求。

在非遗节庆展示活动中，非遗从业者把握商机，直面需求，改进产品，充分发挥非遗优势，研发了不少具有鲜明广府特色的"国潮"文创衍生产品，再次参与销售，提高自我造血能力，促成了文化创意向经济收益转化。例如：广东醒狮的棒棒狮产品，以活泼、喜庆的造型迅速吸引了年轻人的眼球，7天创造了数十万的利润。端砚创意设计的获奖者广州大学学生邹洁通过庙会创意集市的平台销售了自己所创作的端砚作品30多件，获得了5万多元的收益，"试水"成功。榄雕传承人曾宪鹏，从首届庙会起就参加非遗展示，通过庙会的展示平台，不断了解市场需求，从而调整榄雕作品的艺术性与使用性，创作出融入了历史故事的榄雕作品"七郎八虎镇三关""甲午魂"，作品分别获得了金奖和优秀奖。其在庙会上展出时受到各大媒体的采访与关注，也打开了销路，可谓名利双收。蛋雕艺人孙开福，多次参加非遗创意设计大赛，以不同种类的蛋壳作为原料，以岭南文化、广州地标等元素，展现岭南文化之美。在广府庙会创意市集上，其作品让人大开眼界，受到大众青睐，获得了3万元的收益。这样的例子不胜枚举。

2．以"非遗进校园"为创新特色，引领非遗社会传承新热潮

自2013年越秀区启动"非遗进校园"传承实践试点活动以来，至少在40所幼儿园、小学、中学、高等院校、职业学校、特殊教育学校等多个教学培养层次，开展"非遗进校园"实践，探索出"非遗进校园越秀模式"，形成百花齐放的非遗校园传播热潮。2020年，由文化和旅游部非物质文化遗产司支持，中国青年网主办的第二届"非遗进校园"优秀实践案例在济南发布。越秀区报送的"广府非遗进校园"在近700个案例中突围而出，成为广东省唯一一个入选前十的优秀实践案例。

（1）越秀"非遗进校园"的缘起

非物质文化主要以人为载体，是靠人来传承的，人应该是非物质文化遗产保护的重点。在非遗保护传承过程中，代表性项目传承由于受资源、渠道、人力的局限，力度非常有限，因此非遗的社会传承工作应运而生。"非遗进校园"作为社会传承的主要形式之一，以广大师生作为文化知识传承与创新的主导力量，对于非遗保护工作有着不可替代的作用，既解决了"种子"的问题，又发挥了辐射影响力，对非遗的宣传推广作用重大，更重要的是"非遗进校园"给了当代学生近距离感受中国灿烂传统文化的机会，有利于全面推进素质教育。2013年，越秀区文化广电旅游体育局以此为契机，与越秀区教育局，一拍即合，联手推进"非遗进校园"工程，通过课程和教材开发、师资培养、技术手段创新、平台搭建等创新实践，形成了系统的"广府非遗进校园"实践体系。

（2）越秀"非遗进校园"的创新实践

越秀"非遗进校园"为起到系统化、规范化、标准化的效果，在体系的建设方面下足了功夫，针对教什么、师资如何培养、如何教、成果如何展示等形成了一个环环相扣的系统，由此总结出"教""传""展"三字经验。

一是在"教"字下重墨。"非遗进校园"要从面上铺开，兼顾纵深发展，解决"教"的问题是第一要务。毕竟非遗代表性传承人的人力和精力是十分有限的，"非遗进校园"必须有更多的师资力量参与进来充当社会传承人的角色。越秀围绕非遗传承"如何教"的问题，开展了系统性的探索，建立了科学规范的教学体系。

孵化非遗骨干教师队伍。越秀区率先开展了非遗骨干教师队伍孵化实践，打通了"非遗传承人→教师→学生"渠道，成效显著。从2016年起，越秀区非遗中心以教师继续教育课程研修为切入点，与越秀区教师进修学校合作开办榄雕、广彩、广州珐琅、剪纸、押花等培训课程，孵化非遗骨干教师队伍，惠及了超过350名中小学、幼儿园教师，再通过教师把非遗知识带到课堂，吸引了超过5万名青少年参与了非遗传承实践活动。

以非遗教学大赛为杠杆。为进一步调动非遗传承人和学校教师的教学创造性，越秀区还策划了非遗教学设计大赛、微课比赛等，取得了初步成果。同时，为规范教学内容促进非遗技艺的科学传承，越秀区还指导教师、校方总结提炼实践经验，围绕教学案例、课堂作品、教学论文等内容开展评比活动，并通过研讨会、展览等形式，面向全省教育系统进行线上+线下的展示和共享，为其他地区提供可复制的教学设计模式，为更多有志于非遗传承的市民提供方便。

出版标准化非遗教学系列教材。为有效推动非物质文化遗产在青少年当中的传播和传承，深化"非遗进校园"活动，推进非遗社会传承的规范化、标准化，围绕非遗传承"教什么"的问题，越秀区以青少年不同阶段的身心特点和需求为落脚点，结合《全日制义务教育美术课程标准》中规定的学段和领域，增加了越秀区非物质文化遗产相关内容在区中小学乡土教材中的比重，通过相关研究机构合作，由非物质文化遗产保护代表性传承人、专家和教学一线的教师合作撰写，编辑、出版岭南地区首套分册递进的《非遗玩家》教学系列教材。教材既考虑到了文化生态保护实验区文化特征的一致性，另一方面也体现了不同类型非物质文化遗产的独特性，图文并茂，为"非遗进校园"的教学活动提供科学、系统、规范的理论支持。教材出版后，有计划地稳步推进，以位于核心区域内的中小学为试点，通过选修课的方式，将相关非物质文化遗产项目纳入学校的教育之中，制定并完善相关制度和课程规范，保障课程的有效实施，之后逐步将课程涵盖范围扩展到非核心区域的中小学。目前已出版《广彩瓷》《通草画》两个系列，已投放到广州市第十七中学、广州市第三十七中学、广州市育才中学、中山二路小学、回民小学、培正小学、清水濠小学等校进行教学试点实践。

二是写好"传"字文章。"传"是"非遗进校园"的目的。"传"得好不好是检验"非遗进校园"成效的关键。越秀区立足校园特色，紧跟时代步伐，以打造非遗传承示范基地、空中课堂为重要抓手，收获了创新成果。

打造教育传承基地，发挥示范效应。越秀以校园生活为立足点，建设杨箕小学、中山二路小学、广州真光学校、广州市第十七中学等教育传承基地，采用"教师+传承人"的模式，通过第二课堂、"430课堂"、学生社团活动、专题讲座、艺术节、综合实践活动等形式，为青少年创造浸入式的非遗学习情境。2014年至今，开展了超过40万个课时的传承教学活动，以及越秀区中小学首届劳动成果展示嘉年华、通草画文化岭南物种认知课堂、世界青少年环保交流大会之越秀区新时代文明实践广府非遗国际交流活动等数十场青少年专题实践活动。其中，广州市第三十七中学中还把广彩文化带到清远市源潭一中开展精准扶贫活动，在丰富贫困青少年课余生活的同时，扩大广州非遗的辐射面。

5G技术加持，创新智慧教学空中课堂。为解决师资场地不足问题，突破非遗教学时空界限，越秀创新以5G技术为依托点，创造性开设"一点带多点，一校带多校"的智慧教学空中课堂。自2019年起在连续两年的"文化和自然遗产日"系列活动中，使用中国联通低延时、超大带宽、海量连接的5G优质网络，面向广州市第三十七中学、教育路小学、建设大马路小学、东方红幼儿园、东山教工幼儿园等师生，开展5G空中课堂教学、云展览教学、社区通草画文化导赏等活动，助力"非遗进校园"的精细化、创新化、普及化。

三是在"展"字上出新彩。"非遗进校园"的成果能否巩固提升，持续发展，并最终实现成果转化，"展"是"催化剂"。越秀区"广府非遗进校园"在"展"字出新出彩，打造了"广东省非物质文化遗产创意设计大赛""非遗主题展示平台"等平台。

创办广东省非物质文化遗产创意设计大赛。2015年,越秀区文化广电旅游体育局携手广东省非物质文化遗产促进会、广东省非物质文化遗产保护中心、越秀区委宣传部、越秀区教育局等单位创办了广东省非物质文化遗产创意设计大赛,引导青少年体验非遗、学习非遗、创作非遗、传承非遗,吸引了全国过百家高等院校、中小学、幼儿园的热情参与,至今收到过千件非遗及其衍生作品,间接辐射超过五千人次,并推动非遗产品时尚化、生活化、品牌化、IP化、产业化。

打造非遗主题展示平台。为增加"非遗进校园"成果展示的趣味性、互动性、吸引力,越秀区每年以广府庙会等传统节庆日活动为契机,组织策划各类主题展览、展示活动,搭建非遗展示交流平台,对"非遗进校园"进行展示推介,每年至少举办五场大型主题展览、活动,如"粤剧嘉年华""越秀非遗日""醒狮大赛""越秀讲古坛""幸遇·通草画"作品展等都产生了巨大的影响力。2017年,越秀区在东方文德广场组织了一场"童心绘粤韵·传颂广府情"粤剧创想嘉年华,超过400名中小学生参与了粤剧戏服绘画创作赛、"粤韵风华奖"作品展演、粤剧戏服实物展览、越秀区非遗项目传承与实践活动图文展等活动。2017年4月28日,由越秀区大南路小学、越秀区非遗保护中心共同主办的"粤彩微拍"非遗进校园摄影展在越秀区文化馆隆重举行,展览共展出了摄影作品100多幅,作品的拍摄者有来自专业摄影师、老师、家长、学生,他们通过不同的视角,把越秀区非遗进校园、广府庙会、校园庙会等非遗传承教育、宣传推广的点滴、片段记录下来,让更多的学校、群体从不同层面,多角度地去认识非遗,了解非遗,借鉴大南路小学的非遗教学经验,让非遗课程能够更广泛,更全面地在青少年人群中进行有效传播。

四、广府文化(越秀)生态保护实验区建设中存在的问题

(一)非遗理论研究投入不足

在广府文化(越秀)生态保护实验区建设的过程中,非遗与文旅产业融合发展已呈现出综合性、专业性、长期性、多元性等趋势,工作量大,任务艰巨,但非遗传承群体学历平均水平偏低,高质量人才和学术理论匮乏已成为最大制约因素。

1.理论成果不足

中国知网关于"非遗产业融合"领域的文献总量不过三千多篇,不少研究成果脱离实际,跟不上新时代行业发展需求,缺乏理论指导的一线从业者只能"摸着石头过河"进行探索,亦未能以理论化、标准化形式总结其技艺内容,以便推广教学和生产。

2．专业人才不足

越秀区的非遗保护专业人员严重不足，平均每个保护单位约1～2人，且大部分为需要兼顾传艺授徒工作的代表性传承人；越秀区的非遗代表性传承人中仅有21.4%拥有大专以上学历，且缺乏继续教育途径；开设非遗相关专业的中职技校较少且招生情况不理想，如广州市轻工技师学院工艺美术专业三个年级学生总数不足20人，流入越秀区非遗相关企业的毕业生数量更是凤毛麟角；越秀区开展广府庙会、非遗进校园、"玩转非遗"、青少年暑期班等各类宣传体验活动，年均参与群众超过数十万人次，但甚少转化为非遗行业学徒、非遗企业管理者等岗位的补充人才。

（二）文旅融合深度不够

2019年2月，中共广州市越秀区第十二届委员会第八次全体会议提出，越秀区机构改革进入全面实施阶段，原越秀区文化广电新闻出版局（越秀区体育局）文化、广播电视、体育管理职责与原属越秀区商务局的旅游管理职责整合组建为越秀区文化广电旅游体育局。在短短两年时间中，越秀区旅游产业与非遗行业的合作模式仍未成熟。

1．尚未打造出非遗研学旅游线路品牌

在区域旅游发展模式从单纯依靠旅游景区（景点）建设向全域旅游模式转变，传统文化研学游发展迅猛的当下，越秀区的旅游企业尚未打造非遗精品线路，个体化非遗导赏团队无力开拓客源维持运营。此外，广州饼印制作技艺项目曾尝试与旅行社合作开展体验活动，但语言是较大的障碍。

2．"非遗进景区"模式尚待打磨

越秀区在北京路、五仙观等旅游景区已开展了数年的非遗活动，也开始走进广州越秀公园开展非遗展示展演活动，搭建非遗项目和传承人群体与景区的合作平台。但项目尚在探索初期，暂未形成常态化的合作关系和经济效益，更未明确景区非遗产品的运营主体。

3．未与民宿、酒店行业形成持续合作模式

越秀区商务局曾于2019年8月与爱彼迎中国合作启动"体验匠心"非物质文化遗产旅游示范项目，为非遗传承群体提供运营培训及线下展示机会，但尚未探索出可持续、可复制、可推广的路径。

（三）产业链不完备，尚未建成枢纽型行业组织

根据越秀区针对市民群众进行的问卷调查结果显示，逾八成受访者均希望购买兼具实用性和性价比的非遗（衍生）产品。越秀区通过承办广东省非遗创意设计大赛、广府庙会、非遗玩家等平台和品牌，设计、研发、孵化了过千件非遗创意产品，但成

功进行量产者却屈指可数。笔者认为其核心原因为非遗及相关文创产业的产业链尚未完备，未能满足人民群众对美好生活的向往。

1．非遗传承群体市场意识较为薄弱

越秀区内的非遗传承群体极少在创作生产前进行市场分析和用户画像，非遗宣传展示活动、文创产品品类同质化严重，规模化、系统化、产业化的文化旅游产品较少，未能满足广大群众个性化、定制化的消费需求。非遗传承群体年龄普遍偏大，营销手段、产品包装较为老旧，建设自有新媒体传播及线上销售渠道的代表性项目仅为三成，且大部分线上展示页面较为呆板，用户体验不佳，不能适应互联网时代的用户消费习惯与社群运营工作，难以吸引年轻消费者的关注，与故宫文创的网红效果形成鲜明对比。此外，非遗行业多为个体户或小微企业，未形成价格调控机制与质量监测标准，版权登记与注册保护意识较弱，受到侵权后无力支付诉讼所需费用。

2．尚未建成枢纽型行业组织

越秀区尚未建成枢纽型行业组织开展资源链接、供需对接、经纪人培育等工作，为非遗传承人提供商业、产业化策划服务的企业数量较少，供不应求。

3．缺乏创投融资支持

2015年起，越秀区联合广东省非物质文化遗产促进会、广东省非物质文化遗产保护中心等力量举办了六届广东省非物质文化遗产创意设计大赛，参赛群体囊括了非遗传承群体、中职高校师生、中小学师生、设计师、文旅企业、工程师、媒体人等，征集和孵化了非遗及衍生文创产品过千件，但大部分参赛作品均因资金问题无法进行量产。故笔者认为，该类创意产品需要得到创投融资支持，才足以走向自我造血之路。

（四）整体性保护观念有待提升

除了不断完善名录内各级非物质文化遗产代表性项目的保护方式，还需加强对众多非物质文化遗产资源的后续保护、挖掘工作，将与非物质文化遗产相关的物质文化遗产、自然生态环境与相关工具、实物等一并纳入工作范畴。目前非物质文化遗产的保护过程中，除了针对非物质文化遗产代表性项目和代表性传承人开展保护工作，对非物质文化遗产以及与其相关的物质文化遗产、自然生态环境的整合力度有待提高，与相关主管部门的沟通和合作有待加强。

五、解决对策

（一）促进多元资源深度融合，形成非遗共建共享格局

以习近平新时代中国特色社会主义思想为指导，认真落实党中央、国务院决策

部署，统筹推进"五位一体"总体布局和协调推进"四个全面"战略布局，牢固树立和贯彻落实新发展理念，加快文旅供给侧结构性改革，从单打独享向社会共建共享转变，从部门行为向政府统筹推进转变，结合《中华人民共和国非物质文化遗产法》等扎实推进中心城区非遗传承更高水平融合，推动品牌化、特色化发展。通过对融合发展的理论研究，借助大型节庆、数字文化云等平台作为抓手，实现资源的精准对接，深度融合，探索出中心城区非遗社会传承融合发展的五大路径。

一是强化职能融合。促进中心城区非遗传承的融合发展，涉及文旅、商贸、教育等多个部门的配合，从行政管理体制上还存在个别多头管理、职责分散交叉等问题，解决诸如资源在保护和利用方面难以统筹把握、协调管理等问题，应在理顺管理机构体制的基础上，统筹相关职能部门，充分落实责任主体，明确工作分工，促进工作职能融合，从而充分整合和发挥资源融合、人才融合、资本融合的优势，推动可持续发展。

二是强化资源融合。中心城区非遗传承的深度融合要通过深入挖掘资源潜力，整合各方资源，包括政府资源、民间资源、社会资金等，推动中心城区优秀非遗资源的保护和活化利用，向存量资源要效益，将资源优势转化为发展优势，释放非遗社会传承融合发展新动能。

三是强化科技融合。用先进科技手段，助推中心城区非遗传承的服务模式创新，激发各类主体创新活力，创造更多非遗+科技融合创新性成果，为高质量非遗传承产品供给提供强有力的支撑。随着数字经济的快速发展，虚拟现实、云计算、物联网、人工智能等多领域技术发展迅猛，将带来非遗传承呈现方式和体验感受的颠覆性改变，加快推动非遗和科技的深度融合。尤其是5G时代，两者的深度融合，有利于触发非遗传承的产品形式、组织形态、发展渠道以及生态环境的重大变革，有利于进一步开拓发展空间，提升服务效能。

四是强化创意融合。推动文化创意与非遗传承的融合，有利于促进人才、技术、品牌等方面要素的共创、共建和共享，实现以非遗资源为核心的非遗传承产品的优先发展。

五是强化产业融合。在文商旅融合上，能融则融，应融尽融，整合政府资源，鼓励社会力量参与非遗宣传与保护工作。开发以文化为核心，以创意为手段，以技术为支撑，以市场为导向的越秀非遗旅游精品线路，形成产业联动效应。推进非遗进景区、进酒店、进民宿、进社区，扩大迎春花市、广府庙会、广府文化旅游嘉年华等非遗展示活动品牌的影响力。利用广州北京路国家级文化产业示范园区的资源优势，系统推进实施非遗项目触网工程，聚力发展智慧非遗，出台相关奖励政策与鼓励措施，分期分批引导非遗项目入驻电商平台，并开展直播带货营销活动。引导文创、科技企业开发非遗数字化多媒体产品，如VR+非遗、AR+非遗、动漫+非遗、影视+非遗、数字非遗地图、小程序等。继续通过广东省非物质文化遗产创意设计大赛，鼓励非遗传承人创新非遗发展思路，开发生活刚需类衍生产品，更新业态，打造特色品牌，主动融入市场，参与知识产权交易，走非遗产业化道路，形成产业链。在"中山四路非遗街区"的基础上，为非遗产品提供线上线下展销、产业对接平台，形成非遗促进经济发展，经济推动非遗传播的良性循环发展模式，打造集赏、游、购、娱于一体的粤港澳大湾区非遗交流中心。

（二）构筑人才培养体系，为促进可持续发展提供智力支持

建设高校、企业、艺术团体与传承人交流合作机制，搭建产学研一体平台。为非遗从业者举办培训课程。与中职技校、高职院校的人才培养体系进行深度融合，并将教师高水平科研成果不断融入教学实践中，逐步建立支撑越秀非遗行业及其产业链发展需求的国民教育人才培养体系。充分利用社会教育培训资源，实施非遗文创人才培养工程，制订培训计划，创新培训方式，不断壮大非遗文创人才队伍。拓展参与非遗培训的中小学教师人数和范围，继续通过"非遗进校园"培养更多传播者与消费者。

（三）加强政策支持，推动非遗保护创新融合

加快出台非遗传承保护地方性指导意见，建立完善非遗资金合作机制、产业融合机制、人才培育及流动机制、创新考核评价机制等融合发展机制，从实际出发，研究出台支持非遗创新融合的具体政策举措，特别是在财政、金融、用地、人才培养及流动等方面制定细化落实方案，为非遗创新融合发展营造良好政策环境。

（四）加大财政投入力度，发挥资金杠杆作用

为非遗企业提供租金优惠和政策。提高非遗传承人的补贴标准、扩大覆盖范围，资助传承人开展技艺创新和产品研发活动。为投身越秀非遗行业的高校毕业生提供人才引进奖励。尤其是激活社会资金融入机制，例如，设立形式灵活、用途多元的非遗发展基金，为推动非遗未来可持续发展助力。

六、结语

总体而言，在各方面的大力支持下，越秀区非遗保护工作取得了一定成绩，但也存在一定的困难和挑战，需要我们未来结合"十四五"规划，以全面建成广府文化（越秀）生态保护区为契机一一破解，以推动非遗保护工作高质量发展为主题，以深化非遗供给侧结构性改革为主线，以创新为根本动力，以焕发文化新魅力为目标，为全面提升非遗传承水平，激发非遗传承活力而不懈努力。

海珠区非物质文化遗产保护发展报告

申 思 叶苏红*

摘 要: 海珠区非遗保护工作历经普查、建档、研究、传承、传播等几个阶段,保护工作日益深化,在非遗进校园、文化品牌建设以及文旅融合等方面进行了前瞻性的探索与实践,保护工作实现了体系化、常规化运转。作为中国一线城市的中心城区,又是粤港澳大湾区重要的文化源头,海珠区开展的一系列非遗保护工作及其保护成效,充分体现了中国非遗保护工作的渐进过程及具有地方特色的实践样本。

关键词: 海珠区 非遗进校园 文化品牌 文旅融合

海珠区是广州市历史文化底蕴深厚,又兼具创新活力的中心城区之一,在"十三五"时期,海珠区完成了非遗保护提质升级的关键目标。非遗保护工作纳入公共文化建设的常态运行机制中,历经普查、抢救以及研究等基本工作,进入常态化保护、多元渠道传承传播以及文商旅融合创新与利用阶段,并取得了卓有成效的保护成果:非遗代表性项目与传承人名录建设逐步完善;师徒传承与校园传承、社会传承相互助益;普及传播创新探索;非遗活动品牌"岭南古琴音乐会""珠三角咸水歌会"以及"岭南书画艺术节"等初具规模,影响力辐射粤港澳大湾区,非遗保护进入精细化管理与高效社会传播并肩同行的阶段。在"十四五"开局之年,总结过去十余年的非遗保护经验,深入剖析本区优势与特色,反思现阶段所面临的问题与挑战,可以在新的阶段为非遗的系统化保护提供指引。

一、非物质文化遗产保护概况

(一)区域概况

海珠区位于广州市中心城区,北部与荔湾区、越秀区、天河区隔珠江相望,东部、西部、南部分别与黄埔区、荔湾区(含芳村)、番禺区相邻,全区总面积90.40平

---

* 申思,海珠区文化馆副馆长、群众文化副研究馆员;叶苏红,海珠区非物质文化遗产保护中心工作人员。

方千米。区域的主体为海珠岛（河南岛），此外还有官洲岛和丫髻沙岛。地貌类型可分为低丘、台地和平原。海珠区辖区内有18个行政街道与265个社区居民委员会。截至2019年，常住人口172.42万人。

海珠区经济发展水平常年保持稳定增长，"十三五"期间海珠区地区生产总值年均增长6.3%；2020年区域GDP达到2086.93亿元，同比增长2.8%。"十三五"期间，海珠区五大主导产业增加值占地区生产总值比重为48.7%；新一代信息技术产业营业收入年均增长76.5%；推动91个"攻城拔寨"重点项目建设，完成投资超665亿元；引入重大招商项目415个，注册总资本超400亿元。"十四五"时期，海珠区将加快建设数字经济示范区、产城融合引领区、城央生态宜居区、文商旅融合样板区，逐步建成数字生态城。在强化科技创新方面，海珠区将加快琶洲人工智能与数字经济试验区建设，完成琶洲中、东区城市设计深化和中二区控详规调整，启动南区城市设计深化及控详规编制，推动"数字+会展+总部"融合创新，打造国际化高水平实验室；打造创新平台，提升创新生态，引进培育一批数字经济领军人才、紧缺人才。

（二）文化资源

海珠区文化资源丰富。区内遗迹旧址、名人故居和纪念建筑众多，有民族英雄邓世昌的故居，有民主革命时期孙中山先生设立的大元帅府旧址，有岭南画派祖师居巢、居廉的居所十香园，有康乐园早期建筑，有近代海上丝绸之路的始发地黄埔古港，有始建于明代的云桂桥、琶洲塔、赤岗塔，有见证海珠岛地貌形成历史的古海岸遗址等。

海珠区文化综合实力雄厚。全区有图书馆分馆40家、文化馆分馆25家，18个街道文化站均为省特级文化站，建成265个社区综合性文化服务中心，社区综合性文化服务中心实现全覆盖。每年举办文化活动300余场，2020年"琴韵·新活力"岭南古琴大赛首次线上线下同步举办。海珠区还建立了全市首家区级非遗展示中心。辖区内的小洲村、黄埔古村以及广州塔等传统文化与现代旅游高度融合的地标性区域则逐步规划文商旅融合发展，设立广州首个非遗夜间商圈和夜间经济现代艺术文化IP"潮墟C·PARTY"，成立海珠文旅产业联盟。

（三）非遗保护工作

海珠区非遗保护工作紧跟国家与广东省政策方针，历经普查、申报、保护、研究、普及以及传播等具体实施阶段，整体工作进展紧锣密鼓，踏实有序，在不同的保护阶段取得了符合本区实际情况的阶段性目标。

1. 普查

海珠区认真贯彻落实国务院、文化部和广东省有关文件精神，根据《广州市非物质文化遗产普查工作方案》的要求，于2006年11月起开始在全区范围内开展非物质文化遗产普查工作。在区委、区政府的高度重视下，由区文化广电旅游体育局（原区文化广电新闻出版局）牵头，由经过培训的专业工作人员深入基层扎实开展实地调查，认真摸查各种线索，深入了解申报项目详细情况。

2．研究

专业和研究方面，海珠区积极利用区内学术机构资源，邀请以中山大学中国非物质文化遗产研究中心宋俊华教授为首的专家小组，通过以会代训，观看非物质文化遗产项目申报片、文本、实物等方式，让大家掌握更多的普查业务知识。在完成区内非物质文化遗产全面普查基础上，共收集区内非物质文化遗产资源线索271条，整理资源项目66项。在普查工作的基础上，专家评审组成员对普查结果进行了论证、甄别以及审核申报材料。

3．名录建设

名录建设方面，截至2021年2月，海珠区拥有人类非物质文化遗产代表作1项、国家级非物质文化遗产代表性项目3项、省级非物质文化遗产代表性项目14项、市级非物质文化遗产代表性项目23项、区级非物质文化遗产代表性项目45项；国家级代表性传承人3人、省级代表性传承人13人、市级代表性传承人29人、区级代表性传承人34人。

从以上数据可见，海珠区非遗代表性项目包含联合国教科文组织的人类非遗代表作名录、国家级、省级、市级以及区级非遗代表性名录共计5个级别，形成3个梯队的非遗生态。

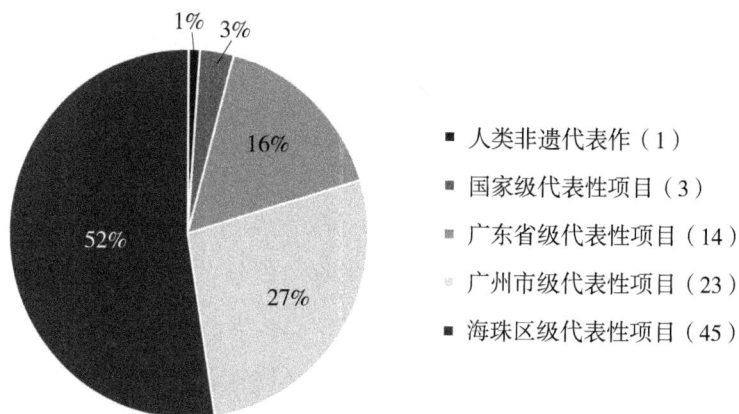

图1　海珠区各级非遗代表性项目数据

数据来源：海珠区非遗保护中心（2021）

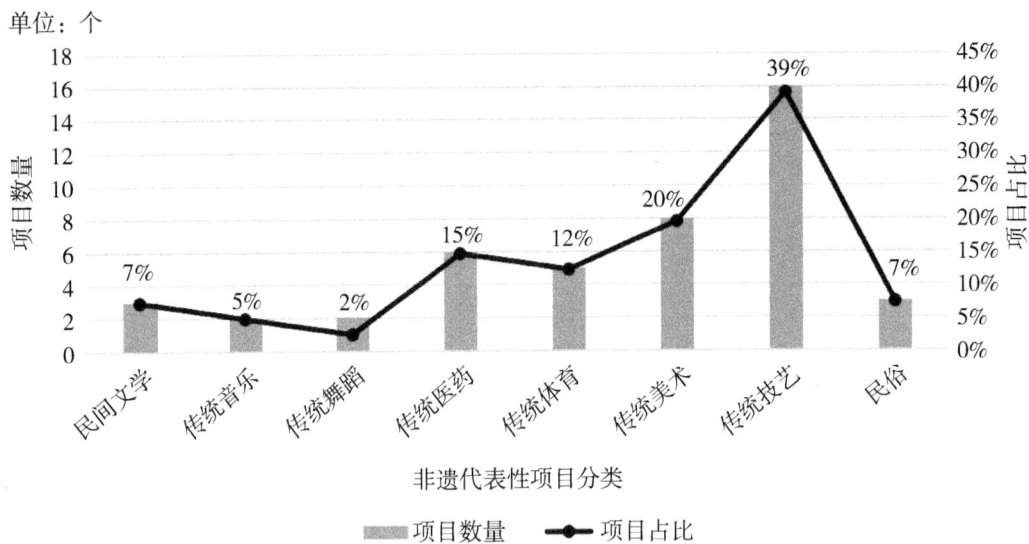

图2　海珠区各类非遗代表性项目数据

数据来源：海珠区非遗保护中心（2021）

第一梯队有影响范围广泛、项目价值极高的古琴艺术（岭南派）、代表岭南地区卓越传统技艺的广式硬木家具制作技艺以及凝聚着地方民众智慧，适应地方环境和生活方式的陈李济传统中药文化。因项目内在价值较高及影响范围深远，因此围绕这一梯队的保护工作在非遗起步阶段成为工作的重心，如传承人抢救性记录、项目数字化记录、文化品牌推广与建设等。

第二梯队以广东省级与广州市级项目为主，这一梯队的保护、记录建档以及持续的研究工作中，海珠区非遗保护中心针对这些项目逐渐建立起完备的项目文本和数字化资料，同时，积极推动这些项目的传承与传播工作，如以咸水歌项目的抢救性保护为基础所创立与发扬光大的"广东珠三角咸水歌会"、以榄雕项目为基础的非遗与教育部门的进校园合作等，这一梯队的项目涵盖范围广泛，涉及普通民众日常生活的方方面面，具有良好的传承与传播基础。

第三梯队为区级保护项目，这一梯队项目涵盖绝大部分类别，是组成海珠区非遗生态的重要基础，如素馨花传说、海幢寺传说等是本区域内民众重要的文化认同资源；疫情时期，海珠非遗通过龙形拳的线上教学与传播，吸引了一批希望强身健体的群众隔空参与，还受到了国际友人的追捧，对这一梯队的保护和利用彰显了保护文化多样性的本质。

经过十余年不遗余力地保护，海珠区的非遗保护系统初具体系面貌，非遗的基础数据采集、档案管理、名录建设逐步走向正轨，对不同类别的项目进行分类保护、探索恰当的保护方式等也日益初具成效，形成常态化的保护模式。

二、海珠区非遗保护工作经验与特色

海珠区非遗保护工作的开展经历了确认、立档、研究、保存、保护的阶段，逐渐形成了"一街、一站、一园、一平台"规划，并处于积极探索如何更好地宣传、弘扬、传承（特别是通过正规和非正规教育）和振兴的发展阶段。总结前一阶段对不同级别和不同类别的保护工作重点与目标，有以下几点经验值得进一步分享与探讨：一是海珠区对非遗进校园工作的探索走在前列，逐步形成精细化管理，取得了优秀成绩，达到了实际传承和社会传播的目标；二是非遗数字化保护的开展、数据成果的应用使非遗的传播线上线下齐头并进；三是新时代文旅融合及粤港澳大湾区建设背景下，非遗应该如何传播与弘扬进行了初步探索。

（一）非遗进校园的精细化管理

海珠区自2005年开始全面开展非遗进校园活动，全区共拥有21所"非物质文化遗产进校园"传承学校（2021公布），广州市海珠区昌岗东路小学、广州市海珠区大元帅府小学、广州市海珠区前进路幼儿园、广州市岭南画派纪念中学等传承基地学校依据各自的教学基础，分别开展"岭南古琴艺术""广州咸水歌""岭南盆景""广彩瓷烧制技艺""广绣"等非遗项目的特色教学工作。海珠区的非遗进校园工作经历了以下几个阶段。

第一阶段：宣教阶段。海珠区在征集线索、形成报告以及进行申报的同时，及时向公众进行普及宣教工作。通过发放非遗宣传手册、张贴非遗宣传画、邀请传承人进行展演等丰富多样的方式开展非遗教育活动。五年内向区内中小学校派发"非遗进校园"海报近万份，向各传承基地学校派发"非遗进校园"小手册，营造人人知晓、人人热爱、人人学习传承非遗的浓厚氛围。2010年，海珠区首先向区内六所学校颁发"青少年非物质文化遗产传承基地"牌匾，传承人进入学校上课，组织体验活动，开展课程教学，"非物质文化遗产进校园"活动正式拉开帷幕。这一时期的显著成果是：海珠区文化部门与教育部门达成了深度合作，形成了非遗教育的共识，这一跨部门合作的模式为海珠区非遗进校园活动的整体规划与实践落实奠定了基础。

第二阶段：探索阶段。海珠区非遗主管部门意识到，传承人数量有限、精力有限，要想把非遗进校园真正落到实处、起到实效，普惠全区域内的学校，而不仅仅是单一的示范点，那么，形成可复制的体系化教程以及建立传承团队则是必不可少的。因此，海珠区在这一阶段开创了双向教学模式，即传承人入校教学，不仅教学生，也开展师资培训课堂，学校中开展综合素质教育的老师也需要研习非遗课程。同时，学校老师还要走出校园，到传承人工作室进行培训，与传承人共同研发教学体系，在非遗保护部门、传承人以及学校的支持配合下形成专业教材与授课梯队，从而从根本上解决传承人稀缺的问题。

这一阶段的突出成就是海珠区非遗进校园活动实现了高质量、可复制性的全区域覆盖，在大中小学、幼儿园中累计开展进校园达3000多课时，辐射学生范围达60000多人，每个学校都有师资团队进行非遗课程的研发与授课，并形成了自己的特色教材，如岭南画派纪念中学和前进路幼儿园分别编写了广彩瓷烧制技艺及广绣的校本教材，并以学生作品为范例，充分展示出学生在非遗传承方面所取得的成果。校园传承水平也达到一个前所未有的新高度，如昌岗东路小学的《岭南古琴艺术》课程，已培养学员100多人，所培养的大部分学生具备了项目实践能力，如洪圣之、谢晓岚、谢君予、谢宁弥元等多名优秀小传承人都有极高的专业造诣，90%的学生每年参与由学生为主体的岭南古琴专场音乐会，30%的学生古琴演奏水平达专业水准，学校内成立了"古韵飘香"古琴小社团，目前有古琴专用室2个，以教师古琴班及中高年级三个班为梯队组织教学。近年来，"古韵飘香"社团公开展演二十多次，多次被省市主流媒体作专题报道，在历届羊城美育节比赛中均获佳绩，古琴项目团队还被认定为广州市第二批高水平美育团队。广州第九十七中学自2018年以来把"岭南古琴"作为一项校本课程引进课堂，积极开展古琴文化传承活动，成立"振玉古琴社"并为社团装修具有岭南特色的古琴专用教室，制定了《古琴特色社团管理制度》，长期开设古琴学生课和老师课，定期为师生以及家长开设古琴知识专题讲座，坚持在一年一度的学校艺术节中开展以"岭南古琴我传承"为主题的系列活动。值得一提的是，海珠区已坚持举办十届岭南古琴专场音乐会，受众累计数百万人，岭南古琴音乐会已成为海珠区非遗进校园极具影响力的活动品牌。

此外，广州第九十七中学还结合自身作为省级心理健康教育特色学校的优势，邀请广东省中医药学会音乐治疗委员会的老师运用岭南古琴对学生进行情绪疏导，希望学生们通过非遗传承，更好地实践"身心健康、全面发展、培养特长，为走向健康人生奠定坚实的基础"。以上这些成果都展现出海珠区在这一阶段非遗校园传承的深度与力度。

第三阶段：发展阶段。在完成了前期的认同普及、专业下沉以及梯队建设后，海珠区非遗保护工作将进行更加深入的精细化探索发展。教育是一项以人为本的活动，不同年龄段的学生对非遗项目的认知和理解不同，不同性格的学生对非遗项目的兴趣点也有所差异，如何让非遗进校园更加灵活，更加贴近具体学校和学生的需求，这是当下海珠区非遗进校园所面临的挑战。海珠区文化部门和教育部门在前一阶段基础上，设计开发了一系列适用于低、中、高年级的不同课程，并把这些课程以课程包的形式进行创新开拓。学校可以自由选择不同的非遗课程，精准匹配各学校的实际情况和需求，如海珠区南洲小学创新性地把中医药文化与德育结合起来，开发校本课程

《南洲百草课程》，举办具有地方文化特色的"陈皮节"，这一实践案例入选了2019年全国十佳创新实践案例。海珠区前进路幼儿园开展刺绣实践课，创新性改造刺绣工具，适配孩子实践能力，更好地学习与传承广绣，这一实践课入选了2018年全国优秀实践案例。广州市海珠区基立道小学开设"广式手作"特色非遗课程，采用静态微型展览和非遗项目教学同步进行的方式，邀请榄雕、广彩、家具制作、乞巧等项目代表性传承人为学生现场教学，带领学生进行非遗研学、体验活动，并定期举行"广式手作"非遗微展览。学校还设有"广式手作"非遗传承手艺工作室、非遗文化廊和非遗跳蚤市场等专用场地，力求使非遗在校园落地生根，让学生在体验中传承文化，在践行中树立起文化自信。

海珠区在非遗进校园活动中取得了令人瞩目的成就，打破单一邀请传承人入校上课、自上而下的传统进校园模式，建立了覆盖全区域教育系统、课程体系定制化、参与主体多元化的有效传承模式。这是海珠区非遗保护经过十余年探索，历经不同阶段实践经验总结而成的传承保护路径，也是非遗保护中国实践的绝佳案例，是海珠区非遗保护日渐深入、进入精细化管理时代的标志。

（二）非遗数字化保护与传播积极融入公共文化建设

非遗数字化保护就是采用数字采集、数字储存、数字处理、数字展示、数字传播等技术，将非遗转换、再现、复原成可共享、可再生的数字形态，并以新的视角加以解读，以新的方式加以保存，以新的需求加以利用。[1]2014年，海珠区的非遗数字化保护工作也进入到一个新的阶段。联合国教科文组织人类口头和非物质遗产代表作古琴艺术（岭南派）项目被中国艺研院列为国家级非遗传统音乐类代表性项目的数字化试点项目。海珠区成立了专门的项目工作组，制定出详细的采集方案，完成了《非物质文化遗产数字化保护专业标准数字资源采集实施规范古琴艺术（岭南派）》。中国艺研院专家专程赴广州指导数字化采集的规范编制与实施工作，对古琴艺术（岭南派）项目的试点工作给予高度评价。古琴艺术（岭南派）项目作为全国唯一的第二批优秀试点汇报单位被邀请参加全国非遗试点工作总结会，与其他地区进行交流。

与数字化保护工作息息相关的是数字化保护成果的利用与传播工作。数字化宣传以数字化的展示、展演、展览为手段，向外来者和非遗拥有者、传承人进行宣传，目的是让外来者能够理解，让拥有者、传承人更加自觉[2]。2020年2月至4月，因疫情暂停线下活动，海珠区非遗保护中心利用日常数字化保护工作的积累，积极组织开展

---

① 王耀希：《民族文化遗产数字化》，北京：人民出版社2009年版，第8页。

② 宋俊华：《关于非物质文化遗产数字化保护的几点思考》，《文化遗产》，2015年第2期，第1—8页。

了线上"海珠非遗小课堂"活动，活动与项目保护单位和区内小学合作，录制广彩、剪纸、洪拳等教学视频在海珠非遗、基立道小学等公众号和视频号上发布，受众达数万人，受到了广泛的好评。参与者和受众不仅超越了以往线下活动中受制于场地、距离、时间等因素的制约，更以一种高质量的传播形式将海珠区的多项非遗代表性项目以当代年轻一代喜闻乐见的方式进行了推广和传播。

此外，"海珠发布""海珠非遗"等微信公众号也成为海珠区非遗活动信息的重要发布渠道，成为海珠区展示和宣传非遗活动的重要阵地。2016年5月，"海珠非遗"发布第一篇公众号文章普及区内非遗信息。区内的非遗活动、宣传展示以及非遗传承人的讲座、论坛和其他形式的活动也得到了充分的传播。

（三）文旅融合背景下的非遗创新利用

2018年，作为一线中心城市的核心区域，海珠区非遗保护工作进入了文旅融合的新阶段。2018年3月22日，国务院发布《国务院办公厅关于促进全域旅游发展的指导意见》，提出"科学利用传统村落、文物遗迹及博物馆、纪念馆、美术馆、艺术馆、世界文化遗产、非物质文化遗产展示馆等文化场所开展文化、文物旅游，推动剧场、演艺、游乐、动漫等产业与旅游业融合开展文化体验旅游"。[1]2020年，海珠区成为第三批广东省内全域旅游示范区，伴随着机构改革与业务融合，作为重要文化资源的非遗，成为旅游业中不可或缺的创新力量。

海珠区地理区位优势明显，辖区内各个社区中能够利用展示的公共空间丰富，海珠区在晓港公园、广州塔、黄埔古村等村落、社区、公园、景区公共空间开展了多层次、多场次的非遗宣传活动。如2020年，海珠区在广州塔一楼"广彩及岭南工艺新品展"中设置海珠非遗体验区。在晓港公园举办"广州欢迎你　海珠非遗有约"活动，组织20个非遗项目集中展示，受到了市民的热烈欢迎。海珠区的岭南古琴音乐会、广东珠三角咸水歌歌会已经成为展示整个粤港澳大湾区的重要文化品牌。以文塑旅，以旅彰文，整个辖区内形成了气氛浓烈，民众共享的公共文化氛围，对于非遗在现代社会中所发挥的时代价值进行了新的探索。将非遗与旅游深度融合，建立全域旅游的新格局，是近年来海珠区积极探索的重要方向。

文旅融合背景下，为提升非遗品牌价值，促进非遗产业发展，让非遗体现出创新的当代价值，海珠区的非遗规划愈加清晰，提出了打造"一街、一站、一园、一平台"的"四个一"非遗发展思路，力图以线下+线上的模式打造海珠区文旅融合阵地。

---

① 《国务院办公厅关于促进全域旅游发展的指导意见（国办发〔2018〕15号）》，中国政府网政府信息公开专栏，发布日期：2018年3月22日；访问日期：2023年4月23日。

"一街"指的是"非遗一条街",依托海珠区的市级非遗传承基地——广州市轻工高级技工学校引进五十二位国家级工艺美术大师、非物质文化遗产传承人等担任学院传承基地的客座教授,建立牙雕、玉雕、木雕、广彩、广绣、陶艺、剪纸、宫灯、榄核雕等十一个非遗大师工作室。目前已成为广佛肇三地工艺美术技能人才的重要集聚场所,产生了一定的社会效应,逐步形成了集教研、销售、旅游、购物、鉴赏、展览于一体的非遗旅游一条街。这也是海珠区进行文旅研学的重要基础。

"一站"指的是将海珠区非物质文化遗产展示中心打造成广州市非物质文化遗产工作站,提升展示中心的管理水平和展览层次,吸引市内更多的非遗产品和非遗传承人来中心开展展示、交流活动,发挥展示中心应有的服务效能。工作站将协助传承人和教育系统的老师共同开展非遗进校园活动。同时为海珠区非遗公益课提供全方位的支持。

"一园"指的是海珠区在晓港公园内建立非遗传承基地,充分发挥晓港公园的地理位置和人流量大的优势,开展非遗展示、非遗体验等传承活动,进一步扩大非遗的普及度和影响力。

"一平台"指的是整合了文化、旅游、体育等方面资源的线上非遗教育平台。目前,依托中国建设银行覆盖400多所中小幼学校的"建融慧学"平台,海珠区非遗平台微信小程序命名为"建融慧学成长版",主要包括"非遗课程""非遗场馆"等功能模块。各模块包含众多非遗项目类别,如民间文学、传统乐器、民间舞蹈、传统戏剧、民间技艺、民间体育等,充分利用"线上非遗平台+非遗内容运营+线下非遗展馆"模式进行跨界深度融合,着力打造"互联网+非遗+教育"的非遗保护全新生态。

三、海珠区非遗保护工作面临的问题与解决思路

(一)非遗进校园的精细化管理探索

海珠区在非遗进校园方面进行了大量探索,已经建立起涵盖十所学校(包括各大中小学以及幼儿园)的非遗校园传承网络,然而在对非遗进校园进行更为精细化的管理时,我们仍面临着急需进一步解决的问题:

一是海珠区专职从事非遗保护的专职人员仅三位,而每年开展大小活动数百场,很难对所有活动做到深度指导与监测评估。

二是教育部门如何和非遗保护单位进行充分协作,从政策和财政的角度充分支持非遗进校园活动的持续开展,为校园传承提供必备的保障;非遗进校园需要建立长效合作机制,使校园传承有法可依,有据可循,实现良性发展,既需要高瞻远瞩的政策

性统筹，也需要协作单位发挥主观能动性，积极创新，探索跨界、多部门合作的有效方法。

三是如何为传承人以及开展非遗教学的老师提供提升传承能力的服务，使进入校园进行传承的各级代表性传承人能够根据不同的学校基础、学生年龄段编制合适的非遗课程、非遗教科书；在课堂教学中让学生能够通过对非遗技艺的学习与感受有所启发，激发内在动力；在成果展示方面能够用线下展览、线上展示传播等多元途径进行广泛的社会传播，增进学生的文化自信等，这些都是目前有待提升和解决的问题。

因此，引入社会多元力量的参与，与高校或研究机构以及上级主管部门共同设立科学高效的评估机制，建立跨部门甚至跨区的合作机制，是解决以上问题的可能途径。

（二）非遗数字化成果与应用

海珠区对岭南古琴项目的数字化保护工作走在全国前列，然而，随着非遗保护工作的深化，仍然亟须解决两个问题：

一是在财政预算和专业技术投入有限的条件下，如何将数字化保护工作延展到各个级别其他的项目保护工作中，使海珠区的代表性项目和传承人信息陆续得到有效记录与应用，形成更完善的保护规划。

二是对非遗的信息化保护如何与更广泛意义上对非遗项目本体的保护结合起来？非遗数字化保护专家杨红提出："非遗数字资源来源于非遗资源，但无法替代非遗资源。没有实体资源作为基础，数字资源将沦为空中楼阁；数字资源包含的信息不等同于实体资源所包含的信息，特别是无法把非遗资源的许多无形的特征完全保存下来。"[①]海珠区在日常的非遗保护工作中已经明确意识到以上问题，因而在非遗传播，如公众号、抖音、非遗小课堂的实践中，都在努力尝试数字化保护结果的利用，以及探索非遗数字化保护工作成果如何应用到公共文化服务中，以促进文化资源的全民共享，使非遗保护的成果惠及社区、惠及民众。

（三）文旅融合面临的问题和反思

文旅融合对非遗保护提出了更高的要求，非遗保护工作所推进的十几年，也是中国城市化发展变迁最大的时期。海珠区位于广州市的中心城区，见证了城市化发展对非遗的重要影响。如城市中传统村落的消失对非遗空间的压缩；居住方式的改变对社会关系的改变；对于非遗保护而言，城市化深刻改变了人们的生活方式，也影响到人

---

① 杨红：《非物质文化遗产数字化的冷思考》，《中国文化报》，2016年7月8日，第007版。

们对非遗的观念和态度。

广州近年来对文旅融合的积极探索也展现出非遗创新的活力，然而如何让创新成为非遗保护和发展的真正动力，还有很长一段路要走。海珠区对区内非遗资源"一街、一站、一园、一平台"的规划与实践正是探索非遗创新及品牌化路径的尝试。我们希望以此尝试去解决当下的问题：

一是如何解决非遗产品或展示的单一性问题，非遗+旅游是深度融合的创新模式，并非将非遗产品或实物摆放到旅游景区等公共文化空间即可。如广州塔上的非遗展示，提升游客的参与感，建立与本地文化的链接，增加服务与产品的多元性，都有较大提升空间。

二是在公共空间如晓港公园、黄埔古港等各个社区的非遗展示与展演活动，亦需要考虑呈现系列化的展示逻辑，而非停留在单次活动的层面，使社区居民和广泛受众对活动整体全貌和纵向延伸有更多的关注和认知。

三是宣传和推广途径应该更加主动和丰富，让受众能够通过多个展示渠道，便捷的获取相关展览展示信息，同步延展线下线上的参与形式和参与感受，使非遗在日常生活中"被看见"，润物无声地融入现代生活。

四、海珠区深化非遗保护工作的展望与规划

2021年5月25日，文旅部发布了《"十四五"非物质文化遗产保护规划》，提出新时期"要进一步加强非遗系统性保护，健全非遗保护传承体系"的目标，海珠区非遗保护工作也将在"十三五"时期打下的坚实基础上进一步进行系统化提升，将非遗视为文商旅融合的内在动力和创新利器，将优秀传统文化的当代价值进行更深层次的阐述和实践，成为粤港澳大湾区所共享的重要文化资源，切实提高民众的文化自信与幸福感。

（一）"十四五"规划下的海珠非遗保护与发展

2020年2月7日，海珠区召开了第十六届人民代表大会第七次会议。会议提交了《广州市海珠区国民经济和社会发展第十四个五年规划和二〇三五年远景目标纲要（草案）》，提出"在西部建设海珠新活力文商旅融合圈，定位为广州历史文化传承地与品质消费体验地。""十四五"规划中的海珠区非遗将更深入的践行"见人见物见生活"的保护逻辑，把非遗保护工作放到社区公共文化工作的框架中，不仅保护项目和传承人本体，更重要的是，挖掘非遗的精神价值和创新价值，从项目保护的思维转变为对生活方式的保护，使社区内人人与非遗保护相关，人人有高度文化自觉，整个社区形成浓厚的非遗保护氛围，使非遗走向真正的活态传承路径。

（二）海珠非遗对人文湾区建设的重要意义

2019年，国务院办公厅发布了《粤港澳大湾区发展规划纲要》，作为指导粤港澳大湾区合作发展的纲领性文件，该纲要指出："塑造湾区人文精神，坚定文化自信，共同推进中华优秀传统文化传承发展，发挥粤港澳地域相近、文脉相亲的优势，联合开展跨界重大文化遗产保护，合作举办各类文化遗产展览、展演活动，保护、宣传、利用好湾区内的文物古迹、世界文化遗产和非物质文化遗产，支持弘扬以粤剧、龙舟、武术、醒狮等为代表的岭南文化，彰显独特文化魅力。增强大湾区文化软实力，进一步提升居民文化素养与社会文明程度，共同塑造和丰富湾区人文精神内涵。"区域内众多非遗项目，如古琴（岭南派）、咸水歌、广式家具制作技艺等在粤港澳大湾区的其他区域亦广泛流传，影响至深，如何充分发挥这些珍贵的文化资源对居住其中的广泛人群的影响力，如何激活非遗的当代价值，是下一步海珠区非遗保护的工作重心。

天河区非物质文化遗产保护发展报告

天河区非物质文化遗产保护中心*

摘　要： 近五年来，天河区非遗保护工作在国家、省、市、区各级党委、政府的领导下不断深入推进，非遗保护与传承取得长足进步，制定、完善了"国家＋省＋市＋区"四级保护体系，逐渐呈现出天河属性的区域特色，积累了部分实践经验。目前保护传承工作中出现的问题主要集中在天河城市化的飞速发展与非遗保护与传承要求的差距以及非遗项目自身如何获得持续发展动能等方面。本文提出的"非遗＋""非遗的融入与融合""非遗消费IP"等观点，来源于天河区多年来非遗保护实践的总结与思考，希望能起到抛砖引玉的作用，获得专家学者和同行的指导与帮助，共同探索城市化进程中非遗保护与传承的价值和新方法。

关键词： 城市化　特色做法　融入与融合　非遗消费IP

一、前言

非遗作为与群众生活密切相关、世代相承的传统文化表现形式，其保护与传承离不开本区域在地文化的发展背景与生活、生态圈层。天河区作为广州城市东移的新城市中心区，自1985年建区以来，城市化进程飞速推进，经济实力强劲，地区生产总值连续14年领跑全市。特别是天河中央商务区以及广州国际金融城的落户，让天河的文化生态环境呈现出高建成区域普遍的现代化、创意化、国际化和多元化特点。但日趋国际多元的文化环境对非遗保护来说，却产生着强烈的冲击，甚至是破坏。传统文化的赓续与现代的生活方式已经随着时代疾驰、社会价值观的改变出现脱节和剥离，如何让传统文化的魅力在城市更新改造中得以重新绽放，焕发可持续发展的造血能力和蓬勃生机，是天河非遗保护始终坚持的研究方向和工作目标，对于这个问题的思考不仅是本文要表达的基本立意，也希望能通过举例说明、对比分析、归纳总结等方法，

---

　　*　天河区非物质文化遗产保护中心：2007年在天河区文化馆挂牌成立，是天河区文化广电旅游体育局下属非物质文化遗产保护的专业机构。

显现正视城市化进程中非遗项目不容乐观的存续状态，研究城市化进程中非遗保护的价值，探索一条有助于当下城市化发展中非遗保护与传承的新路子。

二、天河区情及非遗保护基本情况

（一）天河基本情况介绍

天河位于广州市东部地区，是一个古老而年轻的城区。这里既有四千多年前新石器时代晚期人类生活遗迹，也是今日广州城市双中轴、国家级第三大中央商务区及广州国际金融城之所在。天河行政区域总面积约137.38平方千米，东到吉山狮山、前进深涌一带，与黄埔区相连；南到珠江，与海珠区隔江相望；西到广州大道与越秀区相接；北到筲箕窝，与白云区相邻。

1985年5月24日，天河区经国务院批准成立，从广州市东部郊区分出，成为广州市辖一级行政区。1991年起，天河区由于城市化进程的发展，耕地平均以每年1000亩的速度锐减。至2005年，天河区所有村都完成撤村改制，村民全部改换城市居民户口，至此，天河区再无农民。至2010年，天河区设置21条行政街，至2020年全国第七次人口普查统计常住人口199万。

顺着天河的历史沿革，可以清晰看到天河最早的自然村落建于千年前的南宋年间，清末至国民革命时期为广州战略要地和军事摇篮，20世纪50年代中后期成为广州农副产品生产、加工、轻工纺织、化学制造等工业生产基地。进入21世纪后，天河区经济实力不断跃升，业态转型速度加快，地区生产总值已跨越2个千亿级台阶，连续14年位列华南第一。天河区第三服务支柱产业平台建设高质高效，2020年，市委、深改委印发了《广州市将天河中央商务区打造成为"四个出新出彩"示范区行动方案》，天河CBD获评国家数字服务出口基地。该区域拥有甲级写字楼1357万平方米，集聚亿元税收楼宇71栋、10亿元税收楼宇17栋，分别比2015年增长47.9%、13.3%；建设中的广州国际金融城产业空间高达1400万平方米；天河智慧城片区提供产业空间875万平方米。2020年12月，天河区委、区政府出台了《关于加快推进天河商圈高质量发展工作方案》，拟将天河路商圈打造为国内第一商圈。天河路商圈连续9年举办广州国际购物节，年均引入国际品牌60个以上，成为商务部内贸流通体制改革推广案例。以"猎德经验"为借鉴，近三年天河区还将实施全面城市更新改造项目11个，涉及自然村落有冼村、程界村、石东村、棠下、棠东、车陂、莲溪、宦溪、沙河、新塘、珠村、岑村等25个，改造后可提供产业空间约400万平方米，城市设计和控规编制成果显著，可以预见天河将在"十四五"期间打开更大的发展新格局。

（二）天河非遗基本保护情况

从上述经济发展、业态空间的数据列举中不难看出天河区的城市化发展程度已经踏入国际化的行列，而这个过程仅35年。如今获得"城市会客厅"美誉的天河，高建成区域在体现都市国际化的同时也意味着天河千年以来形成的农耕文明原生自然空间和文化传承的压缩和断篇，非遗的挖掘与保护在城区高速拆建的环境中，承受着巨大的压力，既要与时间赛跑，与城市化抢速，又要与外来意识形态争夺文化阵地，还必须适应新时代发展的需求，这些内外因素的交织让天河的非遗保护工作时时透露着夹缝中求生存的窘迫。

2007年天河区非遗保护中心参照广州市的模式在天河区文化馆临时挂牌，全面负责区域非遗的挖掘、整理、研究、保护、传承等工作；2014年5月，经天河区委编办批复同意正式在天河区文化馆增挂牌成立，不配备人员编制，从区文化馆现有人员中安排专职工作人员1名，兼职工作人员1名，共2名。采用"一套人马两块牌子"，与区文化馆合署办公的模式开展工作。自2005年12月22日，国务院发布《关于加强文化遗产保护的通知》（国发〔2005〕42号）以来，天河区制定了"国家+省+市+区"四级非遗保护体系。2008年、2013年经过两次文化遗产普查，目前共掌握各类非遗线索272条。自2009年首批评审认定了29个区级非物质文化遗产代表性名录，至2020年已开展了9批非遗代表性项目和8批非遗代表性传承人的评审认定。目前，天河区共有45项非遗项目，其中国家级非物质文化遗产项目2项，省级非遗项目1项，广州市级项目4项，区级项目38项；非遗代表性传承人20人，其中省级1人，市级4人；广州市级非遗传承基地14个，区级非遗传承基地12个。在省、市主管的推荐支持下建立了天河区非物质文化遗产评审专家库，共收录各专业评审专家51位，负责非遗十大分类的评审认定。为全面贯彻落实《中华人民共和国非物质文化遗产法》《广东省非物质文化遗产条例》《广州市非物质遗产保护办法》和《广州市文化广电旅游局关于印发广州市市级非物质文化遗产代表性传承人认定与管理办法的通知》（穗文广旅规字〔2020〕3号）等文件精神和要求，以《关于实施中华优秀传统文化传承发展工程的意见》为指导，自2010年起天河区每五年更新制定一次《广州市天河区非物质文化遗产总体保护发展规划》；2012年出台了《天河区非物质文化遗产代表性传承人补助办法》，并于2015年进行了修订，加大了对非遗代表性传承人的年度补助额度。

三、天河区非遗保护特色与主要做法

（一）天河非遗项目特色

作为广州人曾经的"菜篮子"和"米袋子"，天河本地居民延续着传统农耕文明的生产生活方式，从两次文化遗产普查和非遗线索的掌握情况来看，天河非遗项目特点主要有以下几个：

1．民间口头文学较多

天河的民间口头文学主要是以地方风物传说为主，"传说核"往往是本地的历史事件、人物、古迹和风俗习惯等，具有一定文学意义和历史价值。如"天河名字的由来""龙母的传说""炮打瘦狗岭""甘棠树下的美梦"等等。2009年的天河区第一批非遗名录的29个项目中有17个为民间传说，由于民间传说基本都以口头传授的形式存在，没有固定文本，历史溯源比较困难，随着城市发展和人口的复杂化，口口相传的民间文学逐渐消亡，能被保留、记录且符合申请非遗项目条件的已为凤毛麟角。

2．民间信俗较多

农耕文化是儒家文化和各类宗教文化的集合，中国道教文化的历史比佛教更为久远，因此大多数农耕文化集体遵从的信仰都沿着道教"天人合一"的方向在不断发展。人们通过祭祀、祈福向精神寄宿者获取消灾降福和佑护的宗教理念根深蒂固，借此托生的乡村宗教礼仪、风俗习惯、民间文艺及饮食文化成为生活的重要组成部分，从而得到相对完整的保护和继承。如"天河乞巧习俗""拜猫""生菜会""客家观音诞""挂灯""扒龙舟""醒狮"等项目，就成为天河具有浓郁岭南特色地方民俗的主要代表。

3．传统武术项目较多

天河区非遗的武术类项目包括南拳"洪、刘、蔡、李、莫"五大拳法中的莫家拳，南拳代表之一的咏春拳、黄飞鸿系洪拳、龙形拳，还有在天河地区影响颇为广泛的杨氏太极拳、马氏通备拳、王氏二指禅等。形成这一特点的主要原因有三，其一，天河原为郊区乡村，历史上自然村落对于男丁乡勇的培植较为重视，人丁兴旺，争强斗狠是显示一个村落实力的要素；其二，天河在广州军事历史上占有重要地位，民族英雄刘永福曾将天河作为其麾下黑旗军营汛之地，"宝芝林"创始人黄飞鸿当年曾为黑旗军总团练，为其培养了大批武术精英；民主革命时期，中山大学创立于天河石牌地区，莫家拳宗师林耀桂成立"大刀会"，教习师生杀敌之术；后林和军体院为黄埔军校燕塘分校旧址，保家卫国的精武精神传播于此；新中国成立后广州体育学院、广州军体院又成为武术人才培养输送的专业机构。其三，武术传承中起决定性作用的是个体，随着传承人的流动，天河汇聚了不少中华武术名门之后，逐渐形成藏龙卧虎的本地传统体育项目特色。

4．传统工艺美术项目少

天河的农耕属性决定其有别于越秀、荔湾、海珠等老城区，不具备传统手工业、商业商贸的历史积淀，除个别传统工艺如牙雕、玉雕、广绣、广彩的一些分散小作坊外，历史上天河基本没有形成传统工艺的生产和贸易集散地，因此传统工艺类项目在天河较为稀缺。

5．"非地非遗"项目增多

"非地非遗"特指那些非本土本地产生，而是随着非遗传承人迁移定居超过一定年限，有一定的历史积淀和社会影响，并在定居地申请非物质文化遗产资格、获得扶持保护的非物质文化遗产项目。"非地非遗"的概念由深圳率先提出，是解决深圳大移民城市非遗保护的一种特殊政策。该模式充分体现了文化的流动性。天河与深圳在移民结构上相似度很高，随着非遗不断被大众认知，具有传承能力的个体和群体产生了申报非遗项目的需求，且随着该需求的逐渐扩大，"非地非遗"在天河呈现出上升态势，但多局限于区级，因广州目前对"非地非遗"的评审认定仍然持保留态度，"地理标识"的产权概念还是主要面因。

（二）天河非遗保护与传承的主要做法

1．保护体系健全，政府保障投入

广泛发动，形成保护合力。自2007年开始，天河区就制定了"国家+省+市+区"四级非遗保护体系。2012年起天河区经广泛征求意见正式成立了非遗评审专家库，并根据非遗保护发展需求，不断更新和扩充专家库的资源储备，为天河区非遗评审体系的建设打下了坚实的基础，目前收录各类专家评委51人。自2009年起每年定期开展非遗代表性项目及代表性传承人的评审、认定工作，至2021年已经开展了10批非遗代表性项目及9批代表性传承人的申报认定工作，每年均向省、市推荐符合条件的非遗项目进行申报。天河区注重非遗保护传承的传播和阵地建设，广泛发动幼儿园、学校、企业、民间组织等机构打造非遗传习空间，不断增加各级非遗传承基地，增强政府与社会共同参与的非遗保护力量。根据《中华人民共和国非物质文化遗产法》规定，严格按照"全面普查、广泛采集、确立重点、建档立卡、分类制作、图文并茂"的工作要求，对区域非物质文化遗产进行了真实、系统和全面的记录，采取文字、录音、录像等方式，初步建立起区级非遗档案及相关数据库。对所收集的实物、文稿、图片、音频、视频等原始资料按照统一目录、统一分类、统一格式、统一质量的标准归档，目前共整理图文和影像资料等档案卷宗共计70多册。

重视非遗成果的整理与展示。天河区非遗中心作为全区非遗保护责任单位，先后编印《客家山歌集》18本，印发1.5万册；《十二路散手及其应用〈咏春拳（米机王）〉系列教材》1套；《漫画天河民俗1》1本，印发数500册；编制乡土教材《我们的乞巧》2本；并与辖区内高校合作出版《天河龙舟》《珠村俗影》等多套书籍；完成《广州市天河区非物质文化遗产五年总体保护发展（2012—2015年）》《广州市天河区非物质文化遗产五年总体保护发展（2015—2019年）》《珠村乞巧校本教材的开发与利用的研究》课题研究3项。

政府投入稳定，工作推进有保障。自2007年起，区财政已将非物质文化遗产保护工作纳入本级国民经济和社会发展规划，工作经费列入本级财政预算。2007年至2018年区财政每年拨付20万元作为非遗日常工作专项经费，2019年起增加至40万元。专项资金主要用于支持开展非物质文化遗产保护工作，支持代表性传承人开展传习、传播活动，组织本地区非物质文化遗产代表性项目及传承人评审工作等。2011年至2020年，本级财政用于非遗保护基础设施建设和开展"端午扒龙舟""中国文化遗产日""广州乞巧文化节""天河迎春花市"等专项非遗活动经费支出共8500多万元，为区域非遗保护工作推进提供了坚实强大的保障。

2．城市化发展中注重非遗阵地建设，传习空间打造规划先行

为加强各级非遗项目传承空间的保护、保存，我区鼓励社会力量积极参与非遗传承基地打造和培育，目前珠村小学、凤凰街退役军人服务站、广州米机王文化传承中心、广州西华幼儿园、广州市幼儿师范学校附属幼儿园、"一水同舟"车陂龙舟展览馆等14个单位评定为广州市级非遗传承基地；广东省茶文化研究院、林荫堂国艺院、猎德人家、广州黄飞鸿功夫文化馆、广州市健公书院等12个机构为天河区级非遗传承基地。同时，为整体抢救保护传统民俗的生态空间，我区结合项目特色，2012—2015年期间区财政投入6000多万元为国家级非遗项目"七夕节'天河乞巧习俗'"打造了七夕文化广场、乞巧苑，全国首个以乞巧民俗为主题的广州乞巧文化博物馆等非遗传习空间；在猎德城中村改造过程中，充分尊重民风民俗，规划先行，特别规划建设了5000平方米的藏龙塘，让猎德扒龙舟民俗得以完好存续；车陂村依托历史上广府龙舟最大官景的深厚群众基础，由村民集资、村经济公司投入建设的"一水同舟"车陂龙舟展览馆不仅成为全市首个龙舟主题展陈空间，也成为全省文旅融合示范点；目前首个以龙舟为核心设计的文商综合体车陂"一水同舟"国际商贸大厦已纳入天河"十四五"规划，总占地面积约27万平方米，建成后将成为天河民俗新型文化空间亮丽名片。天河区还因地制宜，利用东北部良好的自然生态空间，打造了渔沙坦文化广场、银排岭公园、柯木塱公园、高塘石4处客家山歌歌墟点；天河非遗展示场馆的建设计划已纳入《2020—2025年天河区城市更新单元公共服务设施专项规划》。

3．文商旅联动发展，探索"非遗+"的组合模式

在过去的十年中，天河区着力发挥区域优势，促进非遗项目和多种业态联动发展。借助与商圈、教育、创意产业等资源的链接，让更多的力量参与天河的非遗保护与传承，实现成果转换，跨界融合，传承创新。

（1）非遗+文创

天河区以文创展览、文创活动、文化服务的功能布局，传承非遗、展现天河创造、提升商圈附加值,发布创意设计,融创新、创意、创业为一体的平台优势。在巩固非遗保护工作已有成果的基础上,天河区不断调整保护传承策略,以"创享·生活·家"为理念,以优秀艺术IP与非遗创意设计结合为核心,以产业(经济力量)+创意(文化力量)为支柱,努力向市场延伸,逐步打造具有天河特色的非遗+文创展示交易合作平台。2018年6月、8月、9月在天河城(东圃店)、天环广场举办"创享·生活·家——2018年天河区非遗文创季系列活动",形成天河文创嘉年华,让"匠人匠心"与"新人新意"擦出火花。每年文化和自然遗产日期间,邀请国家、省、市、区内各个非遗项目及文创界各类大咖齐聚天河,每次活动人流监测有6万多人次。自2012年起,依托"广州乞巧文化节"一区一品的优势,连续举办内地与港澳台"赛巧会""乞巧集市"等活动;2019年,天河区主办了"首届及笄礼汉服大赛""广州乞巧文创设计大赛"和"同舟杯·龙舟文创设计大赛",将"乞巧文化""龙舟文化"作为设计和展示重点,向社会各界征集创意设计,号召大众关注并积极参与优秀非遗的传承与保育工作。根据《粤港澳大湾区发展规划纲要》,弘扬以乞巧民俗、粤剧、龙舟、武术、醒狮等为代表的岭南文化,这些赛事得到广东省工商设计协会的支持,吸引了众多设计界大咖、高校师生和非遗传承人的积极参与。为了让非物质文化遗产和民间工艺更具时尚气息与传承活力,让更多年轻人加入到保护传承和参与手工制作的体验,天河区非遗中心借助天河区的区域优势,积极组织具有原创性,且让非遗与文创相互融合的活动,以此在推广具有岭南文化特色非遗项目的同时,吸纳青年创意创业群体共同参与其中。

(2)非遗+商圈

优环境。天河营商环境优渥,商贸氛围浓郁。其黄金区域包括广州中央商务区(简称天河CBD)、广州国际金融城及天河路商圈,这三个区域总面积26.4平方千米,统筹布局了国际金融、商务、商业、贸易、文化、旅游、行政和居住等多种功能片区。区域内有广州1/4的总部企业和81%的外国领事机构,149家金融机构;世界500强项目机构超过200个,港澳企业超过1300家。天河路商圈素有"华南第一黄金商业带"之美誉,集聚了首次进入广州70%以上的国际品牌,有着20多年的辉煌发展历史,已成为集购物、餐饮、休闲、娱乐、文化、旅游、商务于一体的"华南第一商圈"。2020年广州市、天河区先后出台了《广州市将天河中央商务区打造成为"四个出新出彩"示范区行动方案》《广州市建设外贸强市三年行动计划(2020—2022年)》《关于推进天河路商圈高质量发展工作方案》等优化营商环境、完善公共服务基础设施、扶持传统文化、引进中华老字号等的措施和计划,同时以文化为引导,以文化为内容为业态转型赋能。

树品牌。天河借助商圈优势着力打造非遗商贸展示平台,以市场为驱动,最终形成高水平高质量的非遗保护、传承、发展体系。为推动天河区非物质文化遗产保护工作实现商旅文体融合，探索"非遗"与经济、社会持续发展的方向和方法。自2012年起，"非遗进商圈"系列活动不断向外延伸。以天河迎春花市为阵地，我区倾力打造全国非遗传统手工艺长廊，每年以岭南三雕一彩一绣为核心，邀请来自全国各地的传统手工艺非遗项目进行展示、宣传，在普及非遗知识、法律法规和传播传统文化的同时搭建了展销平台。至2020年，通过天河迎春花市共邀请包括三雕一彩一绣、贵州蜡染、河南朱仙镇木板年画、江苏宜兴紫砂壶、山西布老虎、江西景德镇陶瓷、福建德化白瓷等国家级非遗项目共54个，省级非遗项目47个，市级非遗项目61个；国家级非遗传承人27名，省级非遗传承人34名，市级非遗传承人46名。天河迎春花市全国非遗传统手工艺长廊一般展期9天，平均每天接待客流量最高达到40万人次，参展期间各非遗项目平均销售额为12万元，该项目已经成为广州市颇有影响力的重要非遗品牌活动。

造平台。积极建设政企联动平台，引导和鼓励商业综合体搭建非遗培训、传习、展示、销售空间，吸引更多非遗项目在天河短期展销或长期落户。2017年佳兆业大厦全年举办非遗项目联展，邀请榄雕、红木宫灯、岭南押花、广彩、陶塑等非遗项目驻场展销并开展公益培训；正佳广场围绕广府特色文化打造"广正街"特色文旅街区，以极具老广特色的十三行为源，采用实景还原的形式将广府特色进行复刻，同时对非遗、民俗文化以及流行文化进行了融入，打造出一个复合型展陈文旅空间。2019年广正街成功申报成为广州市非物质文化遗产工作站，为政企联动形成非遗保护的创新平台开了先河。自2017年起，由天河区与天河各商业综合体合作开展文化艺术及非遗公益培训，平均每年80场。邀请广彩、广州玉雕、广绣、岭南押花、潮汕手拉朱泥拉壶等项目及传承人进入金融、园区、写字楼等片区开展培训活动，先后在中国工商银行广州分行、中国建设银行广州直属支行、广州农商银行天河支行财富中心、平安银行广州分行、中石化大厦、西塔、越秀城建等企业举办非遗品鉴活动。

（3）非遗+校园

非遗进校园是弘扬和传承中华优秀传统文化的重要形式，天河区非遗进校园活动从2005年开始，迄今已坚持16年。其形式包括教学研发、特色课程、大师课堂、校园环境打造、特色项目研究等等，每批申报广州市非遗传承基地的教育机构不断增加，2021年至2023年广州市非遗传承基地公布名单中，天河区成功申报传承基地14个，其中学校单位共有10个，占71.4%，校园成为未成年人非遗传承新生力量的重要培养场所。在2020年度广东省"非遗进校园"优秀案例征集中，天河区华师附小非遗课题荣列精品案例，天河中学及银河小学课题荣列优秀案例。自2017年起，天河区持续与区教育局合作举办非遗公益培训进校园活动，每年向各中小学配送60～80场非遗大师课，2021年增加至100场。天河非遗进校园传承活动特色各异，侧重不同，简单举例如下：

珠村小学：天河区最早开展"非遗进校园"的小学，自2005年起该校已将乞巧习俗作为学校特色进行打造。该校位于天河区国家级非遗项目"七夕节'天河乞巧习俗'"溯源地珠村，具有得天独厚的民俗资源，学校不仅形成"乞巧五育，共铸品牌"的乞巧教育特色课程体系，通过校本课程的开发传承乞巧文化。目前已出版了《我们的乞巧》和《印象珠村》两本校本课程。2016年，珠村小学还建立了一个乞巧民俗展厅，收藏了学生制作的精美乞巧作品。通过建设乞巧民俗展厅、自创乞巧课间操、开设乞巧手工艺培训课程、培养小小解说员等活动的开展，珠村小学乞巧文化传承已形成科学的体系，并作为我民俗文化传承、对外交流的重要机构，参与每年广州乞巧文化节的活动举办。

车陂西华幼儿园：以龙舟文化为核心内容对幼儿进行启蒙教育，开展特色教学，每年设立专项经费支持龙舟文化的传承活动。该园利用园区外墙绘制"龙舟文化涂鸦墙"，园内开辟"龙舟文化展览室"，各班级逢二十四节气规划"节俗主题板报"，从氛围营造着手，让环境创设为教育发声。同时通过创编、传唱车陂民谣，以龙舟为主题制作环保手工、创作龙舟亲子剧，让幼儿担任车陂河涌巡河的小河长，充分发挥民俗文化润物无声的积极作用，目前该园已逐渐扩展了龙形国术、龙舟鼓及醒狮鼓、乞巧手工制作等以幼儿为主体的教育教学活动。

广州市天河外国语学校：坚持着"和雅君子·世界公民"的办学理念，打造以传统工艺美术为主的非遗课程体系。自2014学年便开设广绣、书法、扎染、剪纸等非遗课程。该校将非遗模块系统纳入各年级第二课堂常规课，系统开设"非遗传承"课程，成立非遗工作坊。目前已系统开展的主要非遗项目有广绣、扎染，多次利用非遗特色教学成果开展校内外交流活动，包括与国外教育机构进行广绣扎染工艺的交流体验，反响热烈。目前该校美术科组研究发展出"广绣与扎染创新融合"特色项目，致力于将广绣针法和扎染肌理有机融合，创新发展广绣技艺，传承岭南传统文化。

广州市南国学校：与广东非遗研学院共建非遗研学基地，并以港澳子弟班为依托，开设剪纸、香云纱、潮乐、扎狮头等非遗技艺课程，邀请非遗大师走进校园，手把手教学，尤其针对港澳学生，让他们从小感受中华优秀传统文化的魅力。该校通过开展非遗课堂、主题论坛、成果展示等系列活动，提升学校的文化传承力，提升学生道德素养和人文情怀，让非遗成为该校特色校园文化进行长期打造。

天河高校。天河高校众多，学术资源丰富，每所高校基本都长期开展与非遗有关的课题研究和实践活动。例如华南理工大学艺术学院2013年6月被评为广东省非物质文化遗产研究基地，对广东省的非遗工作保护和研究发挥了重要的作用，同时打造了学校新的文化特色。华南农业大学2013年6月成立了华南乡村非物质文化遗产研究中心，以中文系为基地，整合华农历史学、民俗学、文学、人类学、社会学、艺术学等人文学科的研究力量，聘请中国非物质遗产保护工作专家委员会、中山大学等高校知名学者做顾问，在乡村文化建设、非物质文化遗产保护等方向进行科学研究和社会服务。华南师范大学以推动非遗舞蹈进校园作为保护传承岭南文化的品牌活动，并从岭南民间舞蹈着手，将非遗基因移植进舞台艺术的创作，2019年师生共同创编的《粤舞中华——华南师范大学非遗舞蹈研创成果展演》成功走进广州大剧院。这一成果是非遗舞蹈"采于民间、研于课堂、创于舞台、兴于社会"的集成与体现，华师成为全国第一个、也是唯一一个开设岭南舞蹈专业研究方向并把非遗素材课纳入本科教学的高校。2018年，首个岭南武术非遗工作站在广州体育学院成立，为了推动中华传统武术的传承与发展，依托高校教育资源，举办了"2018广州岭南武术非遗周"，力求整合市、区资源，多层次、全方位、系统性的开展非遗传承保护和传承工作，努力推动非遗武术与中医、舞蹈、动漫等行业的跨界融合。

四、非遗保护与活化的典型案例对比

根据前面的分析，民俗类非遗项目在天河区非遗项目中占比较高，同时民俗的保护与活化利用也是天河非遗保护的显著成果。因此，这里将以"七夕节'天河乞巧习俗'"和"扒龙舟"（车陂村扒龙舟）两个民俗项目为典型案例，通过列表对比分析，归纳一些城市化进程中非遗保护的经验做法（见表1）。

表1 非遗保护的经验做法对比

项目名称 / 对比项	七夕节"天河乞巧习俗"	扒龙舟（车陂村扒龙舟活动）
非遗级别	国家级	广州市级
荣誉称号	"中国乞巧第一村"及广东省历史文化名村	2021—2023年广东省民间文化艺术之乡（公示中） 已申报2021—2023年中国民间文化艺术之乡
保护单位	广州市天河区文化馆	广州市车陂经济发展有限公司
传统节日依托	七夕节	端午节
文化载体	广州乞巧文化节	"一水同舟"车陂国际龙舟文化艺术节
举办模式	1998年至2004年，民间自发组织 2005年至2019年，政府主办，民间参与 2020年至今，政府主导，社会运营	1986年以前，民间自发组织，村民以宗祠姓氏为单位，自筹资金 1986年至2015年，由车陂村经济公司出资及各宗祠姓氏自筹资金 2015以后，政府引导，民间为主

（续上表）

对比项 \ 项目名称	七夕节"天河乞巧习俗"	扒龙舟（车陂村扒龙舟活动）
参与主体	女性（传统未婚女性居多）	男性（青壮年）
传承意愿	个体	群体
传承积极性	被动	主动
濒危指数	★★★★	★★
活动目的	体现女性心灵手巧，通过信俗仪式祈求婚姻美满，生活幸福，拓宽个人宣传渠道	体现宗亲氏族团结齐心，通过体育竞技显现各村实力，争取资源分配，祈求风调雨顺、国泰民安
资金来源	1．1998年至2004年，民间自筹资金恢复"摆七娘"习俗 2．2005至2019年，天河区财政设立广州乞巧文化节专项经费，每年投入200万元左右用于传习阵地建设、活动举办和品牌打造 3．2012年至2015年先后由财政投入6000多万元，在珠村规划建成了"七夕广场""乞巧苑""广州乞巧文化博物馆"等硬件设施 4．2020年至今，因疫情影响，区财政压缩大型活动经费，广州乞巧文化节专项经费取消，改为社会自筹资金运营	1．1987年至1986年，村民自筹 2．1986年至今，村集体经济每年持续投入300多万元用以活动开展，部分宗亲招待费用由宗祠自筹 3．2013—2020年，各级财政共投入176万元支持车陂扒龙舟活动 4．2017年村集体经济投入500万元，于2018年建成"一水同舟"龙舟展览馆
传习硬件设施	1．珠村明德堂、北帝庙、七社、八社等地均为"摆七娘"传统乞巧民俗活动场所 2．车陂沙美梁公祠 3．广州乞巧文化博物馆 4．七夕广场、乞巧苑 5．珠村小学（广州市级非遗传承基地）	1．车陂涌，与珠江水系相连，与珠江汇合处的"涌口"宽达80多米，有着长达600米的直河道，可供10艘龙船并排游弋 2．车陂涌12龙船坞（藏龙点） 3．村内9大姓氏祠堂 4．"一水同舟"车陂龙舟展览馆保存了七百余件龙舟文化相关实物 5．车陂拥有56艘40米左右的木制传统龙，数量居广州自然村之最，且龙舟形制齐全，有长龙短龙、彩龙乌龙等等，龙舟制作材质多样，有坤甸木、铁楸木、杉木等等，形式多样
基本情况	七夕节"天河乞巧习俗"，2011年列入国家第三批非遗代表性目录，是岭南古老乞巧民俗的存续，又称"七姐诞""摆七娘""拜七娘"	扒龙舟（车陂村扒龙舟活动）2017年列入第六批广州市级非遗项目，2021年申报第八批广东省级非遗项目，民间称为"车陂龙船景"

（续上表）

项目名称 / 对比项	七夕节"天河乞巧习俗"	扒龙舟（车陂村扒龙舟活动）
基本情况	自1998年珠村的8个乞巧婆婆重新发起珠村乞巧文化至今已历二十多年，珠村乞巧也由最初的民间"地下活动"华丽蜕变为这个城市的文化盛会——广州乞巧文化节。自2005年首届"广州乞巧文化节"落户天河珠村，已连续举办16届，成为广州"一区一品"重点打造的文化项目。结合区域文化特色与时代发展，通过不同的开展方式与艺术展现形式既然保留了传统民俗的"原汁原味"又实现了非遗传承的"与时俱进" 每年广州乞巧文化节都保留着珠村七夕传统摆七娘、拜七娘、睇七娘、送七娘等民俗活动。并通过对七夕节历史的深入挖掘，将史籍上记载与七夕有关的女子"及笄礼"和"赛巧"一并作为传统习俗的活动内容，力保乞巧"基因不变"。每年节庆期间，以珠村为圆心，逐渐扩大辐射范围，分会场逐年增加，至2021年已拓展出社区、景区、商业综合体、地标、园区、民营文化场所等15个活动点。参与群体越来越年轻化，众多中小学、大专院校的学生加入进来，企业白领的参与度也越来越高。该活动已成为天河民俗保护、文化传承、国际交流和非遗创新转换的重要平台和载体。多年来，通过广州乞巧文化节的举办，天河与日本、韩国及中国台湾、中国香港、中国澳门等地区建立了良好的民间文化交流联系，与甘肃西和、浙江温岭、湖北郧西、陕西、山东、江西等地共同形成了华夏乞巧习俗百花齐放满园春的美景。自2020年，因受疫情影响，通过政府引导和社会积极参与，形成了政企合力运营的新模式，广州乞巧文化节经历了从民间到官方，再从官方回归社会的过程	车陂龙船景迄今已有数百年历史，为广府地区最大的官景，保留了传统的起龙、采青、赛龙、招景、趁景、探亲、新龙进水等内容与传统仪式以及吃龙船饭、龙舟饼，看龙船戏等丰富的内容。车陂龙船景，其影响随着珠江水系辐射珠三角地区。清代乾隆年间，官方根据各村的汛期、可容纳船只的多寡，指定村子举办龙船景，车陂龙船景就是当时番禺指定的五月初三的官景。古代广州府下辖几十县，每逢五月初三，车船齐发，共赴车陂，200余艘龙舟同时参加龙船景，围观群众达10万人次。堪称广州之最，坊间素有"未踏车陂龙船地，莫提睇过龙船景"的美誉 车陂龙船景的传承与发展是历来以各姓氏族群为组织单位，体现了传统文化宗祠文化在现代的积极作用。车陂村的9大各姓氏宗祠组成12个龙船会，郝太原、江夏黄、范阳简、东平梁、沙美梁、江头黎、双社、麦始兴、高地苏、武功苏（晴川苏）、王太原、车陂新村，分别由村民选举德高望重的父老和带头人，组织集资，管理组织扒龙船活动。龙舟竞渡是车陂村扒龙舟的传统，自1986年开始，车陂举办的"车陂杯"，由12个龙船会派出传统龙船参与，体现出车陂村团结奋进的精神。2017年车陂村经济发展公司投资将车陂村仍保留大量传统龙舟器具和实物。2018年依托扒龙舟民俗活动创办的"车陂国际龙舟艺术节"成为天河区首个完全以民间力量打造的民俗活动品牌

（续上表）

项目名称　　对比项	七夕节"天河乞巧习俗"	扒龙舟（车陂村扒龙舟活动）
传承现状及前景分析	七夕节"天河乞巧习俗"与车陂扒龙舟传承核心均为传统民俗节庆活动。乞巧节得益于政府的持续支撑，而车陂扒龙舟则来源深厚的群众基础。目前乞巧节的影响力在车陂龙舟之上，但从长远的传承发展来看，乞巧习俗的濒危指数远远大于车陂扒龙舟，因为珠村村民对保护乞巧民俗的积极性远不如车陂村村民对扒龙舟的保护。民俗一旦失去原生传承集体即群众的保护自觉，政府财政支持逐渐压缩，就容易走向消亡，这是缺乏内在发展动力不可避免结局，而产生民众保护自觉，在现代社会是需要适用、实用、利益等外在因素刺激的。社会运营虽然是一个积极整合资源的办法，但是真正出于对传统文化赓续目的的行为比较少，如何避免"借壳非遗"的形式化甚至是歪曲，是今后乞巧民俗值得关注和思考的问题	车陂扒龙舟的传承危机则处在于对活动空间的要求，这也是城市化发展破坏民俗存续土壤的典型例子。广州市推行水环境及河涌治理前，扒龙舟活动也一度因河涌污染而变得偃旗息鼓，"请枪手"这一现象也比较严重。但自从水环境改善后，扒龙舟活动又重新被当地群众所重视且自觉加入到保护行列中，自发提出了"一水同舟"的保护理念，不仅仅保护龙舟文化，更保育与龙舟文化相关的环境。通过大力治理河涌，弘扬龙舟民俗文化，加强本土和来穗人员的交流，车陂在推动扒龙舟民俗整体性保护，促进城市化进程中的乡村振兴和社区自治等方面，创新了一套值得借鉴的经验和方法，从而使该项目获得强劲可持续发展的动力

五、城市化进程中非遗保护与传承的思考

以上案例对比，管窥蠡测，在经过十多年的保护实践和思考后，我们认为在解决城市化进程中不同类别的非遗项目突破发展瓶颈是具有以下几个方面共通性的。

（一）非遗与现代生活的融入

非遗传承中的融入与融合，是两个不同的概念。均有形物质和无物质形态的不同解释，简单来说，融入是一个生活化概念，融合则是一个市场概念。融入定义中所指的"无物质形态"与"非物质文化"的概念基本一致，都属于心理解释，更多的是指精神层级的融合和接纳。

1. 见人见物见生活

非遗是以人为核心、以生活为载体的活态传承实践，但说到"遗产"，人们往往会想到古老与过去，而产生距离感。如果非遗保护单位和传承人也同样固守在过去的才是传统的误区里，就容易造成非遗项目的式微。中国社会科学院荣誉学部委员、国家非遗展览展示研究中心专家委员会主任刘魁立认为，非遗的延续必须适合当下的

生活，非遗是生活的一部分，或者就是我们的生活，这才能体现文化遗产的价值和意义。所以非遗只有真正走进现代人的生活，才能被发现潜力，保持活力，找到创新发展的动力。"见人见物见生活"是对非遗融入现代社会最好的诠释。

2．"适用性"和"实用性"

互联网时代，非遗能保护下来的同时，关键还在于能为大众所用，满足人们不断增长的对美好生活的各种需求，这就是适用性。非遗项目吻合当下的社会潮流，能触动消费，产生市场效益，才能让非遗产生持续的发展动力，才能真正"活起来""火起来"，才能解决传承人的各种问题和困难，从而更好推动保护与传承，这就是实用性。文化和旅游部原副部长项兆伦认为，民族文化在转化创新中要注重其实用性和保持传统印记，要注重传统印记与当代生活相结合，与当代的审美相融合，让传统与时尚兼容并蓄，进入百姓的日常生活，提高民众对其的亲近感和认同感。非遗的"适用"与"实用"，恰恰是非遗保护传承中要创造性转换和创新性发展的终极目标。

（二）非遗的跨界融合

非遗蕴含着中华民族的文化价值理念、思想智慧和实践经验，传承和振兴传统文化，是非物质文化遗产保护工作的重要内容，也是弘扬中华优秀传统文化的具体体现和实现途径。在文商旅融合政策的背景下，"以文塑旅，以旅彰文"已成为重要的指导思想和发展路径，而非遗作为文化资源中的一大富矿，与旅游等不同业界进行融合，有助于让非遗焕发新的活力，丰富消费者的体验内容，取得"1+1>2"的效果。

2021年8月，国务院下发了《关于进一步加强非物质文化遗产保护工作的意见》明确指出，在有效保护前提下，推动非遗与旅游融合发展、高质量发展。支持非遗有机融入景区、度假区，建设非遗特色景区。鼓励合理利用非遗资源进行文艺创作和文创设计，提高品质和文化内涵。利用互联网平台，拓宽相关产品推广和销售渠道。鼓励非遗相关企业拓展国际市场，支持其产品和服务出口。不断满足人民群众个性化、定制化的消费需求，激活非遗资源的优化和创新利用，促进城市消费和深化非遗与旅游融合发展。该意见的出台是对《中华人民共和国非物质文化遗产法》的有效补充，针对性极强，也是对非遗保护传承工作出现的诸多问题的解决指导。

1．政府层面

做好顶层设计，要建立"全域文化、统分结合"的思维。文化和旅游部提出在"十四五"期间构建和完善文化遗产保护传承利用体系，进一步提升文化遗产的保护利用水平、更加系统化、体系化地传承中华优秀传统文化。对于非遗活态传承，需走体系化之路。跨界融合不是简单的合作，它需要系统思维、全域设计。政府应当构建非遗系统保护的生态社会圈，加强资源挖掘和开展对抢救性记录保护项目代表性传承人的抢救保护工作，应当整合业务部门、非遗保护协会、非遗传承人、非遗企事业单位、文化创意企业、民营文化商会协会、旅游相关协会及其他社会组织等多方资源，建立非遗系统性保护联盟、吸纳更多企事业单位参与其中，构建非遗保护传承的生态社会圈。文化主管部门应加强与其他职能部门的协调，形成文化保护合力，因地制宜，调动社会各阶层积极性并突出地方特色，鼓励依托市场力量，培训一批有竞争力的旗舰文旅企业，形成政府统筹、规划引领、部门联动、地方主体、产业融合、市场繁荣的发展格局，发挥政府在非遗保护中的兜底作用。

2．社会层面（包括项目保护单位）

构建非遗保护共同体，社会分工协作形成集文化生产、文化消费和文化生活于一体的多功能复合空间，以适应广大人民群众对高质量文化生活的需求。构建非遗"保护、传承、利用"联动新优势，发挥企业在非遗利用中的骨干作用，协会等社会组织在非遗传承中的连结作用。促进非遗与旅游深度融合，强化非遗与设计、科技双向融合，推动非遗与制造业跨界融合，把非遗保护传承利用与乡村文化振兴、生态文明建设相结合，与现代服务业提质增效相结合，培育一批具有独立知识产权、深受老百姓青睐认可的非遗衍生品、民族地理标识、区域文化品牌。

3．传承群体和个体层面

应积极配合政府和社会投入主体推动非遗的传播和利用，树立非遗资源的产业化和市场化发展的理念，确立构建非遗生产和消费新链条的努力方向。主动掌握和学习市场新知识，扭转墨守成规的被动局面，利用自媒体积极拓宽传播渠道，讲好"非遗故事"，善于挖掘，勇于创新，摒弃过时的生活和文化的表达形态，与时俱进地改良传统审美，利用非遗项目独特的文化内涵打造产品差异性，从材料、技术、形态三个方向创造时尚、新颖的现代风格产品，满足人民生活与文化新需求，为项目传承发展提质增效，充分发挥代表性传承人及集体的魅力属性。

（三）如何打造非遗消费IP

近年来，"IP经济"频出爆款，持续火热，电商平台成熟壮大，"直播带货"成为拉动经济增长新引擎。"非遗"如何跟上时代步伐，打造消费IP？如何拓宽市场，创新升级？简单地说这就是时代疾驰中非遗的"生存"问题，是我们需要思考和解答的。

1．传统非遗结合热门IP的新表达

故宫文创的成功经验是传统文化遗产结合热门IP形成潮流表达的典型实例，四川以大熊猫为原型的熊猫IP，在四川已有多个品牌，当它和非遗、文创碰撞、嫁接，不仅搭起一座优秀传统文化"走出去"的桥梁，更成为文创产业发展最受欢迎的大IP。

这些案例都有不同的成功经验可供借鉴，我们可以将非遗与热门IP结合进行创新，加强辨识度和品牌吸引力，例如"非遗+游戏"等，广州乞巧文化节2020年就与王者荣耀联合推出了"乞巧国风皮肤"，深受年轻人欢迎。同时也可以将类似"三雕一彩一绣"本身属于非遗热门IP的项目与社会热点相结合，例如"玉雕+奥运"等，形成双向推动，增强非遗融入现代生活的适应性和跨界融合的实用性，针对不同消费群体进行产品的有效投放，培育消费土壤。

2．探索"授权"新路径

从2014年起，就有国家级非遗传承人与国际知名品牌合作，例如"爱马仕+剪纸"，将非遗作品授权给大IP使用，既帮助品牌创新了产品设计，也让传统文化融入了生活时尚。再举个例子，第七届中国成都国际非物质文化遗产节上，首次举办的非遗创意设计作品授权展，吸引了53家机构携300多个授权元素参加，那些授权元素都是取材于非遗技艺的原创作品，被授权方涵盖了酒店、餐饮、鞋服、家居等品类供应商。以往，非遗的保护传承的惯例是通过生产性保护和文创开发来实现，现在非遗创意设计授权这种新模式将成为非遗发展的另一种主要打开方式。

非遗授权等同艺术授权，其实在国际上早已是成熟模式，但国内将它应用于非遗才刚刚起步。非遗授权能激发各级非遗代表性传承人和文博、文创单位的热情，让他们潜心钻研非遗技艺，不断推陈出新；被授权方也可以将符号化后的非遗作品用于提升自身产品的审美品位和文化内涵。非遗授权既在创造商业价值，也是在提升非遗项目知名度。非遗授权实际上有着巨大的传播价值和潜力，同时并不影响非遗本身的传承与保护，这是优秀传统文化创造性转化、创新性发展的新探索。我们希望能被广泛采用和推广。

3．电商直播拓展非遗消费市场

（1）非遗消费节庆

2020年6月13日是2020年"文化和自然遗产日"（以下简称"遗产日"）。在文化和旅游部非物质文化遗产司、商务部流通发展司、电子商务司及国务院扶贫办开发指导司的支持下，阿里巴巴、京东、苏宁、拼多多、美团、快手、东家等网络平台联合举办"非遗购物节"。非遗相关单位、企业和非遗扶贫就业工坊在各网络平台开展销售活动。同时，各地也在确保疫情防控安全的前提下，在历史文化街区、非遗老字号等场所组织开展形式多样的线下"非遗购物节"活动。

"非遗购物节"像"6·18""双11"一样，是"无中生有"的电商节庆，它是一次政策理念、运行机制和营销方式的全方位创新。它的诞生不仅仅意味着能在电商平台上便捷地购买到非遗产品，更要理解为涌动创新的产业赋能，通过政府引导、整合资源、凝聚关注、植入产业、放大文化，激发非遗传承发展的内在活力。天河的商贸资源丰富,目前已有多年举办"广州国际购物节"的丰富经验,完全有条件将非遗消费节庆纳入商贸振兴计划,作为品牌进行打造。

(2)非遗+电商+直播带货

据不完全统计,2020年"非遗购物节"期间,全国各地共举办3700多项非遗宣传展示活动,有近6500家店铺参加,非遗产品种类8万多种,涉及各级非遗项目约4500项。京东平台上,6月13日"文化和自然遗产日"非遗相关品类全天成交同比超过260%,另据阿里巴巴发布的非遗消费趋势报告,消费者最喜欢的是食品、家居、服装类的非遗货品,这三类的销售量接近60%。电商平台不仅仅完成了惊人的非遗产品销售,更重要的是它在非遗传承人与庞大的城市消费群体之间,架起一座便利、畅通的桥梁,从中我们看到了非遗生产和创意的无限可能。

2020年6月13日,央视新闻新媒体中心与文化和旅游部非遗司,共同推出了"把非遗带回家"专场带货直播节目,吸引了1000多万网友在线观看,售出超过1260万元的非遗产品。直播带货形成了包括消费者、主播、商家、机构等在内的完整生态链,已经成为新的消费潮流。如今,越来越多的非遗传承人走进直播间,大师们变身"带货网红",传统技艺又"活"了起来。为让非遗传承人跟上技术进步的节奏,作为非遗管理部门则应有针对性地培训传承人,让他们掌握线上传播和销售技能,同时把手机当作新的生产工具,促成注意力转化为生产力。未来随着VR、人工智能等新技术发展,直播带货将不断涌现出新玩法,模式更加新颖、场景更加丰富,在给消费者带来新体验的同时,发挥更大的社会价值和经济价值。

六、结语

天河,作为广州最具有经济价值的区域,在非遗保护工作中,充满无限发展空间和可能。五年来,现有的非遗与文商旅融合的产业已见雏形,非遗传承体系颇有成效。"不忘历史才能开辟未来,善于继承才能善于创新。"习近平总书记这番话也为天河区实现中华优秀传统文化的创造性转化、创新性发展指明了方向。未来五年,天河非遗保护工作将结合大湾区规划,着力发现保护区内岭南文化,以传承优秀传统文化为己任,助力广州建设为岭南文化中心城市,当好广州文化产业发展的排头兵。坚定文化自信,坚持专业主导、学术引领的工作思路,坚持保护为主、价值优先的科学理念,鼓励社会参与,坚持惠及民生,非遗将在天河城市化飞速发展的进程中依旧生机盎然,活力精彩。

增城区非物质文化遗产保护发展报告

彭小荣　张菲菲*

摘　要： 近年来，广州市增城区非物质文化遗产代表性项目名录和代表性传承人名录制度得到了进一步完善。非遗保护工作始终坚持以人民为中心，坚持守正创新、生动实践，传承发展，取得显著成效。本文以增城区非遗保护为出发点，通过对增城非遗创新与活化利用、非遗进校园、非遗与乡村振兴、非遗人才培养与科学研究等非遗保护重点工作进行梳理总结，积极探索增城区非遗保护工作的发展路径，坚持优秀传统文化与现实相融合，实现创造性转化和创新性发展的过程，非遗保护做到"见人见物见生活"。

关键词： 增城区　非遗　活化　乡村振兴

广州增城历史文化悠久，人文资源丰富，自东汉建县距今已有1800多年历史。千百年来，勤劳的增城人民在适应周围环境与自然和历史的互动中，共同创造了丰富多彩的非物质文化遗产（以下简称"非遗"）。增城区自2007年开始启动非遗保护工作，2017年12月广州市增城区非物质文化遗产保护中心在增城区文化馆挂牌。为积极推进增城区非物质文化遗产保护工作，传承和弘扬优秀传统文化，提高非遗传播力度和影响力，建设人文增城，融合湾区文化，力争全区非遗工作出新出彩。逐步营造社会广泛参与、人人保护传承新局面。

一、非遗保护概况

2016年以来，增城区非物质文化遗产传承和保护工作，坚持守正创新，广泛发动社会参与、统筹资源、积极挖掘和博采众长，非遗工作发展迅速。在传承传播、文创开发和非遗活化等方面亮点多多。非遗管理人员和代表性传承人获得广州市级以上非遗奖项60项，新增非遗代表性项目及传承人数量均翻三倍，新增非遗传承培训基地15个；各类非遗活动及申报、组织宣传工作落实到位，非遗真正深入人心。目前，增城区各级非遗代表性项目43项，各级代表性传承人42人，广州市级非遗工作站（岭南

---

* 彭小荣：增城区文化馆副馆长；张菲菲：增城区文化馆工作人员。

传统技艺非遗工作站）1个、市级非遗传承基地1个，区级非遗传承基地14个；非遗生活馆1个，非遗专题展厅3个，非遗大师工作室1个。根据档案规范化保护标准，我区积极开展本地非物质文化遗产项目的数字化保护工作，建立非物质文化遗产电子档案，实现非遗代表性项目、代表性传承人、传承基地等工作的数字化保存。在增城区文化馆网站设立非物质文化遗产栏目，及时公布区内非物质文化遗产工作动态等相关信息。同时，增城区积极配合建设中等发达城市的定位的工作中，按照"保护为主、抢救第一、合理利用、传承发展"的原则，在全区范围内进行了广泛、深入、细致的非物质文化遗产资源普查和传承保护工作。以本土实情出发，不断健全机制，突出重点，强化措施，全方位立体式推进非遗传承保护工作，逐步走出一条非遗促进乡村振兴，走可持续发展之路。

（一）基本情况

"十三五"以来，增城区非遗以大湾区发展为契机，科学规划、守正创新、统筹推进，积极开展线上线下、跨区交流、湾区融合、乡村振兴等。五年来传承人及非遗工作者获得市级以上非遗奖项共60项，其中，国家级15项，省级20项，市级25项。发表学术论文9篇，合作开展非遗课题6项，非遗代表性传承人何丹凤代表增城区文化馆，积极申报并首次入选增城区高层次人才优秀人才，成为文化类入选高层次人才第一人。2位代表性传承人获得"广州好人"，3人获得"增城好人"；广州市百厨百店评选中，2位传承人入选百厨，2个店入围百店。为加强非遗保护组织保障和制度保障，增城区先后制定非遗三年规划、传承基地保障制度并撰写增城区非遗发展调研报告等。安排专门人员负责非遗工作，区本级下拨非遗专项经费从每年10万元提高至100万元，非遗项目及传承人的申报逐年递增，非遗数字化建设、非遗档案建设、非遗活化、非遗进校园等全面推进，成效明显。

（二）政策、创新与成果

1．政策推进

增城区不断健全机制、科学规划、突出重点，全方位立体式推进，积极开展全区非物质文化遗产传承保护工作，制定非遗相关政策，保障非遗工作顺利推进。2020年7月7日，为积极响应广州市文化广电旅游局发布的非遗三年行动方案，在全市率先出台《增城区发展振兴非物质文化遗产三年行动方案（2020—2022年）》，不断完善非遗保护传承体制机制，推动非遗活化和产业化高质量发展。7月13日，《增城日报》头版头条刊登文章《加强非遗保护，促进非遗发展振兴，推动城市文化综合实力出新出彩》，宣传非遗政策的落地，获得广州市文化广电旅游局非遗处领导大力表扬。同年，增城区根据《中华人民共和国非物质文化遗产法》《广东省非物质文化遗产条例》等法规指导，结合本地实情，积极撰写《非物质文化遗产保护与传承调研报告》，全面调研挖掘整理增城非遗的历史、发展；科学分析，提出非遗发展短板、评估优劣势，做好顶层规划。2020年4月，增城区印发了《关于开展"增城区非物质文化遗产传承基地"申报工作的通知》，进一步规范非遗传承基地的科学传承和保护工作，加强非遗专项经费的保障和制度保障，从而调动各位传承人的积极性和创造性，非遗各项成果也达到新高度。加大非遗宣传、传播和文商旅融合，增城区于2020年7月，在全市率先制定区级非遗地图，力促文商旅深度融合。同年11月，首次开展以"感悟民俗，传承非遗"为主题的非遗发展研讨会和非遗集市。2021年5月1—2日，在增城广场文化长廊，创新开展2021年增城区非遗集市，全方位展示辖区非遗，开展文旅融合，力促乡村振兴。

规划首个市级非遗工作站，活化非遗，拓宽非遗发展的道路。增城区积极统筹各方资源，推动非遗活化和产业化高质量发展，拓宽非遗活化渠道，积极推进首个非遗工作站规划和申报，并于2020年12月成功落地。

2018年4月，增城区自收到《广州市建设非物质文化遗产工作站方案（2018—2020）》（穗文广新〔2018〕309号）以来，积极整合资源，扎实推进。对于工作站申报，没有现成模板和统一标准，增城区文化馆紧密联系辖区内外高校及非遗研究团队，收集9个单位意见，根据增城区非遗工作实情，选择基础好、传承能力强、人才梯队科学的岭南传统技艺为切入点，规划榄雕、剪纸等传统技艺工作站为基础内容，以非遗展览展示、学术交流、文创开发、互动体验等10大非遗建设内容，以非遗基地、文旅融合及非遗商业化、产业化为发展重点，全面铺开非遗工作站的建设规划，多方商讨，集思广益，共同撰写申报材料，力争高标准、高格局做好基础材料，扎实做好非遗工作站前期工作。

2．创新发展

增城区在布局非遗整体发展，积极开拓创新，拓展非遗活化新渠道。开展非遗影视化、非遗文创大赛、非遗动画、非遗文创开发等活化非遗新路径，大大提升增城非遗的知名度和影响力。近几年，增城区积极对接省市优秀非遗研究机构和非遗相关企业，积极联合蚂蚁影视公司、广州华商学院、广州华立学院等开展非遗影视化、非遗动画、非遗雕塑、非遗文创大赛等活动。2020年6月，增城区协调非遗精品和文创产品，参加首届直播节（中国·广州）增城分会场活动和2020增城文化体育创意园区影视直播节活动，首次通过线上直播销售非遗产品，吸引35万人次关注。同时创新非遗线上活动，线上和线下结合，开展"云"游荔乡古驿道活动。市级传承人周汉军和区级传承人吴俊凯、范毅强等参与直播工作，吸引30多万观众参与。积极引导传承人开展非遗艺术沙龙、非遗专题展览、乡村振兴专题活动20多次。通过非遗融合乡村振兴工作，协调高校8所700多人次，13次到乡村振兴示范点——小楼邓山村调研，开展非遗文创活化工作；协调传承人20多人次到邓山村现场展演，获得各方赞誉。

3．主要成果

五年来传承人及非遗工作者获得市级以上非遗奖项共60项，其中，国家级15项，省级20项，市级25项。学术成果丰硕。发表学术论文9篇，合作开展非遗课题6项。何丹凤首次入选区级高层次人才优秀人才，代表性传承人2人获得"广州好人"，3人获得"增城好人"；广州市百厨百店评选中，2位传承人入选百厨，2个店入围百店。2019年以来，近40篇非遗专题推送入选学习强国宣传，4篇非遗专题文章被市广州市委办公厅《每天快报》、增城区委《增城信息》宣传，6篇合作非遗专题课题在开展。增城区非遗在文创开发、文旅融合等方面有重要进步，连续两年举行增城非遗文创大赛、精雕细榄榄雕艺术展，开发多项非遗文创产品，部分非遗项目出现产业化、规模化发展。非遗美食类产业销售总额达到五千万以上。

五年来，增城区开展非遗展演50多次，其中参与国家级、省级多项非遗大型活动，融合国家省市资源，力助形成非遗产业融合。广州榄雕、舞貔狮等项目参与省级项目非遗进校园、非遗少年说活动和研讨，区文化馆获得2020年非遗少年说优秀组织奖，三位老师获得优秀指导奖，挂绿小学剪纸非遗传承基地还获得省十大优秀案例之一。2020年12月11日第二届中国非遗传承与创新发展高峰论坛暨2020年度非遗传承创新模范人物颁奖典礼在北京友谊宾馆举行，增城区文化馆副馆长彭小荣喜获中国非遗传承创新先锋模范人物称号，这也是增城区首次获得该方面的殊荣。12月17日"新空间、新力量、新未来——广东省广州市增城区影视产业招商推介会暨文旅体政策发布会"在北京市朝阳区798艺术园区机遇空间举行，活动现场还开设了广州增城非遗展区。

二、特色与经验

"十三五"期间，增城非遗秉承守正创新，坚持以人民为中心，力争"见人见物见生活"，实现创造性转化和创新性发展紧密结合，在有效保护的基础上促进非遗与旅游、文化产业、文创等相衔接，推动非遗融入人文湾区、现代生活和当代文化，亮点纷呈。

（一）特色

1．主要亮点

（1）人才培养

五年来，各级非遗代表性传承人从11名提升至42名，非遗传承人队伍梯队逐步形成，形成40后至90后的老中青的科学梯队，队伍的知识结构也在不断改进，代表性传承人大专以上14名，占33.33%，本科学历6人。在非遗发展好、基础厚的项目，大胆发掘各级传承人，广州榄雕项目已经纳入各级代表性传承人4名（省级1名、市级1名、区级2名）；舞貔貅4名（省级1名、区级3名），大力推动非遗传承人保护工作。

加强梯度建设。对于代表性传承人的认定，增城区坚持成熟一位认定一位，每年组织专家认定代表性传承人，大大提高传承人的申报积极性和创造性。如广州榄雕项目周汉军、卢庆强，舞貔貅项目郭曾共，何仙姑与挂绿的传说赖卫阳等都是通过专家推荐、田野采访和传承人申报，纳入传承人队伍。同时注重传承业绩，黄顺进、钟伟宏、曾婷婷、张敬彬等年轻一代在非遗传承工作中非常突出，经多次访谈也成功纳入传承人队伍中。

提高地位和收入。提升传承人地位，把传承人申报为区高层次人才，在增城属于首次，剪纸代表性传承人何丹凤就代表增城区文化馆成功申报区高层次人才，是全区文化界高层次人才第一人，这是对她业绩的肯定，也是对其他传承人的鼓励。2位代表性传承人获得"广州好人"，3人获得"增城好人"；广州市百厨百店评选中，2位传承人入选百厨，2个店入围百店。在提升传承人经济方面。广州市增城区文化广电旅游体育局多方协调区委组织部、区编办、区财政局等相关部门，积极为区级代表性传承人争取传承经费5000元，自2017年开始实施，大大提高区级传承人的积极性。同时在所有群文活动和非遗活动中，协调传承人展演的都划拨了非遗专门经费给传承人。还营造良好的产业商业氛围，为传承人创业做好基础。传承人有半数可以自给自足，有部分传承人年收入超过30万元。美食类非遗代表性传承人，产业开发都比较健康，部分代表性传承人年均收入超过百万。其他对于产业型非遗项目，尽量发挥市场作用，提供商业机会和平台，提高传承人企业收入，有部分传承人企业年均收入超过千万元。

提升综合素质。通过加强对外交流，提升传承人的综合水平。技艺类的传承人，多选派出去交流培训，通过引进来和走出去等方式，提升其综合能力。近几年选派约50人次传承人外出学习、交流，大大提升他们的能力。加强传承人参赛的积极性。对于和传承人有业务联系的赛事，鼓励传承人参加比赛，并给予部分比赛训练创作的经费补贴，提高传承人整体素质。近年来，传承人获奖数量和级别也不断提升，扩大了他们的影响力，为他们提升级别、发展产业等都起到积极作用。对产业型的传承人，做好规划和引导，提升传承人的管理和传承能力，助力传承人发展。2020年12月，《广州市增城区促进文化旅游体育产业高质量发展扶持办法》出台，为传承人的产业发展和创业等提供政策支持。

（2）非遗活化

通过非遗直播带货、非遗影视化、非遗文创大赛、非遗动画、非遗文创开发，拓宽增城非遗发展活化新路。2020年，增城区成功申报市级非遗工作站1个，建设非遗生活馆1个、非遗基地15个、非遗展示场所3处约850平方米，在邓山书院组建非遗活化展示场所，长期开展非遗展示展演活动。印刷非遗宣传册约8万册，非遗专题文章在《增城日报》《丹荔》《荔乡情》《荔都》等刊登非遗文章百余篇，拍摄制定非遗宣传视频50多个。

一是加强交流。近年来增城区加强和省市媒体、非遗专业团队的联系，遴选优秀传承人参与国家、省、市非遗文创的活动、展演及研讨，累计参与国家级非遗活动8次，省级非遗进校园等活动5次，参与非遗文创大赛、非遗文创开发多次，在非遗深度活化、非遗文旅融合、非遗文创开发等方面取得较大突破。二是整合资源。加强与高校和文创团队开展非遗研学和活化，合作申报非遗课题6项并结题，撰写非遗学术论文9篇并刊登在省级学术刊物，开展非遗沙龙6次，开发文创非遗产品多项并投入产业运作。在"学习强国"平台推送非遗经验分享40多篇，其中"广州榄雕"获2019年中共广东省委宣传部指导，在"学习强国"广东平台主办的广东乡村视频大赛中荣获三等奖。三是创新方式。改变传统方式，积极开拓线上非遗宣传、线上直播、线上销售等方式，创新非遗talk，讲好增城故事；利用线上展演、非遗少年说、非遗线上课堂、非遗直播及带货等多种方式推介增城区非遗，获得线上关注100万以上；制作非遗抗疫专题宣传10多篇，参与量超过30万人次。四是多方联动。积极探索文化馆总馆和分馆、政府和民间力量的联动机制，把1978文化创意园纳入文化馆总分馆建设体系，使非遗和旅游紧密结合起来，引领非遗和研学、娱乐、教育等在3A景区做好融合；与增江街分馆合作，建设增城首个非遗生活馆，引入社会力量古村之友参与非遗生活馆的建设及运营，吸引非遗创客入驻非遗生活馆，盘活景区各方资源，开展特色非遗活化、文创开发等，开辟和拓展增城非遗宣传渠道和展示平台，让群众在非遗生活馆体验中，认识自然、学习知识、培养兴趣，让曾经被民众认为是"殿堂"的非遗走入老百姓的身边，让高大尚的非遗更接地气，使非遗宣传活化路子更宽广。

（3）非遗科研

9篇非遗专题论文发表，6项非遗专题学术课题，已经结题3篇，新申报1项非遗课题。其中，彭小荣的《关于广州榄雕（增城）保护与传承的研究》2017年2月发表于文化类期刊《大众文艺》；《浅析广州增城的榄雕传承人培养》2018年9月在《文化研究》发表；《广州榄雕的原材料探析》2019年4月在《鉴定与鉴赏》发表；《"舞渔灯"文创开发初探》2019年5月发表于《艺术大观》；《加强非遗活化，力促乡村振兴——广州市增城区非遗融合乡村振兴发展侧记》2021年5月发表于《文化研究》。范永干撰写的《发展是最好的存活》在广东省广东汉乐学会主办的《广东汉乐》学刊（总第四期）刊登；其《汉乐发展的增城模式》参加由广东省文联主办的"2015广东汉乐传承发展学术研讨会"并入编研讨会论文集。何丹凤撰写的《浅谈剪纸探源》和《浅谈剪纸的情感表达》发表于2015年8月15日《2015年广州市工艺美术行业学术论文汇编》。增城区文化馆和广州华立学院合作课题《增城区非遗项目"舞渔灯"的设计提升与"非遗+"特色文化产品的开发》，和广州华立科技职业学院合作课题《染织工艺在当代纺织品设计中的创新应用》、《增城区非遗项目"舞渔灯"的设计提升与"非遗+"特色文化产品的开发》和《广州市增城非遗传承和发展的使命和路径》已经结题，还有三项非遗专题课题还在进行中。

（4）乡村振兴

作为广州东部发展的新兴城市，打造全域旅游发展的增城，区域非遗产业开发、文创开发等是非遗促进乡村振兴的重要工作。

乡村振兴非遗展。近几年，增城区开展乡村振兴非遗展10多次，多渠道宣传乡村振兴和非遗融合，有7篇非遗乡村振兴展演报道纳入学习强国宣传。

非遗助力乡村振兴名村建设。广州市增城区文化广电旅游体育局协调8所高校700余人，开展乡村振兴调研、非遗活化工作，力促产业融合。安排传承人定期在乡村振兴示范点，开展展演活动20余次，安排非遗产品和非遗文创产品在邓山村销售、展示，多渠道活化非遗，力助邓山村非遗融合[①]。正果老街案例的成功活化，也和多个美食类的非遗在正果老街效应有关，大大促进老街焕发新活力。特别是正果云吞、兰溪濑粉、黄塘头菜、正果腊味、澳海老土豉油等非遗的加入，正果老街节假日日均流量达万人次以上，日均非遗产品销售量达十多万元，大大带动乡村振兴。通过两次非遗文创大赛，发掘好的非遗文创作品，活化非遗文创产品，力促乡村振兴出新出彩。

深挖非遗元素，创作高质量的文艺精品。2013年，增城区文化馆以榄雕为题材，创作的戏剧作品《精雕细榄》获得文化部最高奖群星奖。2018年，以何仙姑与挂绿的传说为题材创作的舞蹈《挂绿》，获得省市多项大奖。2020年，增城区文化馆创编舞蹈《舞月光》，器乐《客家渔灯舞起来》均斩获广州市级金奖。何丹凤还以舞渔灯为题材创作多幅《舞渔灯》剪纸，在广州花城广场展览半年之久，作品现长期在1978非遗生活馆展出。华立学院等团队还加强舞渔灯的文化挖掘，拍摄创作文创作品。市级传承人周汉军创作的榄雕作品《红船》获得广州市视频大赛三等奖，同时参与由广州市非物质文化遗产保护中心与广州联通共同打造的首档非遗创作5G直播活动——"5G，直达非遗微现场"，被全国各大媒体争相报道，把增城区唯一国家级项目广州榄雕，推向全国。

"非遗+文创"彼此价值相互挖掘。非物质文化遗产是各地各族人民在漫长的历史中经历长期的生活生产实践积累创造形成的灿烂成果，是一个民族的文化烙印和智

---

① 彭小荣：《加强非遗活化，力促乡村振兴——广州市增城区非遗融合乡村振兴发展侧记》，载《文化研究》，2021年第5期，第293页。

慧结晶。但是非物质文化遗产是农业文明时代的产物，虽然已经重新进入到人类视野，却似乎与现代经济社会格格不入，其发展和传承遇到了困难。

文化创意产业自兴起以来在全球化的浪潮中影响了众多国家、地区的经济和文化发展，并以独特的形态和运行方式与其他产业发生广泛而复杂的联系。文化是文化创意产业的基石和载体，是沉淀着独特底蕴的宝贵资源，因此要充分挖掘文化资源、并将其转化为创意产业的动力源泉，提高竞争力。非物质文化遗产为文化创意产业提供了文化素材和创意源泉。文化创意产业也给非物质文化遗产带来了前所未有的发展机遇，为其提供了创新机制和融入现代社会的平台。

结合两者，挖掘非物质文化遗产的创意价值将其转化为创意资本，不仅提升了文化创意产业的竞争力，同时也赋予了非物质文化遗产新的活力。增城非遗文创产品长期在市级乡村振兴示范点——邓山村展览和销售，用非遗促进文旅融合，用非遗的文化助力乡村振兴。对于大力发展全域旅游，走可持续发展，打造宜居、宜业、宜游为一体的增城，非遗的产业、非遗产业的发展、非遗文创的开发、非遗品牌的形成等对当地乡村振兴均有较大作用。

多面开花。增城区将特色的非遗搭载文创、旅游、美食，联动校园和线上线下平台，增强非遗品牌影响力。在全区20所中小学、高校开展各类非遗课程，加强对青少年学生的中华优秀传统文化教育，推动非遗在校园的传播和传承。非遗工作在2020年被文广旅体局列入区政府重点工作之一；增城非遗工作被学习强国、华人头条、南方+、广州日报等媒体刊登、推送超过100篇，惠及人数100万以上。

（5）非遗进校园

2020年在省级活动"非遗少年说"和"非遗进校园"优秀案例征集中，增城区斩获4项大奖和入选广东省非遗进校园十大优秀案例之一，还有两项国家级梅花奖花落增城，非遗精品获得广州市级以上奖次29项，其中国家级7项，省级13项（含一项优秀组织奖），市级9项，市级金奖（一等奖）2项，银奖（二等奖）4项，其他3项。非遗进校园是非遗传承传播的重要方式之一。增城区文化馆非遗进校园工作始于2013年，开始以榄雕和舞貔狮2个项目、2位传承人、2所学校为主，经过多年的积累和积淀，2020年非遗进校园的项目包括榄雕、舞貔狮、剪纸、粤剧等达10多个项目、17所学校、10位代表性传承人，年均20多所学校，学校层次从小学到大学，年均总课时约700节。经过多年努力，获得一些突破。2020年首次喜获粤剧"梅花奖"：荔城中心小学粤剧作品《美荔增城》荣获第二十四届"中国少儿戏曲小梅花荟萃"原创类小梅花集体节目称号，中新莲塘小学《青石山》表演者之一毛慧敏荣获地方戏组"小梅花"称号。挂绿小学的《"披红挂绿，美丽童年"剪纸实践案例》入围广东"非遗进校园"10个优秀案例之一，"非遗少年说"活动中，增城区文化馆获得优秀组织奖，三位老师获得优秀指导老师等。新塘镇甘泉小学学生李子杉，被广东省粤剧学校录取，成为新中国成立以来，本地区首位科班粤剧专业学生。

（二）经验

1．统筹规划，加强保障

从2013年到2020年，增城区文化馆为长远着想，统筹规划，协调各方资源，发展非遗进校园和非遗传承培训基地工作。坚持守正创新，打破行业壁垒，紧密学界、商界、媒体、非遗传承人、设计师等代表，重点关注如何规划非遗进校园、如何进校园、如何出校园等热门话题，汇聚多元观点，激发深度探讨，助力新时代、新格局下非遗在校园内的传播与发展。增城区统筹辖区20所学校，培育优良师资，积极联系各方非遗高端人才，加强业务交流和培训。非遗进校园专项经费从0元到百万元，不断提升师资队伍水平，帮助传承人强基础、拓眼界、增学养，打造一支专业强、业务精、梯队厚的师资队伍。特别是2020年引入粤剧名家名师、全国梅花奖得主、市级传承人吴非凡及其团队，更为增城粤剧传承和发展提供技术保障。挂绿小学剪纸基地邀请广州美术学院马文西教授作为项目导师，对学校的美术教育发展提供了强有力的理论支撑。部分高校已与非遗传承人对接，开展非遗传承基地工作。同时在榄雕、舞貔貅、广东汉乐剪纸等项目，根据学校实情，安排资金和代表性传承人开展非遗进校园工作，以10个校园非遗基地为中心，培优出精品，多所学校非遗基础好，学员技术扎实，教师规划有方，成效明显。2020年，增城区非遗进校园获2个国家级梅花奖，13项省级大奖和优秀组织奖，1项省级优秀案例等。

2．深植传统，优化氛围

非遗是一项与广大民众生活密切相关、具有重大意义的宝贵财富，是民族智慧的结晶、是民族文化的精华、是民族精神的象征。深植岭南非遗，从传统文化中吸取养分，加强学员基本功、技艺等训练，让学员了解非遗的文化内涵，掌握规范技艺和表演基础，领会传统文化的精髓。非遗传承需要加强非遗的本真性和"原生态性"的保护，去伪存真，加强个人技艺、群体活动、艺术表演等，从文化传统活力和振兴发展中，发掘非遗价值和精神内涵，让学生倍感艺术的博大精深，沉醉于浩瀚粤剧大海中，汲取岭南文化营养。加强校园氛围营造也是非遗进校园的重要方法。挂绿小学扎根于挂绿文化的土壤中，以"绿美教育"为统领，以"美丽"品质培育为核心，以"绿美"课程为主体，坚持走"文化立校，特色兴校"之路，倾力打造艺术特色学校。挂绿小学的入口左侧建有一个剪纸展示展览场所，所有进入学校的师生和嘉宾都感受一种扑面而来的非遗气息，另外学生经常活动的室内外场所，均精心部署剪纸和美育氛围，激发学生学习优秀传统非遗的学习热情。增城电大的榄雕基地就建设在大门口，派潭中学的貔貅文化建设、新塘甘泉小学的粤剧文化都是非遗氛围尚佳的学校，接下来增城区文化馆会加大和学校合作，使非遗进入更多学校，营造非遗遍地开花、满园春的氛围。并在挂绿小学开发剪纸、新塘甘泉小学开发粤剧和增城电大开发榄雕等校本课程。

3．普惠为基，打造精品

在学校传承传播是非遗传承保护最有效的手段之一。把民间文化美学，传统技艺精髓，通过展演转化教学渗透，把文化的多姿多彩活化体验，提高雅化非遗，用精品去感化学生。涌现了如榄雕作品《国士无双钟南山》《白衣圣人》，剪纸作品《老牛顶散》《匠心筑梦》，粤剧作品《美荔增城》《八大锤》等精品。本地"小花旦"王镱用粤剧改编演说非遗《何仙姑与挂绿的传说》，他们不断在传承和展演中，外化非遗内涵，展示非遗之美。在非遗进校园的工作中，既要做到非遗知识的普及教育，让非遗深入校园、深入师生内心，把非遗逐步深化，潜移默化。在粤剧进校园中，每年进行师资提升培训，基本保障10多所学校的师资业务水平，提高非遗教育在学生的普及率。在榄雕、剪纸等传统技艺项目中，加强非遗基础训练和精品创作相结合，鼓励部分学员参加一些赛事，用精品带动普及教学。基地带动，教育研学。通过基地建设、基地带动等，促进非遗传承。全区建设成非遗传承基地15个，非遗生活馆1个。定期开展基地教学、研讨、游学等，通过走出去引进来，开展艺术沙龙，非遗研讨、非遗集市，以交流促发展。

4．遵循规矩，因地制宜

中国的非物质文化遗产保护是一项体量巨大的文化事业，也是政府、商业机构、非营利组织和地方社会都在其中各司其职、各尽其责的公共事务。支撑非遗进校园工作和五育（德、智、体、美、劳）并举与三课（课堂，课本，课标）紧密结合，非遗既进校园，又在校园。遵循教育规律，推进非遗老师的培训，规划非遗课堂的系统化。在不同的年龄段培养学生的认知力、认同力、理解力、感悟力和探知力，加强文化创新和责任感使命感等的培养。同时规划好非遗进校园路线，做到非遗在课本、课堂和课标上，同时还做到非遗出校园，付诸课外学习和实践。用多种措施实施，开展重大的活动和形成重大成果。边做边总结，形成教材、培训、课题研究，兴趣培养等。

5．规划愿景，传承发展

以文化和旅游部发布的《粤港澳大湾区文化和旅游发展规划》为契机，依托增城首个岭南传统技艺非遗工作站的成功落地，放眼国内国际，高规格、高起点规划非遗进校园工作。一是共享共建。依托已有的10个校园非遗基地，塑造湾区人文精神，统筹湾区人文资源和本土文化融合，加强区域发展的整体性、协调性和互补性，长远规划非遗进校园的工作，把该工作作为一项系统性工程去规划，把长远目标和短期目标相结合，发展青少年游学基地项目建设。非遗进校园数量要增多，进校园的项目数量要逐步增加，传承人数量也要增多，课时也相应增加。还要增加展演项目进校园，比如在校园剪纸展览、做榄雕研讨、做貔貅专题活动等。二是方式创新。加强非遗影视传播，加强校园非遗视频播放量、非遗影视和线上教学开发，投放非遗动画片、动画连环画和非遗影视作品等。三是基地带动。在现有的10多个非遗基地的基础上，加大校园非遗基地建设，争取做到非遗"一校一品"的打造，在学校逐步建立传承、展览、研究为一体的机制。加强湾区联动互动，加强湾区非遗互动展示巡演，开展非遗进校园艺术联展和榄雕等精品联展等。

三、问题与对策

近年来，增城区正逐步开展非遗影视化、产业化、文创大赛、非遗动画等创新领域的工作，在宣传推广方面也加入了直播带货等路径。但在这些工作的开展中，也遇到了不少问题，一些基础性的工作出现阶段滞后，人才、经费保障等都面临着很大的挑战。

1. 文创开发

（1）文创和开发不匹配

2019年增城区就联合社会力量，开展非遗文创大赛，征集非遗文创设计作品几百件，其中30件作品入围最终奖次，但没有进行产业开发，没有形成一定的开发市场。2020—2021年，区文化馆联合广州华商学院开展非遗文创大赛，力争产生文创产品并商业化。但此时增城非遗文创开发以传统手工艺为主，形式以展示为主，没有市场化。比如舞渔灯2019年就进行文创开发，并有专题论文发表。2020年的舞蹈作品《舞月光》，就用文艺作品的形式活化舞渔灯，使这个传统民俗发光发亮。还有非遗雕塑、非遗明信片等开发都没有投入市场，只有剪纸和榄雕有部分市场化行为。接下来增城区要加快文创和开发并行，商业化和产业化平行发展。

（2）开发路径不宽泛

非遗开发路径不多，主要开发以政府活动为主，没有充分发挥社会和市场主体行为，进行活化开发。以本区宣传发展为主，没有形成非遗长效宣传推介的机制，没有充分发挥民间力量、企业来共同发展非遗。接下来要聚力聚才、发挥市场、民间资本，共同来活化非遗、发展非遗，充分利用非遗工作站、非遗生活馆、非遗传承基地、非遗进校园等全面活化非遗。

（3）产业化没有形成

除了美食类的非遗产业化基础比较好，传统工艺类、展演类等都没有形成明显的产业化和市场化，仍以政府支持为主。接下来要全面开发，百花齐放满园春，形成合力，助推非遗全面产业化业态形成。

2．创新路径

（1）线上线下融合

2020年受新冠疫情影响，非遗展演、非遗活化方式、宣传渠道都产生较大变化，线上活动逐渐成为非遗开发的重要补充之一。一是线上参与活动。由广东省文旅厅指导的"非遗少年说"首届广东非物质文化遗产青少年演讲展示活动，数千人参与线上展示，4.4万人点赞。增城区积极参加，少年选手王镱演说非遗《何仙姑与挂绿的传说》和潘艺心演说非遗《剪纸》入围全省500强。增城区共荣膺5项奖项，增城区文化馆获得优秀组织奖，区文化馆业务干部彭小荣、剪纸传承人何丹凤和荔城街中心小学教师赖惠兴荣获优秀指导教师奖。广东省文联开展全省抗疫作品征集，共征集作品3万多件，并从中优选出797件入展文艺作品，建立广东省抗疫主题文艺作品库，增城区非遗传承人何丹凤创作的剪纸作品《老牛顶散、天下平安》入选。2020年度"非遗进校园"优秀案例，增城区剪纸非遗传承培训基地挂绿小学入选了2020年度广东省"非遗进校园"十大优秀案例。二是积极开展线上展演。在节庆、文化和自然遗产日等重要群文活动中，推送非遗专题、非遗talk、非遗传统手工展示30多篇。配合线下展演的活动推文宣传、学习强国20多篇，推出线上非遗专题展演20多篇。联合区民协开展非遗专题、抗疫非遗推送10多篇。三是创新线上活化方式。2020年6月参与增城区举行首届直播节（中国·广州）增城分会场活动和1978非遗直播带货，协调非遗产品和文创产品10多个，吸引30多万观众参与。参与"云"游荔乡古驿道。市级传承人周汉军和区级传承人吴俊凯、范毅强参与直播工作，惠民30多万。

（2）文商旅融合

一是拓宽非遗活化渠道。创新非遗发展宣传销售渠道，发挥线上直播带货，促进非遗产品和文创产品经济效益。2020年6月的两次非遗及文创产品直播带货活动，带动非遗产品销售10多万元，宣传增城非遗产品，带动产业开发和非遗市场化。非遗和乡村振兴结合，非遗融入商业活动也是文商旅结合的亮点之一。把非遗及文创产品放到乡村振兴名村小楼邓山村，安排传承人现场表演，安排产品在邓山村销售。把非遗美食、传统手工产品融入万达广场，2020年8月开展以"寻一城一味·品增城万味"为主题的非遗美食展，文商旅进一步融合，推动非遗销售和宣传。二是创新活化方式。用非遗地图、非遗影视化、非遗动画、非遗雕塑等方式来促进文化和市场融合，也直接带动传承人及非遗企业的收入，增加增城非遗市场的推广。用非遗文创大赛、非遗集市等助推增城非遗的品牌建设，辐射增城文化产业开发。

（3）非遗市场拓宽

一是创新非遗开拓市场。用非遗生活馆、非遗工作站、非遗文创等开拓非遗市场。2020年，增城区文化馆协同8个高校及学术单位，成功创建市级非遗工作站；建设首个非遗生活馆，用市场、产业带动非遗开发，拓宽非遗市场。二是加强非遗产业联动。用非遗孵化产业，正果老街是个成功案例，用正果云吞、兰溪濑粉、黄塘头菜等非遗激活正果老街美食开发，带动当地旅游和文化产业。

3．宣传推广

近几年，增城非遗宣传水平大大提升，从宣传手段、宣传方式、宣传影响等都有所建树。80多篇文章在《增城日报》《丹荔》《荔乡情》和《荔都》等刊登，40多篇在学习强国平台推送，10多篇在文旅中国、南方+、华人头条推动。合作申报非遗课题6项并结题，撰写非遗学术论文9篇并刊登省级学术刊物，开展非遗沙龙6次。4篇非遗专题文章在广州市委办公厅《每天快报》、增城区委《增城信息》宣传。增城区非遗还在文创开发、文旅融合等方面有亮点，连续两年举行增城非遗文创大赛、精雕细榄榄雕艺术展，开发多项非遗文创产品，部分非遗出现产业化、规模化发展。

多种方式宣传。宣传媒体的多样化。华人头条、文旅中国、南方+等等国家省市媒体合作推介宣传，网站、微信、线上线下融合、乡村振兴融合等宣传方式扩展，大力宣传增城非遗。宣传效应明显。华人头条的观众主要来自海外，文旅中国、南方+来自全国，还有1978文化分馆、多所联动高校宣传，非遗进校园、进社区宣传，立体式全方位宣传，使增城非遗提升了影响力和辐射力，特别是2019年在荔城二小的非遗展览，吸引了香港交流学生，提升了区域文化自信。

高端媒体介入。引入多家高端媒体。联系华人头条、文旅中国等媒体宣传增城非遗，加快增城非遗宣传效果。联系中国非遗保护中心、广东省非遗促进会等非遗机构，加强合作，利用高端非遗机构宣传增城非遗，做强做大增城非遗。

产业宣传。用非遗品牌带动增城产业开发，非遗影视化、非遗动画、非遗文创大赛等均是非遗开发的亮点之一，把非遗企业的影响力，用多种宣传手段加强非遗产品销售和产业开发。

4．品牌建设

品牌建立。开创新路，建设自己的非遗品牌，做好品牌建设和规划、做好前期的推广和组织，争取在两年之内建设一到两个市级非遗品牌项目，辐射珠三角和全省、进而推向全国，初步规划建设榄雕展览和非遗集市品牌活化项目。以非遗工作站为契机，加大学术团队的联系合作，做好品牌效应推广，把非遗研讨、非遗集市、非遗文创等全面呈现和开发。

品牌推广。加强宣传推广，以加入广东省非遗促进会为契机，整合资源，把握机遇，融合湾区经济和文化，助推本区非遗品牌。把握非遗和商业融合，加大推广力度和深度。

四、解决问题的对策及对未来的展望

数字化建设。一是建设好非遗数字化。从非遗的立档、保存、分类等建设基础数字化。把非遗展览、乡村振兴、非遗文创等进行分类建设。二是做好口述史的工作。省市做了70岁以上的非遗传承人口述史工作，但区级的口述史还是空白，需加强这项工作的推进。三是非遗数字化展示建设。把增城非遗做成线上展演、线上服务、线上咨询、线上推广等一体化的数字化平台服务。

非遗活化。一是提高非遗活化的层次。做好规划和活化目标，做好活化的规划工作和分类活化，科学有序推进。二是加大非遗活化的覆盖面。分类别推进各类非遗活化，把基础好、可活化项目先做好方案和活化时间节点，不能局限在手工技艺和美食类，表演类和民间传说也要涉及。

非遗文创。一是规划文创发展。用大赛、文创开发、展演、湾区联动等方式开展文创开发，把非遗赛事和产业开发相结合、用艺术设计开拓非遗新产品。用展演和文创开发、销售等结合。二是加强文创开发的产业化。对可以实施产业开发的产品，对接市场和厂家，争取更高经济效益。三是提升文创品质。对市场转化率高、需求量大的非遗，加大设计更新，推进文创升级。

融入湾区"十四五"非遗规划。一是紧跟国家政策。配合好国家对湾区的总体规划，高起点把非遗发展和湾区"十四五"规划结合。二是加强湾区互动。加快推进融入广东省非遗促进会，加强资源整合和"十四五"非遗总体规划联动，做强做大品牌效应。

国家省市资源整合。一是加强国家资源联系。加强中国非遗保护中心的联系和学术团队的联系，高标准参与国家非遗活动及赛事，发展特色，发挥湾区文化和地缘优势。二是省市互动加强。在现有资源的基础上，扩大省市专业团队和优势资源对接，用高标准的非遗项目和产品，提升全区非遗整体影响力和辐射力。

五、结语

增城非遗发展取得比较大的进步，要结合本区的中等发达区经济发展定位，用非遗和乡村振兴工作紧密结合，走可持续发展之路。同时，以本土实情为基础，错位发展，突出自己的优势和特色，加强非遗品牌建设和文创开发，走健康科学的非遗特色发展之路。增城区在非遗乡村振兴、传承人才的培养、非遗进校园、非遗基地的建设和创新活化有一定的基础，在"十四五"非遗发展中，要总结经验，强化优势，加强区域挖掘、乡村振兴、非遗活化等重点工作，全面立体推进全区非遗工作，推进非遗产业化、非遗生活化、非遗文创等工作，力争见人见物见生活。

荔湾区非物质文化遗产保护发展报告

唐诗吟*

摘　要： 荔湾作为广州中心老城区，历史悠久、底蕴深厚，曾是中国唯一对外贸易商埠十三行所在地。区内非物质文化遗产资源丰富，拥有众多具有鲜明岭南特色的非遗项目。随着城市中心的东移，荔湾经济滞后、城区老化等问题日益显著，迫切需要找到符合自身特点的发展之路。近年来，荔湾区一方面致力于提升非遗的综合实力，引导非遗行业"自我造血"；另一方面将非遗发展与旧城改造结合，以非遗为支点，探索文商旅融合发展之路。

关键词： 非遗资源　创新发展　旧城改造　文商旅融合

一、前言

　　荔湾，俗称"西关"，位于广州市西部，东与越秀区相连，西与佛山市接壤，是广州中心老城区。它曾是中国唯一的对外贸易窗口，著名的外贸商埠——十三行所在地，故有"千年商都"之称，又因区内有"一湾青水绿，两岸荔枝红"美誉的"荔枝湾"而得名"荔湾"。荔湾历史悠久，底蕴深厚，拥有粤剧粤曲、三雕一彩一绣、西关打铜、岭南盆景、采芝林中医药文化、粤剧八和祖师诞等众多具有鲜明岭南特色的非遗项目。

　　"十三五"期间，荔湾区委、区政府高度重视非遗发展，在基础设施建设、名录体系完善、人才队伍培养以及宣传推广、资源整合、创新跨界等方面都做出了不少有益尝试，从软硬件上不断提升非遗的综合实力，使其逐步脱离对"政府输血"的依赖，重获"自我造血"的能力，更好地参与市场化竞争。尤其是近三年，荔湾认真贯彻习近平总书记在荔湾区视察时讲话精神，利用旧城改造契机，加快实施非遗转型，陆续创造多个"第一"，实现广州非遗多项"零"的突破。当然，在非遗保护的实践过程中，荔湾区也面临不少困难，如基层非遗工作缺经费、缺平台、缺人手等现实问题长期存在，老城区谋求经济发展与保护传统文化间的矛盾与取舍等。

---

　　*　唐诗吟：荔湾区非物质文化遗产保护中心工作人员。

二、非遗保护总体状况

（一）非遗资源状况

1．非遗代表性项目种类齐全，特色鲜明

荔湾区现有各级非遗代表性项目共45项，涵盖传统技艺、传统美术、传统舞蹈、传统戏剧、传统医药、传统体育游艺与杂技、曲艺、民俗等八个大类。其中国家级1项（广州玉雕），省级9项（粤剧八和祖师诞、岭南盆景、象牙雕刻、西关打铜、西关正骨、采芝林传统中药文化、敬修堂传统中药文化、南派花毽），市级13项，区级15项。2012年至2015年，开展过两批次区级非遗项目申报，截至2015年底拥有各级非遗代表性项目共22项。2016年至2020年，开展了四批次区级非遗项目申报和一次项目调整（根据上级文化主管部门要求，将粤剧、粤曲调整为区级项目；因保护单位迁移，岭南木偶戏表演艺术不再统计为荔湾区非遗项目），截至2020年底拥有各级非遗代表性项目数量共45项，较五年前增加23项，增长超过一倍。其中，增加较多的为传统技艺类，包括工艺美术和饮食项目。总体来看，荔湾区非遗门类齐全，特色鲜明，存续良好，项目数量呈逐年增长趋势。

2．非遗代表性传承人梯队合理，传承活跃

荔湾区现有各级非遗代表性传承人共63人，其中国家级3人（陈少芳、张民辉、谭广辉）、省级14人、市级14人、区级33人，其中张民辉、谭广辉是享受国务院政府特殊津贴专家，谭广辉曾获全国非遗工作先进个人称号。2012年至2015年，开展了两批次区级非遗传承人申报，截至2015年底拥有各级非遗代表性传承人共33人。2016年至2020年，开展两批次区级非遗传承人申报和一次传承人调整（粤曲项目传承人黄少梅、谭佩仪、陈玲玉、梁玉嵘、何萍，以及岭南木偶戏表演艺术传承人叶寿春、崔克勤不再统计为荔湾区非遗传承人）。截至2020年，拥有各级非遗代表性传承人共63人，较五年前增加30人，增长近一倍。总体来看，荔湾区非遗传承人梯队比较合理，传承活跃，传承人数量保持逐年增长，每个非遗项目基本都具备至少1名传承人。

3．非遗保护平台众多，定位清晰

荔湾区现有各级各类非遗传承平台32个，包括省级非遗传承基地4个（花城博雅工艺厂、高兆华玉雕工作室、逸彩彩瓷设计工作室、广辉文化传播有限公司），市级非遗传承基地（2018—2020年度）9个，区级非遗传承基地10个；省级工艺美术大师示范工作室5个（花城博雅工艺厂、高兆华玉雕工作室、逸彩彩瓷设计工作室、广辉文化传播有限公司、许恩福广彩工作室），省级生产性保护示范性基地3个（花城博雅工艺厂、高兆华玉雕工作室、广州鹏喜艺术品有限公司），市级非遗工作站2个（广州古玩城、永庆坊非遗工作站）。总体来说，荔湾区非遗平台多样，定位清晰，发展势头较好，各项非遗建设有序推进。

（二）非遗保护措施实施情况

1．加大了非遗名录建设和资金投入

荔湾区严格按照非遗工作要求，完成国家、省、市、区非遗申报工作，建立健全非遗申报制度和非遗名录体系。2016年至2020年，项目方面，新增省级项目1个，市级项目4个，区级项目17个。传承人方面，新增国家级传承人1名，省级传承人4名，市级传承人11人，区级传承人25名。不断扩大区级非遗项目和非遗传承人的数量，夯实基础。2016年至2020年，区财政每年提供专项资金40万元，用于开展非遗保护和传承工作。2020年，区内广彩、西关咏春拳、象形点心制作技艺、广式凉果制作技艺四个项目成功申请市非遗专项补助资金支持，资金支持为区内非遗保护和发展提供了有力保障。

2．加强了非遗宣传推广

非遗是一种生活方式，它源于生活，必将回归生活。非遗的发展需要得到群众的认可，通过广泛传播形成非遗保护的共识。宣传推广是提升群众非遗认知度和保护意识的手段，同时也是非遗工作的内容之一。荔湾区充分发挥非遗项目保护单位和传承人的积极性，通过多种形式和渠道增强非遗与生活的联系。

（1）打造了非遗宣传品牌

在非遗工作起步之初，非遗宣传较多借鉴了"博物馆式"模式，以实物展陈和文字介绍的方式向民众宣传展示非遗的内容。这种模式在非遗发展的前十年都起到了至关重要的作用。然而，随着时代的进步，单纯的"博物馆展览"已经无法满足民众希望更深入了解非遗的需求。经过近年来的摸索，荔湾区基本形成了三大非遗品牌活动——"文化和自然遗产日"宣传展示活动、"非遗传奇"荔湾区非遗大师精品展、广州市青少年醒狮表演赛。"文化和自然遗产日"宣传展示活动自2016年以来，已连续举办五年。"非遗传奇"荔湾区非遗大师精品展先后举办了谭广辉彩瓷个人展、欧兆祺大师从艺54年广彩作品展、高兆华师徒玉雕作品展、翟惠玲周承杰师徒广彩精品展，以及沙面艺术季荔湾区非遗大师精品展。荔湾区作为主要承办方的广州市青少年醒狮表演赛自2017年首届至今，也已连续举办四届。上述这些非遗活动在宣传推广和品牌建立的过程中不断从形式和内容上进行创新。例如在每年的文化和自然日遗产，除传统的非遗作品展示，还增加了非遗展演、传承人"摆摊设点"和体验环节。非遗展演方面，除醒狮外，又陆续增加了南派花键、西关咏春拳、自然门武术、粤语讲古等项目，使民众加深了对非遗的认识，甚至感叹原来这些也是"非遗"。此外，突出"食在广州、味在荔湾"的美食特色，邀请西关水菱角、泮溪酒家象形点心、广式肠粉、广式白切鸡制作技艺等饮食类非遗项目现场展示制作过程，提供免费品尝。2020

年"文化和自然遗产日"宣传展示活动在热门景区永庆坊举办，同时与西关正骨项目保护单位荔湾区骨伤科医院合作，在永庆坊钟书阁举办"非遗与健康"知识讲座。

（2）创新了非遗宣传手段

随着新媒体的兴起，宣传展示的手段越来越多样化。荔湾区非遗中心在2018年初建立了微信公众号，通过推文、知识竞答、信息发布、相关链接等方式，持续不断地输出"非遗热点"，仅2020年发布推文就达到95篇。2020年文化和自然遗产日宣传展示活动首次尝试直播，邀请广东电视台"非遗推荐官"金玲老师为活动做现场直播，在广东电视台直播平台的在线收看人次破30万。支持区内传承人通过抖音、微博、视频号等创建自媒体平台，鼓励非遗特色的个性化发展。例如广绣"非遗三代"谭靖榆在YY视频直播的粉丝数量已达12875。同时鼓励传承人开设线上网店，与淘宝、京东等大型电商平台合作，利用电商平台的宣传优势，实现传统文化的现代化转型。

（3）提高了对外交流能力

作为区级非遗保护部门，资源和平台相对有限，多数宣传推广活动都在区内开展，非常渴望有机会能"走出去"进行学习交流。一方面，与区内其他单位联动，通过宣传、人力资源、卫健、民政等线口，组织非遗传承人参与各项活动。例如2017年应区委组织部要求，组织传承人前往荔湾区对口扶贫地区新疆喀什疏附县，开展文化交流活动，将荔湾的"文化特产"——三雕一彩一绣带给新疆人民。2020年，由区民政局组织前往贵州对口扶贫地区毕节，由广彩、广绣传承人培训当地留守妇女，学习技能，实现在家就业。另一方面，积极争取参加国家、省市展览，例如2016年和2020年组织三雕一彩一绣项目参加中国非物质文化遗博览会，其中2020年作为广东省唯一代表，参加"习近平总书记的非遗情缘展示单元"。此外，荔湾区还积极探索向外省拓展非遗产品产业链，鼓励非遗企业到外省拓展业务。荔湾区成为唯一在景德镇建立广彩原胚生产基地，在上海开设广式拉肠分店的行政区。

3．加强了传承能力建设

传承是非遗工作的基本要求，也是非遗发展的立足之本。做好非遗的传承工作，是非遗持续发展的动力。

（1）继续加强传承人培养

荔湾区传统工艺美术项目众多，曾有广州织金彩瓷厂、广州藤厂。华南最大玉器批发市场——华林玉器市场以及广东民间工艺博物馆也坐落在荔湾区。区内有大批传统工艺美术从业者，形成了师带徒的良好传承局面。牙雕国家级传承人张民辉从艺50余年，培养的牙雕技术骨干麦珠妹、黄文水先后被评为区级传承人。广彩省级传承人翟惠玲与徒弟周承杰多年来致力于广彩的创作研究。周承杰作为一名80后广彩新生代，十多岁开始跟随翟惠玲大师学习广彩，如今也被评为市级传承人、高级工艺美术大师。此外，家族式传承在荔湾区传承人中也比较常见。例如，广绣世家陈少芳老师的两位儿子和儿媳都传承了广绣技艺，开设了广绣工作室，开展广绣体验培训课程。陈少芳大师的孙女谭靖榆，作为"非遗三代"致力于广绣的文创产品开发，将广绣与汉服结合，设计创作了一系列融合了广绣元素和岭南特色的广绣服饰。

此外，广彩国家级传承人谭广辉、广彩省级传承人何丽芬、广式家具制作技艺市级传承人刘伯浩等一批非遗传承人的后代都跟随父辈学习传统技艺，充实了非遗保护和传承的人才队伍。

（2）积极推动非遗进校园

自2016年起，荔湾区全面实施非遗进校园发展战略，从资金、人才、教材等方面支持中小学广泛开展非遗体验培训课程，推动非遗系统性和普及性教育。仅2018—2020年市级非遗传承基地评审中，荔湾区就有9个单位入选，其中荔湾区中小学校4所（荔湾区西关实验小学、真光中学、康迪学校、西关幼儿园）。支持区内7所中小学校，每间学校补贴2万元，用于开展非遗课程。2019年，荔湾区金兰苑小学与多位传承人合作，开设了10个项目的非遗兴趣课程，包括广绣、广彩、剪纸、西村窑、西关水菱角、广式白切鸡、岭南盆景等。传承人定期在学校开设课程和讲座，同时邀请学生前往非遗工作室参观体验，促进了"非遗进校园"的校内外互动。2020年广州市非遗进校园成果展，金兰苑小学作为荔湾非遗示范学校参展。

（3）创造条件促使非遗进景区

荔湾区因地制宜，将非遗传播与文化资源和文化旅游相结合，充分利用区内多个知名旅游景点，进驻非遗项目。早在2017年，荔湾湖景区与传承人合作，在荔园开设广彩、广绣、玉雕工作室。2019年水上花市和"三月三"民俗活动中，又邀请广彩、西村窑、岭南盆景等项目在荔湾湖景区现场展示销售。2018年，为增加永庆坊的西关特色和文化蕴涵，在永庆大街1号设三雕一彩一绣展厅，长期展示、销售非遗作品。展厅二、三楼现作为广州永庆坊非遗工作站所在地，打造荔湾非遗体验中心，常设点茶技艺、剪纸工作室，不定期开展非遗体验活动。2020年8月，广州非遗街区在永庆坊开市，聚集了10家非遗工作室，包含醒狮、广彩、广绣、箫笛、古琴、榄雕等9个非遗项目。工作室除展示、销售外，还可以随时体验制作。

三、非遗保护特点、亮点与趋势

（一）非遗保护特点

1．从"增量"到"提质"

荔湾非遗虽然资源丰富，但起步较晚，2012年前非遗工作尚未开展起来，没有固定人员和经费，是真正一穷二白的状态。经过几年的努力，荔湾非遗实现了从无到有的转变，在数量方面甚至迎头赶上。到了2016年，荔湾区非遗项目和传承人数量在广州市已经名列前茅。近年来，随着发展形式的多样化，荔湾非遗意识到光以数量取胜还远远不够，需要不断提升项目的质量。所谓非遗质量，就是具备市场竞争力。支持鼓励非遗企业转型升级，创新产品，同时吸纳具有经济价值和社会效应的新项目，例如知名餐饮企业老西关濑粉、壹心鸡、吴财记面家、阿婆牛杂等。

2．从"单一"到"多元"

荔湾非遗与五年前相比，发展路径从单一走向多元。早年间，荔湾非遗工作几乎完全依靠政府扶持，给资金、给项目，形成了非遗市场化程度弱，极度依赖"政府输血"的局面。而近五年，荔湾非遗开始转变发展思路，除必要的政府资金投入外，广泛发动企业、协会等民间资本进入非遗行业，通过市场化运作，产生经济效益，从而反哺非遗保护。政府和企业两条腿走路，政府引领，企业主导，还非遗于传承人，让传承人独立思考自身发展。

3．从"粗放"到"精准"

2016年后，非遗发展进入相对成熟时期，各区从早期"同一模板"的非遗保护路径中脱离，在实践中逐渐找准自身定位。荔湾与越秀、海珠同属广州老三区，都具有大量老住户和老式建筑，一定程度上保留着岭南文化和广式生活，但具体看又有所不同。越秀区依托核心老城优势，创建广府文化生态保护实验区，成功打造广府庙会品牌，同时依靠丰富的教育资源，广泛开展非遗进校园。海珠区相比荔湾、越秀土地面积更大，加上近年来琶洲的迅速发展，经济优势显现。海珠力抓项目申报和非遗体验课程，其国家级项目古琴艺术拥有完整的资料档案及课程培训体系，在项目保护传承上有不少成功案例。

荔湾区较其他两区，经济实力弱、老龄化明显、基础设施旧、财政负担重，资金支持无法覆盖全区所有项目，必须走非遗"精准式"发展道路，即扶持重点项目和重点工程。一是突出发展具有市场竞争力和比较优势的非遗项目，例如广彩、广绣、西村窑以及西关美食项目。二是利用荔湾老城改造和文旅发展的契机，将非遗与老城改造和文化旅游结合，转变保护传承模式，通过集聚产生经济效益。三是深化非遗工作内容，在活动上做到"一年一亮点、一季一盛事、一月一主题，周周有活动，天天见推文"。

（二）非遗工作亮点

1．建设粤剧粤曲文化生态保护实验区

2018年习近平总书记视察广州市荔湾区，强调要延续城市历史文脉，传承好、发扬好粤剧。建设粤剧粤曲文化（荔湾）生态保护实验区，既是贯彻落实习近平总书记传承好、发扬好粤剧指示精神的具体体现，也符合全区非遗保护发展工作的需要。

2019年1月，荔湾区正式启动粤剧粤曲文化生态保护实验区申报创建工作，邀请到非遗专业团队参与生态保护实验区规划大纲的编制。经过市区专家评审和一系列申报流程，2019年10月，粤剧粤曲文化生态保护实验区成功创建成为省级文化生态保护实验区。2020年初，生态保护区工作进入总体规划编制阶段，在全面掌握区政治、经济、文化发展方向和非遗发展需求的基础上，制定了切实可行的实施方案，形成最终的总体规划。

2．率先成立广州市首家非遗协会

2020年3月，由荔湾区多位国家级传承人发起的"荔湾区非遗协会"挂牌成立。协会首批会员包括传统工艺、美食、中医药、曲艺等多个行业，涵盖广州市最顶尖的一批传承人和非遗企业，是目前非遗项目数量最多、综合实力最强、覆盖范围最广的广州市首家非遗行业公益性组织。截至目前，已吸纳27家非遗保护单位、44家非遗企业、近百名会员。荔湾区非遗协会是链接非遗传承人、非遗企业与知识产权法律服务、企业、园区等资源的综合性平台。荔湾区非遗协会以整合资源、服务传承人为宗旨，协助大师工作室入驻荔枝湾景区，引导广绣和采芝林药业跨界融合研发广绣中药香囊，创新广彩与紫砂壶融合成广彩紫砂茶具，筹划老西关非遗小吃街，打造广东首家与新华书店合作的岭南书房、非遗主题电影院等，正在为荔湾非遗产品打上"广州造"烙印持续努力。

3．市区联动建设广州市首个非遗街区

2020年8月22日，广州市非遗街区正式开市，标志着历时近一年的全市首个非遗集聚项目顺利完成。广州非遗街区项目起于2019年9月，选址永庆坊二期改造项目内，引入一批具有经济发展能力的非遗项目，形成一定规模的非遗产业聚集群，作为全市文创示范点，倡导文旅融合，提振非遗经济。广州非遗街区现有12家非遗大师工作室，集展示、销售、体验、研究于一体，日均接待游客约500人。

（三）非遗发展趋势

荔湾非遗未来的发展趋势决定于荔湾南北片区的发展定位，即逐渐减少对政府财政的依赖，走非遗市场化的发展道路。南片白鹅潭CBD的崛起与北片永庆坊的网红属性，将赋予荔湾非遗现代时尚与传统典雅融合的独特气质。"以点带面，辐射全区"，荔湾将抓住省非遗馆和广州非遗街区两块"金字招牌"，打造非遗专业性展示、销售、体验和研究于一体的综合性平台，通过永庆坊非遗工作站整合活化区内非遗资源，依托粤剧粤曲文化生态保护实验区建设，实现全区非遗整体性保护。其次，"集中火力，树立标杆"，以粤剧艺术博物馆、永庆坊为核心，继广州首条非遗街区开市后，永庆坊非遗工作站、广州非遗街区扩容区、荔湾知识产权保护中心将陆续落户，永庆坊非遗旅游路线和水上非遗旅游路线也将试运行。再者，"政府搭台、企业唱戏"，荔湾将广泛引导社会力量和民间资本参与到非遗保护和发展事业中，让企业做主角，共同决定荔湾非遗的发展。

四、旧城改造和非遗保护

（一）旧城改造的现实需求

旧城改造是改革开放以来，快速城市化过程中，政府面临的一项重要发展任务。随着社会变迁，老城区的建筑和环境质量日趋低下，人口密度的增加使老城基础设施和发展潜力几乎穷尽，难以满足经济发展和居民生活水平日益提高的要求。[1]然而，随着土地资源减少，投放更趋理性，城市发展必须向老城借助空间，老城改造显得尤为必要和紧迫。

鉴于上述原因，不少地方启动了旧城改造计划。荔湾作为广州的老城区，曾是外贸中心、经济重镇，但由于城区老化，城市中心的东移，年轻人口流失，经济滞后，荔湾逐渐成为广州亟待改造的老城典型。早在"十三五"前，荔湾就提出"大招商、大建设、大发展"的战略思路[2]，立足经济发展和改善人居环境两个角度对老城改造提出了要求。荔湾率先将老城改造的标段划定在老西关荔枝湾经恩宁路到上下九步行街区域，此区域是荔湾区的核心地带，集聚了荔湾知名的景区和商业区。2015年起，荔湾区启动了泮塘五约的旧城改造工程，同时恩宁路粤剧艺术博物馆施工建设中，临近的永庆坊片区纳入旧城改造范围。

（二）旧城改造面临的问题

1．定位问题

旧城改造首先面临的是定位问题，功能定位决定着老城的发展方向以及在区域内的经济、社会发展中发挥的作用和承担的分工。适合、准确的功能定位能够引导城市快速、健康、持续的发展。[3]荔湾北片集聚了居住、商业、文化、旅游等大部分职能，都与人民生活密切相关，旧城改造必须保证不能影响到片区的功能性。以恩宁路的旧城改造为例，在拆迁初期，就面临房屋产权、补偿等一系列问题，有些历史遗留

---

① 李长庚：《老城区的提升改造要留住城市记忆》，《中国文化报》，2020年10月29日，第3版。

② 郎慧：《荔湾将持续发力大招商、大建设、大发展》，南方新闻网，发布日期：2021年2月21日；访问日期：2023年3月2日。

③ 赵毅：《旧城改造中的几个关键问题——以南京浦口南门地区老城改造为例》，《和谐城市规划——2007中国城市规划年会论文集》，2007，第2038页。

问题难以解决，从客观上导致不能完全收回老城土地和房屋，无法全面统一实施旧城改造。因此，恩宁路旧城改造采用新的思路，在保留部分老居民区的基础上进行"微改造"，不大拆大建，不急功近利，以突出地方特色和改善人居环境为主，注重文化的保留与延续的方式。并进一步根据恩宁路的历史文化特点，确定了"修旧如旧，建新和谐，文保专修，资源活化"的改造原则。

2．特色问题

旧城改造本质是要解决经济发展和城市环境的问题，重新利用好核心区域的土地价值。老城是城市地域特征、地形地貌特征、历史文化特征的集中反映，是城市人文精神要素的综合体现，是城市历史文化延续变迁的载体和见证，同时也是衡量城市品位的重要标准。[①]恩宁路被称为广州最美骑楼街，西关大屋、满洲窗、麻石路等经典西关元素随处可见，承载着荔湾老城的个性与特色。所以在老城改造中必须充分保留其原来的特色，不然就可能造成"千城一面"的改造结果。恩宁路旧城改造选择保留历史街区原有的风貌，对文保单位进行特殊保护，不做开发利用，以博物馆或展厅形式保留，对部分建筑进行外立面的整饰，保留原来的肌理，对一些危房建筑在建筑风格统一的基础上进行重建，从整体上保持了老西关特色。同时，在水域滨河段发展"夜生活文化"，引入酒吧和特色餐饮，将传统与时尚结合，吸引年轻消费群体。

3．文化问题

文化是城市的灵魂，城市是文化的载体。城市的文脉是一座城市在长期的发展建设中形成的历史的、文化的、特有的、地域的、景观的氛围和环境，是一种历史和文化的沉淀。恩宁路老城改造面临的最重要的问题也是文化问题。历史上的永庆坊、恩宁路一带就是广州多种手工艺和表演艺术的聚集区之一，汇聚着西关打铜、醒狮、咏春拳等项目。著名的八和会馆、銮舆堂、李小龙祖居和众多粤剧名伶故居也都坐落于此。这里还完好地保存了传统老广州的日常生活方式，拥有种类繁多的地道美食，是真正意义上的"活态文化区"。恩宁路老城改造基本都保留了上述文化特质，维持着原有的传统文化和非遗项目。

（三）非遗与旧城改造之间的关系

非遗与旧城改造之间的关系，可以进一步延伸为非遗价值和经济价值输出的问题，以及非遗如何在旧城改造中起到助推作用。

---

① 赵毅：《旧城改造中的几个关键问题——以南京浦口南门地区老城改造为例》，《和谐城市规划——2007中国城市规划年会论文集》，2007，第2038页。

1．非遗与物质文化遗产之间的关系

从物质和非物质的角度看，非物质文化遗产概念的提出建立在物质文化遗产概念之上，而又统一于文化遗产这一概念之下，两者是相辅相成、相互作用的。以恩宁路旧城改造为例，旧城内包含了物质文化遗产和非物质文化遗产，从物质文化遗产的层面，恩宁路被定义为历史文化街区。从非物质文化遗产的层面，恩宁路是非物质文化遗产的物质承载，非物质文化遗产是文化内核。非物质文化遗产保护是旧城改造的必然要求，旧城改造是非物质文化遗产保护的有效途径。历史建筑及周边环境的时间跨度感，营造了非遗展示的传统氛围和怀旧气息；非遗展品蕴含的地域风情与生活质感，提升了历史建筑的文化内涵与人文气息。①

2．非遗对旧城改造的意义

从非物质文化遗产的本质属性看，作为无形的文化遗产，属于旧城的一部分，也是社会文化财富的重要组成部分。非物质文化遗产的性质决定其存在形式是以人为本的活态传承，其意义在于：一是可以促进文化的多样性，有利于保持地区的文化活力；二是可以加强文化认同，从而进一步形成地区独有的文化特征；三是可以保持文化活跃，有效地激发地区文化的创造与创新。因而，保护非物质文化遗产是在某种程度上保护了老城的文化价值，解决了老城改造面临的文化问题。

（四）旧城改造中的非遗保护典型案例

1．恩宁路旧城改造成果

恩宁路旧城改造一是保护修缮历史文化建筑，二是更新业态，包含新建粤剧艺术博物馆和重点改造永庆坊。永庆坊一期主打创客小镇，引入60余家文化创意、精品民俗、休闲餐饮、文化传媒等商户企业，吸引更多年轻人。永庆坊二期粤剧艺术博物馆西侧仍然以文化业态为主，引入非遗大师工作室，打造广州非遗街区，突出文化氛围。

一直以来，由于各种原因，广州都未建立起真正意义的非遗展示馆和非遗街区，缺乏集中展示、销售、体验的场所。非遗传承人工作室零散分布在全市各区，存在着空间不足、交通不便等问题，难以形成聚集效应。另一方面，永庆坊、恩宁路一带虽然文化景观集中，生活气息浓郁，但对游客，特别是外地游客和年轻人来说，除粤剧博物馆等地标外，尚缺少形象鲜明、体量可观、能让大家较长时间停留、观赏、娱乐的代表性产品。借助旧城改造的契机，将非遗融入街区，既保证了历史文化风貌的完整，又实现了"老城新貌"的诉求。

广州非遗街区以老城阶砖巷为基本地理框架，充分了利用旧城改造的机会，将非

---

① 杨红：《非物质文化遗产展示与传播前沿》，清华大学出版社，2017，第58页。

遗传承传播和当代都市生活相融合，与原有街区风貌、生活方式、居民和谐共处。通过非遗传承人的持续性运营，将有利于吸引更多的社会资源进驻，一步步打通老城的老建筑、老商铺、老居民、老故事等"存量资源"和当下文旅融合、经济发展、游客口味等"新需求"之间一些尚不通畅的地方，将物质文化遗产和非物质文化遗产有机融合、通盘考虑，重新激活老城区街巷的传统文化活力。

2．恩宁路旧城改造中非遗保护面临的问题

（1）投入与产出

从恩宁路改造的资金投入上看，旧城改造成本比某些新城建设还高，后续还有一定的维护成本，除了改善人居环境，提升经济活力必是众望所归。而非遗作为文化产业，不具备一般商业产品的属性，无法短期计算回报，将会影响进驻街区传承人的积极性和非遗在业态规划上的占比。

（2）人居与人气

旧城改造被老城区居民接受很大程度是因为可以改善老旧的居住环境，提高生活质量，而非遗保护工作需要广泛宣传、参与，需要汇聚人气。非遗"热"和民居"静"相互矛盾，双方如果不能实现各自诉求，和谐相处，就难以达成依靠非遗保护提升旧城改造价值的美好愿望。

（3）政策与意识

近年来，政府逐级加大了对非遗的资金扶持和政策倾斜，各地非遗事业开展得如火如荼、成果丰硕，是非遗在政策上的"利好"。而非遗本质是以人为本、活态传承的民族精神和文化根脉，离开政策红利，非遗是否还能高速发展？将旧城改造与非遗保护结合，归根到底还是希望密切非遗与生活的联系，提高民众非遗保护意识，才能实现非遗可持续发展。

3．改善对策

（1）政府资金支持与引入社会资本

恩宁路的老城改造项目由企业运作，政府把关，充分考虑到市场经营和经济效应。对于在老城改造中开辟非遗街区，如果完全由传承人以市场价格承租商铺，对于他们来说是困难的。因此，广州非遗街区采用了"三个一点"的方式，即政府扶持一点、企业让利一点、传承人付出一点，多方共同出资支持运营，传承人在接受政府资金补助的同时，要履行传承、创新等方面的承诺。政府有权对工作室开展传承、创新等工作情况进行考核验收，一方面促进非遗企业加强自主创新，培育品牌，增强内生动力；另一方面推动非遗企业、传承人的公众服务开展，扩大广州非遗项目的社会传播，增厚基本盘。

非遗以街区、工作室、展厅形式延续老城文脉，以非遗旅游线路方式带旺老城

经济，运营情况总体良好，而后续发展还有待时间检验。值得注意的是，广州非遗街区、永庆坊非遗工作站、荔湾非遗体验中心、永庆坊三雕一彩一绣，这些现有的非遗场所的合约期均为3年，期间政府和企业提供了优惠政策，支持非遗企业的起步。而非遗企业和传承人的经营发展要依靠自身的实力，一旦扶持政策到期，非遗企业能否负担作为网红景区的永庆坊商铺高昂的租金还未可知，毕竟非遗传承人更多的是坚守和传承技艺，在经营和产业化方面存在明显劣势。如何帮助老城改造后现有的非遗项目长期运作下去，是值得政府、企业、社会人士和传承人认真思考的问题。除了政府的必要投入外，引入社会资本，进行更多商业合作，可能是非遗继续发展的途径之一。

（2）广泛开展非遗活动

开展非遗活动是宣传展示旧城改造成果的重要手段，不仅丰富了本地区居民的文化生活，同时也吸引了更多游客。永庆坊非遗活动的开展一是依托非遗街区工作室，开设种类丰富的非遗体验课程，将原本分散的受众吸引到永庆坊，为老城聚集了人气；二是将永庆坊非遗工作站设立在一期内，建成荔湾非遗体验中心，每周都安排非遗体验培训；三是在节日期间，举办非遗活动，将"文化和自然遗产日"宣传展示活动、非遗讲座、专题展览等放到永庆坊，增加了老城的曝光度。

（3）非遗与旅游相结合

随着恩宁路老城改造初见成效，永庆坊人气剧增，特别是2018年习近平总书记视察荔湾后，游客人数实现了成倍增长。荔湾区将荔枝湾片区、永庆坊、粤剧艺术博物馆合称广州西关永庆坊旅游区，并成功创建成为国家4A级景区。非遗抓住机会，率先开辟永庆坊非遗旅游线路，以永庆坊一期为起点，串联粤剧艺术博物馆、广州非遗街区，延伸至永庆坊二期。2020年9月，永庆坊非遗旅游线路迎来首个商业旅行团，广州非遗街区开启商业运作模式。永庆坊非遗旅游线路的设立由政府搭建平台，旅行社与非遗传承人合作，设置参观和体验环节，从非遗的稀缺性和文化旅游的体验性，满足游客文化旅游的需求。永庆坊非遗旅游线路的开辟充分说明，荔湾将深厚的非遗资源优势，依靠旅游产业带动，转化为助推老城发展的经济优势。此外，水上非遗旅游线路也在筹划当中，游客可先在荔湾非遗体验中心选取感兴趣的非遗项目课程体验。随后以荔枝湾为纽带，乘坐游船欣赏沿岸的永庆坊、粤剧艺术博物馆、荔枝湾景色，品尝荔湾非遗美食泮塘五秀盆菜、艇仔粥、广式凉果、西关礼饼等，听导游介绍西关文化，从"吃喝玩乐"全方位感受非遗深度游。其次，将非遗美食引入永庆坊，打造"荔枝食集"，汇聚了云吞面、鱼皮、广式肠粉、粥品、牛杂等西关传统美食，通过味蕾打通游客的非遗体验。非遗与旅游产业结合的又一利好就是促进了非遗文创产品的开发，为适应旅游市场的需求，非遗产品在设计、创意、用料、工艺等方面进行调整，开发了一系列符合游客消费的文创产品。

五、结语

旧城改造是手段，传统文化是基底。在商贸优势退潮后，荔湾再以文化强势回归，凭借习近平总书记视察永庆坊的春风，成为旧城改造与非遗保护结合的典型案例。荔湾的实践经验说明，保护和发展并不冲突，根据地域特色探索兼顾功能性、文化性和商业性的改造方式，老街区也能有新气象，老街坊也能赶新潮流。旧城改造，改掉的是破败和落后，留下的是历史和文脉。非遗保护既保护了老城的文化内涵，又以活态传承的形式让老城重焕光彩。牢记习近平总书记嘱托："让城市留下记忆，让人们记住乡愁。"荔湾经验只是一个开始，非遗保护的创新实践将继续书写。

黄埔区非物质文化遗产保护发展报告

高云霞 冯 晨[*]

摘 要： 过去几年，黄埔区非遗保护工作在完善工作机制、健全名录体系、加强传承人保护与传承基地建设、加强理论研究、完善档案建设与数字化管理、实施项目抢救工程等九个方面不断推进，形成自己的特点、亮点，但也存在人才短缺，场地不足等问题，有待今后加以改进。

关键词： 黄埔区 非物质文化资产 保护 特点 对策

黄埔地区自古以来是华南门户，有着厚重的文化底蕴和丰富的历史遗存，拥有众多非物质文化遗产（以下简称"非遗"）。"十三五"时期，是黄埔区全面建设"广州国际科技创新枢纽核心区"的关键期，也是黄埔区非遗保护和活化事业进入巩固保护成果、提升保护传承水平、放大示范效应的发展时期。为进一步推进黄埔区非遗保护和活化工作科学发展、率先发展，黄埔区根据《中华人民共和国非物质文化遗产法》《广东省非物质文化遗产保护条例》《广州市保护非物质文化遗产弘扬岭南文化工作方案》和《广州开发区、黄埔区国民经济和社会发展第十三个五年规划纲要（2016—2020）》，结合本区实际情况，制定了《黄埔区非物质文化遗产保护和活化利用总体规划方案》。

一、黄埔区非遗保护基本情况

（一）完善非遗保护工作机制

2011年《中华人民共和国非物质文化遗产法》颁布实施以来，黄埔区根据国家、省、市有关政策和制度，基本形成了非遗保护的制度体系，建成区非遗保护工作领导机构和工作机构，在区文化广电新闻出版局设立内设机构文化遗产科、区非遗保护中心，建立了黄埔区非遗保护工作联席会议制度，进一步充实健全，加强对全区非物质文化遗产保护工作的协调和指导。

* 高云霞：广州海事博物馆（广州市黄埔区文化遗产保护中心）工作人员；冯晨：广州海事博物馆（广州市黄埔区文化遗产保护中心）工作人员。

黄埔区于2015年率先在全市推行"文化遗产监督保育员工作站"的运作模式，委托专业机构对黄埔区文化遗产监督保育员工作站实施管理，着力打造由政府主导，多方参与，联结政府、专业人士、社会团体和市民的全方位、强有力、灵活高效的文化遗产监督保护体系。

（二）健全非遗名录体系

截至2020年底，黄埔区有非遗代表性项目33项，其中国家级项目1项，省级项目3项，市级项目10项，区级项目19项。非遗代表性传承人32位，其中省级传承人1位，市级传承人4位，区级传承人27位。市级非遗传承基地2个，区级非遗传承基地3个。

总体上看，全区已经建立国家级、省级、市级、区级四个层次的代表性项目体系，传承人和传承基地建设起步较好，形成一批保护传承状况良好的代表性项目。

黄埔区非遗代表性项目　　　　黄埔区非遗代表性传承人

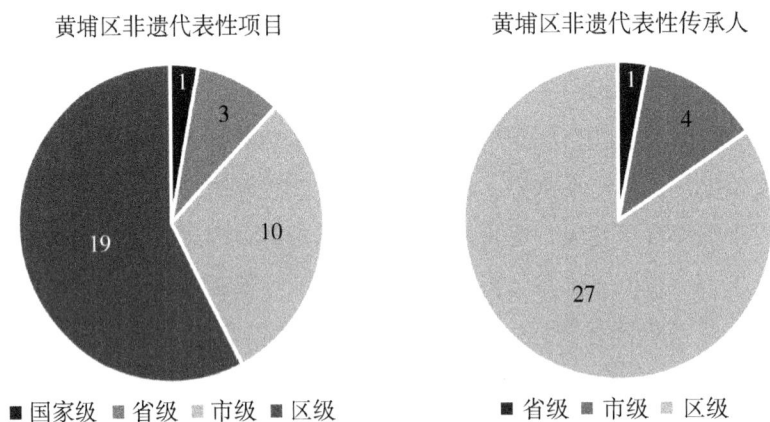

■国家级 ▨省级 ▨市级 ■区级　　　■省级 ▨市级 ▨区级

图1　黄埔区非遗代表性项目与传承人数据

根据项目的保护和传承情况，目前全区非遗可以分为如下几类：

一是项目核心内容保存完整，传承有序。

这类项目包括：国家级项目波罗诞1项；省级项目扒龙舟1项；市级项目玉岩诞、舞貔貅、波罗粽制作技艺、乞巧节等4项；区级项目粤曲、醒狮、乞巧、包龙舟粽、金花诞、波罗诞—五子朝王等6项。

这类项目的特点是：项目本体核心要素保存完整或基本完整，文化表现形式保存完好；传承人群覆盖面广，传承场所保存较好；相关道具、器具、程式、技法等保存完好。

二是项目核心内容保存基本完整，传承情况较好。

这类项目包括：省级项目萝岗香雪、金花娘娘的传说等2项，市级项目舞春牛、广州客家山歌、端午午时茶、广绣等4项；区级项目萝岗果制工艺、挂灯、波罗鸡、番鬼望波罗等4项。

这类项目的特点是：项目本体核心要素保存基本完整，文化表现形式保存状况一般；传承人群覆盖比传统时期缩减十分明显，传承场所变化较大；相关道具、器具、程式、技法等部分保存完好，部分已经消失。

三是项目核心内容缺失，传承活动基本停止，处于濒危状态。

这类项目主要为民俗类项目，包括：市级项目横沙会1项；区级项目萝岗会景、玄帝诞庙会等2项。

这类项目的特点是：项目本体核心要素缺失，只存在于老年人的记忆中；传承活动基本停止；项目的传统文化空间变化较大，除相关祠堂、庙宇外，其余工具、仪式、流程等已消失或基本消失。

四是项目核心内容系外来植入，传承时间过短。

这类项目为区级项目武术1项。该项目由主要传承人荔联街壮志武术协会会长程昆于1996年从河南塔沟少林武术学校传入，本地传承时间仅20年，尚未与本地文化或居民生活产生较强联系。

此外，黄埔区近年大力实施"濒危项目抢救工程"，建立濒危项目"专家评议指导、项目所在地实施"的抢救保护机制。根据非遗保护"保护为主、抢救第一、合理利用、传承发展"的指导方针，2016—2017年，黄埔区启动了对重点非遗项目的抢救性保护工作，截至目前，已经完成非遗项目的抢救性调查共7个，全区市级以上非遗项目的抢救性调查工作已经过半，为项目的管理打下了良好的基础。

（三）加强传承人保护传承基地建设

传承人是非遗项目保护的重要抓手，黄埔区高度重视传承人认定工作。目前黄埔区已经认定区级及以上代表性传承人32名，绝大部分项目已经认定了至少1个代表性传承人。但仍有一批项目尚未认定代表性传承人。其中有的属于群体传承的，包括民俗类的横沙会（市级，民俗类）、金花诞（区级，民俗类）、沧头会（区级，民俗类）、榕迳约"会景"（区级，民俗类）、波罗诞—五子朝王（区级，民俗类）。民间文学类中，金花娘娘的传说（省级，民间文学类）、番鬼望波罗传说（区级，民间文学类）目前没有认定代表性传承人。在传承人认定方面，也有如下例外情形：

有的1人担任2个项目的代表性传承人，包括梁中成（已故，萝岗果制工艺、萝岗香雪），钟汪华（玉岩诞、萝岗会景）；也有同1个项目有多个代表性传承人，包括醒狮2人（彭灿权、梁鸿光），乞巧2人（欧瑞琼、程丽娥），扒龙舟3人（岑流民、何润荣、霍木好），客家山歌2人（廖杨发、王铁华）。

在传承人之外，黄埔区还积极传承人基地的申报和认定工作。黄埔区目前现有市区两级传承基地。其中市级项目传承基地3个，分别是波罗诞（国家级项目，民俗）、金花诞（区级项目，民俗）和粤剧（区级项目，传统戏剧）；区级项目3个，分别是乞巧工艺品制作（区级项目，传统美术）、沧头会（区级项目，民俗）和榕迳约"会景"（区级项目，民俗）。传承基地的建设总体分类如下：

第一类：建设规范，传承活跃，成效明显。

这一类为粤剧项目传承基地夏园小学和乞巧工艺品制作项目传承基地大沙街道。其共同点是传承活动制度化、常态化，传承人群体覆盖面较广，尤其是在青少年群体中获得传承，而且传承作用明显。

第二类：建设规范性差，民间传承效果不够明显。

这一类为民俗类项目共4个，其中国家级项目波罗诞的传承活动由政府强力主导，干预性强，但是传承基地建设则乏善可陈，活动展览展示较少，传承基地的作用不够明显。其余项目为民俗项目，基地建设主体责任不够明确，传承责任落实情况缺乏考核监督，传承基地不作为情况明显，名实难副。

（四）完善非遗保护档案建设与数字化管理

近年来，黄埔区开展了对全区非遗代表性项目档案资料的修订、整理和补充工作，丰富项目档案。经过持续走访，目前已经完成对全区33项区级以上非遗代表性项目及相关代表性传承人、传承基地的走访调研，摸排项目保护情况，传承人带徒传艺情况，传承人基地建设情况。通过走访调研，不仅了解了全区非遗保护的最新情况，也获得一批翔实的档案资料。

目前黄埔区已完成了对2016—2019年的各项非遗档案的整理、装订、归档工作，整理档案共计76盒1182件，其中纸质档案49盒712件，照片档案393件，影像音频档案77件，2020年的非遗档案尚在整理归档中。整理好的档案按照《档案法》的要求，进行统一保管，确保档案的安全，做到现存档案无霉变、破损的现象。

建立黄埔区非遗数据综合应用管理平台。在原有的黄埔区非物质文化遗产数据库基础上，增加原萝岗区行政区划范围内的非遗资料，形成涵盖整个新黄埔区范围的非遗数字库。整合文字、图片、音视频等多维资料，以用于行政管理、科学研究、对外宣传等多领域的非遗资源数据库。在管理模式、系统架构、运营模式等方面进行积极探索，打造具有黄埔特色的非物质文化遗产数字化管理新模式。

通过口述访谈和文献挖掘整理的方式，以音像和文字记录等手段，对非遗项目展开抢救性记录和保存，切实落实我区非物质文化遗产的保护、传承和利用工作。目前黄埔区已完成端午午时茶、波罗粽和客家山歌的抢救性保护工作。

（五）加强非遗保护理论研究

黄埔区致力于加强与高等院校、科研机构协作，整合非遗理论研究力量，加强非遗理论研究，增强非遗保护传承的科学性和有效性。黄埔区重视非遗专家和高校非遗研究作用的发挥，引导专家、高校及非遗保护工作者开展非遗项目保护、濒危项目抢救、传承人群素养提升等课题的理论研究。坚持以问题为导向，分门类分层次开展重点课题调查和重点研究。以科研项目为支撑，以成果应用为拓展，推出一批具有前瞻性、权威性、应用性的优秀非物质文化遗产科研成果，并建立与之相关的实践基地，促进研究成果有效转化。鼓励一线保护工作人员总结实践经验，撰写有针对性的理论文章。积极举办各类非物质文化遗产保护理论研讨会和论坛，加强对保护实践的理论指导。继续推进《黄埔区非物质文化遗产》编纂出版，各镇街以普查成果为基础，开展当地非遗集成、研究文集、乡土教材等编纂出版工作。

通过全面详尽的调查，对黄埔区非遗项目深入挖掘和整理，准确地摸清项目的完整要素，为非遗管理工作提供完整真实的依据，目前黄埔区已完成重点非遗项目《扒龙舟》和《貔貅舞》《传统玉岩诞》《传统五子朝王》《传统横沙会》《传统乞巧节》等专项调查报告。

（六）实施非遗项目抢救工程

以横沙会、番鬼望波罗传说、萝岗会景等濒危项目为重点，组织专家进行重点研究，提出抢救保护措施，推进具有历史、文化、科学价值的非遗濒危项目及年老体弱传承人抢救工程。继续实施并完善当地申报、专家评议、专家指导、项目保护地实施的濒危项目抢救工作机制，实现濒危项目科学抢救、有效存续。针对非物质文化遗产重点濒危项目，建立濒危项目信息资源库，实施抢救过程、措施施行、抢救成效全程记录。开展抢救性保护成果的利用和传播，采用现代科技手段成系统、成专题、成系列地摄录一批具有文化内涵、反映历史演变和遗产现状的《黄埔区非遗系列微纪录片》等影像文献，让非遗真正"活起来"。

（七）加强非遗宣传推广

1. 积极组织举办各项非遗展演活动

2017年黄埔区共组织举办非遗展演活动20场，承办或参加国家、省、市活动18场，并组织开展龙舟、乞巧、广绣等30多个非遗项目参展，在国际、国家、省、市、区27项展演比赛中，获得一等奖（金奖）34个、二等奖（银奖）16个、三等奖（铜奖）20个。如2017年由黄埔区文化馆与广东省外语艺术职业学院合作编排的新版《貔貅舞》，荣获广东省首届非物质文化遗产展演邀请赛第一名（金奖）；广绣省级非遗传承人陆柳卿广绣作品《成双成对》，荣获首届"紫禁城"杯中华老字号文化创意大赛优秀奖；在中山纪念堂举行以非遗为主题的"非遗传承 黄埔记忆"文艺晚会等等。

2018年黄埔区举办各类非遗活动19场，承办或参加国家、省市活动共11场，组织非遗进校园、进社区传承传播培训讲座86期，区内非遗项目在参加的各项展览、展演活动中共获得奖项54个，其中国家级第五名、第八名共2个；市级金奖9个、银奖6个、铜奖2个、其他奖项1个；区级特等奖1个、金奖6个、银奖8个、铜奖12个、其他奖项7个。

2019年黄埔区举办各类非遗活动139场次；组织非遗进校园、进社区传承传播培训讲座130场次，全年参加活动35场次。全年参加各级展演、比赛共获得80个奖项，其中国家级奖项2个；省级金奖8个、银奖5个、十佳奖1个；市级金奖8个、银奖8个、铜奖3个、优秀奖9个；区级特等奖1个、金奖8个、银奖8个、铜奖10个、优秀及其他奖项9个。

2020年黄埔区举办各类非遗活动39场次；组织非遗进校园、进社区传承传播培训讲座142场次，全年参加活动20场次。全年参加各级展演、比赛共获得4个奖项，市级金奖1个，区级特等奖1个、一等奖2个。

2．建立非遗宣传推广公众号平台

为深入挖掘和宣传黄埔区非物质文化遗产的历史文化内涵，以黄埔区文化遗产公众号平台为基础，通过图文形式，对区内文化遗产进行深入挖掘和对外宣传，倡导非遗保护理念，提高全民参与意识。

3．鼓励社会力量参与非遗保护

社会力量参与非遗保护的沟通渠道和平台基本形成，全区非物质文化遗产保护意识进一步增强。非物质文化遗产保护志愿者队伍不断壮大。企业、社会组织和个人参与非物质文化遗产保护传承的积极性日益提高。

非遗进社区、进学校、进广场、进乡村成为常态。通过文化馆、社区和学校合作，舞貔狮、乞巧节、客家山歌等黄埔区特色非遗项目都走进了校园。

（八）推动非遗传承

充分发挥非遗对广大未成年人进行传统文化教育和爱国主义教育的重要作用，推动非遗保护融入国民教育，进一步开展多种形式的非遗进校园，增强非遗在青少年中的传播力和生命力。扩大非物质文化遗产进校园范围，促进每个学校加强非遗接触机会，鼓励黄埔区各中小学逐步建立非遗传承教学基地，鼓励各级各类学校开展非遗进校园传播传承活动。鼓励各地编写关于非遗的乡土教材，纳入小学、初中地方课程、校本课程与高中选修课程。鼓励不同地区、不同项目之间资源共享，优势互补，做大活动规模，做出品牌效应。

2017年黄埔区举办了包括广绣、乞巧、粤剧、醒狮等丰富多彩的非遗培训讲座29期，进校园和进社区活动12场次。如弘毅龙狮团在区内外共与13所学校签约开展传承工作；编辑出版《寻根觅巧》乞巧校本教材一套（上下2册）；非遗传承基地夏园小学开展粤剧进课堂、定期举办展示活动等。

（九）实施非遗振兴系列工程

1. 推进数字非遗建设工程

进一步运用现代信息化手段，推动黄埔非遗保护和活化工作转型升级。着力解决好信息资源总量不多、种类不全、覆盖范围窄和体验互动性不强等问题，推进非遗资源数字化、服务网络化、管理现代化。积极推进具有普查资源保存系统、名录项目和传承人管理系统、保护载体管理系统、检索系统和信息安全系统的黄埔区非遗大数据库建设，进一步做好普查资料、各类保护载体的数字化整理工作，省级以上名录项目及代表性传承人资料录入完整、数据齐全、有效及时，包括文字、图片、音视频的资料录入率达到100%；同时启动市级名录项目及代表性传承人资料录入工作，至规划期末，录入率达50%，基本建成资料充实、结构合理、操作简便、搜索便捷、运转高效的信息化平台。逐步建立非遗保护数据分析平台，提升信息化应用水平，增强服务能力。

建立并完善黄埔区非遗微信公众号，健全区非遗保护工作信息平台，完善信息报送制度。

2. 打造节庆民俗品牌工程

结合"一带一路"建设战略，打造"海丝文化"节庆品牌。做好顶层设计和整体谋划，打造反映"海丝文化"的历史、人文、自然特色的优秀剧（节）目，推动海丝故事、广州形象的全面展示。利用国内国际交往的交流纽带，以"波罗诞"为中心，凸显海丝印记，打造海丝文化品牌。以南海神庙和古码头遗迹为核心，将区内"海丝"遗产点串联整合，重点培育具有黄埔特色的传统表演艺术精品项目和民俗节庆活动，形成海丝历史文化走廊和文化旅游线路，唱响海丝文化这一主旋律，在更高层次、更大范围、更广领域参与对外交流与合作，提升黄埔非遗的影响力和知名度。

3. 推进传统工艺振兴工程

积极实施非遗名录项目生产性保护，增强名录项目生存活力。按照国家和省振兴传统工艺计划，制定《黄埔区非物质文化遗产生产性保护指导意见》，做大做强具有黄埔特色传统手工技艺项目，使之成为更具全国影响力的大品牌。重点抓好广绣、波罗鸡、波罗粽、萝岗粿、端午午时茶和龙舟粽等具有一定影响的项目，保持其文化品位，推动其成为全国传统工艺振兴的示范项目，争取进入国家传统工艺振兴目录。以波罗诞为中心，整合黄埔区中小型传统制作工艺资源，使其形成以特色产品为带动的产业扩张新态势，努力成为改善当地民生、促进地区经济发展的重要特色产业。

打造独具黄埔特色的知名品牌，建立一批非遗产业基地。实施文化经济政策，以传承为核心，以产业为纽带，建设广绣、波罗鸡、波罗粽、萝岗粿、端午午时茶等开发、活化基地，扶持民间艺术特别是手工艺生产企业走向市场，鼓励和支持非遗衍生品研发，促进非遗的产业化发展。

二、黄埔区非物质文化遗产保护的特点与趋势

（一）黄埔非遗亮点工作

1. 落实责任，成立专门机构

一是调整黄埔区文物管理委员会名称为黄埔区文化遗产保护管理委员会，研究、协调和审议非物质文化遗产保护管理中的重要事项；二是在黄埔区文化广电旅游局内设文化遗产科；三是设立黄埔区文化遗产保护中心。通过成立专门机构管理，健全非遗工作管理机制，促进我区非遗保护工作规范化、制度化、常态化。

2. 加大财政投入，强化非遗传承保护

"十三五"期间补助共计179万元。其中，2016年对我区重点非遗项目广绣、乞巧等项目扶助费用共9.5万元；2017年对重点非遗项目广绣、乞巧节、舞貔貅、舞春牛等4个项目的传习工作补助经费共8.5万元。2018年对11个重点项目、6个传承人和1个传承基地给予补助经费52.5万元，2019年对12个重点项目、9个传承人和1个传承基地给予补助55.5万元。2020年对11个重点项目、11位代表性传承人和2个传承基地补助53万元。

3. 积极保护，开展非遗项目申报工作

2017年，重点发掘、申报非遗项目（番鬼望波罗传说），番鬼望波罗传说被评定为区级代表性项目；2018年，"金花娘娘的传说"成功申报成为广东省非物质文化遗产代表性项目；2019年，黄埔区非物质文化遗产代表性项目"广绣"升级为广州市非物质文化遗产代表性项目；2019年，完成黄埔区第四批区级非物质文化遗产代表性项目的申报工作，新增"嫁女饼（绫酥）制作技艺""龙形拳（黄埔）""龙舟龙头、龙尾制作技艺"3项区级非物质文化遗产代表性项目。

4. 深化研究，加强非遗项目挖掘工作

目前黄埔区已完成重点非遗项目《扒龙舟》和《貔貅舞》《传统玉岩诞》《传统五子朝王》《传统横沙会》《传统乞巧节》等专项调查报告；完成端午午时茶、波罗

粽和客家山歌的抢救性保护工作。通过口述访谈和文献挖掘整理的方式，以音像和文字记录等手段，对非遗项目展开抢救性记录和保存，切实落实黄埔区非物质文化遗产的保护、传承和利用工作。

5. 积极推广，建立运营黄埔区文化遗产公众号平台

为深入挖掘和宣传黄埔区非物质文化遗产的历史文化内涵，以黄埔区文化遗产公众号平台为基础，通过图文形式，对区内文化遗产进行深入挖掘和对外宣传，倡导非遗保护理念，提高全民参与意识。

（二）与其他区非遗保护工作的对比分析

近年来，随着非遗保护机构、人员、经费等的落实，以及区政府层面对于非遗保护的重视，各区正在趋离同质化，在依托本区实际情况的基础上走向差异化发展。"差异化发展"是市场经济中的专有名词，即"根据一个地方的资源禀赋、环境容量、市场状况、产业基础等条件，选准该地区的优势产业加快发展"。在各区非遗保护的实践中，也应根据该区的历史传统、非遗资源生存现状、民众接受心理以及该区的整体发展战略和领导对非遗的认知度，选择适合该区的非遗保护方式开展实践。

纵览各区非遗保护工作亮点，可以看出各区非遗保护的不同侧重。越秀区是广府文化生态保护区，在民俗节、展览、创意赛等大型活动方面建树较多；海珠区致力于"非遗进校园"的推广和普及，还向每所传承示范学校提供1万元教学补助资金；荔湾区作为老西关，以非遗为代表的传统文化颇受政府重视，对于非遗配套资金和促进生产性保护有自身优势，广州市入选的3个第二批省级生产性保护示范基地全部落户荔湾区；白云区遍布各式企业，"非遗进企业"模式初显成效；天河区商业发达，首创"非遗进商圈"模式；番禺区素有"文化之乡"美誉，非遗资源极其丰富，因而资料的整理、研究和出版就尤为重要。在今后各区的非遗保护工作中，既要相互借鉴学习、取长补短，更要继续走差异化发展道路，因地制宜地开拓出一条适合黄埔区的路线。且广州11区，各区皆有特色，老西关的荔湾、沙田水乡文化的南沙、荔乡文化的增城、客家与广府交汇的从化、千年商都的越秀，只有充分发挥地域优势，将非遗保护建立在本区深厚的历史文化传统和未来的区域发展走向中，才会使广州的非遗保护成为一颗"多棱宝石"。

黄埔区历史上属番禺县管辖，素以"海上丝绸之路起点"的南海神庙、"中国将帅摇篮"的黄埔军校等闻名，本区内波罗诞、波罗粽制作技艺、萝岗香雪、醒狮、舞貔貅等传统非遗项目仍有较大发展潜力，日后将加大对黄埔区非遗的发展力度，充分展现本区优秀历史文化。

三、黄埔区非物质文化遗产保护的新挑战及对策分析

（一）黄埔非遗面临的问题

1．非遗专业人才缺乏

黄埔区非物质文化遗产内容丰富，涵盖面广，保护、传承工作量大，然而非遗专业人才缺乏，难以适应当前非物质文化遗产保护与传承工作需求。当前，黄埔区在理顺管理机制，培养、引进非物质文化遗产研究、传承、保护、管理等专门人才和队伍建设方面还有不少问题亟待解决。

2．非遗传承现状有待改善

传承人群年龄普遍老化，人数大大缩减，传承队伍后继乏人；部分已认定的传承人对项目传承缺乏自觉性和积极性，传承作用不明显。

3．传承人传承场所缺乏

随着黄埔区城镇化加快，传统村落、老街、老宅不断"空心化"，地方民俗、传统手工技艺等失去传承场所。

（二）对策及其可行性分析

1．加强政策保障，改善保护和活化的环境

全面贯彻落实《中华人民共和国非物质文化遗产法》《广东省非物质文化遗产保护条例》《广州市关于进一步加强非物质文化遗产保护工作的实施方案》和《广州开发区、黄埔区国民经济和社会发展第十三个五年规划纲要（2016—2020）》。进一步健全和完善传承人保护、展示场馆建设、抢救性保护和生产性保护、文化生态保护，以及扶持民间力量参与保护等政策措施，加大对保护传承的政策引导和扶持力度。实施非遗保护工作责任制和考核评估机制，进一步落实保护责任。建立科学的非遗传承评价体系，探索建立代表性传承人退出机制。强化非遗保护的法律监督，加强对有关法规实施情况的执法检查。

2．加强宣传保障，促进人人参与

进一步加大非遗保护宣传力度，营造有利于保护工作推进的宣传环境。各级图书馆、文化馆、博物馆、科技馆等公共文化机构要积极开展对非遗的传播和展示；进一步创设宣传推广平台，建立黄埔区非遗微信公众平台，及时宣传推广全区保护工作的新动向新成果以及各地保护工作的新经验；充分发挥各级新闻媒体和新媒体的宣传推广作用，大力宣传推广黄埔区非遗保护工作成果。努力形成"人人参与、人人共享"的良好社会氛围，促进非遗保护和活化事业的可持续发展。

3．利用旧城改造机遇，创造非遗换新发展的新动力

黄埔区共有国家级和省市区级非遗代表性项目33个，为推动非遗项目的保护传

承，结合当前的三旧改造工作，利用旧改项目公共文化配套建设机遇，推动建设非遗项目展示场馆和代表性传承人传习所、工作室等文化空间。鼓励非遗项目展示空间与村史馆等空间融合建设，加强黄埔区非遗的保护。

四、结语

五年来黄埔区以建设非遗强区为目标，构建具有黄埔特色的非遗保护传承体系；以改革创新为动力，实施保护发展十项工程；以黄埔独特的非遗资源为优势，提升国际国内影响力；以融入现代生活为导向，彰显非遗在延续地方文脉、弘扬传统文化中的重要作用，推进传统文化活起来、传下去，推动黄埔非遗保护和活化工作继续走在全市、全省前列，为增强黄埔区文化软实力，建设省文化先进区，建成高水平全面小康社会做出应有贡献。

未来，全区非遗保护和活化工作的目标是唱响"海丝文化"主旋律，与创新驱动发展示范区、国际创新资源集聚区、产城融合发展先行区、建设民生和谐幸福领航区和建设全面深化改革试验区相协调，与省文化先进区相适应。具有黄埔特色的非遗传承体系更加完善，各项保护工作体制机制更加成熟，保护工作整体实力明显增强，充满创新活力，与经济、社会、文化的融合度显著提高，非遗保护和活化成果对省文化先进区的贡献率进一步提升，基本形成保护发展科学化、传承弘扬系统化、文化空间生态化、特色项目品牌化、产业融合常态化、展示共享智慧化的保护格局。非遗保护和活化工作继续走在全市、全省前列，成为全国非遗保护和活化的先行区和示范地。

南沙区非物质文化遗产保护发展报告

廖勇 黄偲[*]

摘 要： 南沙生态环境良好，密布水网、湿地，有着大片的绿色植物和农作物，以水文化为代表的非物质文化遗产资源较为丰富。但目前南沙在快速城市化的进程中，面临着如何将非物质文化遗产与现代城市文化相衔接的问题，以及如何在做好项目原生态保护的同时，适应新时代新变化，进行开发利用的问题。本文通过研究南沙非物质文化遗产的内涵及特点，探索南沙非遗项目的发展路径和方向，为大开发背景下南沙非物质文化遗产保护、传承及创新做出有益的研究和探讨。

关键词： 非物质文化遗产 保护 南沙区 水文化 对策

广州市南沙区地处珠江水系的虎门、蕉门、洪奇门、横门等水道的入海口，是广州市唯一的出海通道，是西江、北江、东江三江汇集之处。南沙水网通达，湖塘密布，山、水、田、城、海、岛等资源要素齐全，水资源丰富。

历史是由空间和时间来构成的，一个地区的空间即其所处位置，就大体上决定了其文化类别。从空间上看。南沙辖区密布的水网、大片的绿色植物和农作物使南沙区的自然环境舒适宜人，还有被称为"广州之肾"的全国首个湿地森林公园，拥有3000多亩湿地、400多亩红树林、秋冬季节聚集2万多只候鸟。这种区域性地缘结构，形成了以河网文化和滨海文化结合而成的岭南传统水乡文化。从时间上看，南沙原是古海湾，海水汪洋，岛丘错落。据清同治版县志引《水经》载："海在郡城南。沙湾、茭塘两司，地多边海。"唐《元和郡县志》载："大海在府城正南七十里。"宋代以后，淤积伸延。元明以来，沙坦不断浮生，相连成片，沙田移至大岗、黄阁一线以南。到了清代，万顷沙，横沥逐渐形成，东莞、番禺、中山等地的农民先后来此耕作，开垦成田。沙田逐渐南推，滩涂陆续延伸，形成连片耕地，南沙人民在这里发展水乡养殖和农业种植，"蚝田""虾田""盐田"等名称应运而生并沿袭至今，并形成具有地方特色的"咸水歌""水乡婚俗""赛龙艇"等民俗及"香云纱""疍家传

---

* 廖勇：广州市南沙区文化体育发展中心主任；黄偲：广州市南沙区文化体育发展中心工作人员。

统小食"等特色产品。

"十三五"时期，南沙作为大湾区门户、广州唯一城市副中心，充分利用国家新区、自贸区双区叠加的政策优势，着力把南沙打造成人文气息浓厚，海内外人员往来密集、文娱交流频繁、生活品质高端的滨海新城，让南沙区成为大湾区生态文明担当。借此良机，以水文化为代表的非物质文化遗产得到蓬勃发展。一是充分利用独具特色的文化底蕴繁荣文艺创作，打造了多项文艺精品。麒麟舞作品《麒麟情》、咸水歌作品《满怀豪情游水乡》、传统婚俗作品《大襟姐嫁女》等文艺作品将传统风情与时代风貌融于一体，将南沙浓郁的水乡民情和昂扬的时代气息演绎得淋漓尽致，在省市各级比赛中斩金夺银。二是各类传统文化活动如妈祖诞、水乡婚俗、舞麒麟、赛龙艇等开展得有声有色；香云纱、黄阁烧肉等传统产业兴旺繁荣，区内通过每年举办水乡文化节、妈祖文化旅游节、社区文化节等活动大力弘扬非物质文化遗产。三是各级部门积极探索对文化资源的开发与利用，黄阁镇成立麒麟文化展示馆集中展示黄阁麒麟文化；榄核镇成立榄核镇香云纱文化创意园、榄核镇滗湄村香云纱展示馆，并以香云纱风情为题材开发纺织工艺品，积极参加大型会展活动，这一系列的措施取得了社会效益和经济效益的双丰收。

一、保护工作情况

南沙建区以来，经济和社会各项事业取得了巨大的成就。南沙区在加快经济发展，让广大农民共享南沙大开发成果的同时，充分利用全国开展非物质文化遗产保护的热潮，不断加大对文化事业以及非遗传承保护和开发利用的投入，积极推进南沙特色的水乡生态文化、历史民俗文化与海洋创业文化和临港产业文化建设的结合，深入开展普查研究，全力打造具有南沙特色的滨海非遗品牌。

（一）名录建设情况

目前全区已公布区级以上非遗代表性项目13个，其中省级2个，市级5个。非遗代表性项目涵盖传统舞蹈、民俗、传统音乐、传统体育、游艺与杂技、传统技艺、民间文学和曲艺七个大类。

省级非遗代表性项目2项。"黄阁麒麟舞"发源于本地麒麟文化信俗，其借鉴了狮舞和武术的动作技巧，是广府文化向沙田水乡地区延伸与发展的集中体现。"南沙妈祖信俗"融合了南沙本地文化，形成了以南沙妈祖祭祀为核心的民俗文化圈，集中反映了妈祖文化在广东的传播，其与海上丝绸之路有着密不可分的内在联系，也成为沟通内地与港澳台的重要桥梁。

市级非遗代表性项目5项。其中"广州咸水歌"的白话渔歌、"南沙水乡婚俗"

的水上迎亲、"南沙赛龙艇"的水上运动以及"疍家菜制作技艺"的沙田居民传统美食集中展现了南沙本地民俗风貌，共同构筑起一幅生动的岭南水乡画卷。"香云纱染整技艺"则通过巧用两广特有植物及本地河涌淤泥，独创了对丝绸的传统涂层加工技术，体现了珠三角水乡人民独特的生活智慧和美学追求。

区级非遗代表性项目6项。其中"渔业、农业、气象谚语""梅郎与布娘传说"是中国古代农耕文化在沙田水乡地区的文学性体现。"南沙疍家传统小食制作工艺"是从事水上捕捞作业的渔民在生产生活中摸索研制出来的小食菜品，具有浓郁的岭南水乡风味。"粤曲""南沙醒狮""黄阁烧肉传统制作技艺"则充分体现了广府文化在南沙地区的传播与发展，展现出南沙本地水乡文化与传统广府文化的紧密联系。

南沙区现有省、市级非遗项目代表性传承人8名，并先后在东涌镇、黄阁镇、横沥镇等城镇上成立了6个区级非物质文化遗产传承基地。

（二）非遗建设的重要性

文化是一个地区的灵魂，它集中体现了地区的品格。文化既是经济社会发展的重要内容，为经济社会协调发展提供强大的精神动力，也是社会事业发展的重要组成部分，是一个地区综合实力的重要标志。扎实推进南沙非遗建设，将为南沙开发建设提供强大的精神动力、思想保证和智力支持。

1. 助力文化强区战略，讲好南沙故事

南沙作为国家新区、自贸试验区、粤港澳全面合作示范区和承载门户枢纽功能的广州城市副中心，在"人文湾区"、"休闲湾区"的建设中，在广州市建设世界文化名城的进程中应发挥引领带动作用。必须将文化强区战略与经济社会全面发展紧密结合起来，把非遗建设摆在全局工作的突出位置，大力提升南沙文化软实力，做大做强对外文化交流门户功能，建好用好一批重大活动平台，面向世界讲好中国故事、广东故事、广州故事、南沙故事。

2. 助力和谐社会建设，提升居民幸福感

南沙区快速的城市化进程将有效拉动南沙城乡整体公共文化服务和基础设施的高水平发展。借此良机，通过加速推进非遗内涵挖掘、研究、申报、传承、展示和开发利用，催发非遗建设大发展大繁荣的新趋势。能有效满足广大市民群众多元化体验需求，进一步完善宜业宜居滨海新城区文化格局，为"幸福南沙"打下坚实的文化基础。

3. 助力文化产业发展，促进文旅融合

文化对经济社会发挥着支撑和推动作用。非物质文化遗产是文化事业、文化产业的重要组成部分，作为广州唯一滨海新区，南沙生态禀赋优良，水乡文化等文旅资源

特色明显，大力开展非遗建设，能有效整合本土资源特色，打造文化旅游融合精品项目，为文化旅游产业高品质发展、融合发展、智慧发展创造良好条件。

（三）具体做法和措施

在南沙新区开发的进程中，充分重视非遗价值，将非遗统筹纳入城市规划中，使之具有更深的文化旅游开发价值，大力打造南沙传统水乡文化与现代工业文明相互交融、共同繁荣的和谐局面，弘扬了水乡人民"亲水、兼容、平和、开放"的精神。主要做法如下：

1．规划先行，优化空间布局与功能分区

近年来，区委、区政府将非遗保护工作纳入《广州南沙新区发展规划》等各级国民经济和社会发展规划。区文广旅体局还借助智慧外脑，与清华文产规划研究院等机构合作，牵头制订了《南沙新区文化发展总体规划》《南沙新区"十三五"文化事业发展专项规划》《南沙新区"十三五"文化产业发展专项规划》《南沙新区文化创意产业发展政策总体规划》《南沙区文化发展规划纲要（2016—2020）》等一系列推动全区文化发展的指导性文件，着力营造以天后宫为据点的南沙沿海历史文化景观带，规划建设以黄阁镇为中心的麒麟文化区，建设以东涌镇为中心，以休闲及旅游为特色，展示南沙水乡风韵的民俗文化功能区，等等。

2．加大投入，着力进行非遗项目培育和开发

进一步加大投入，着力对非遗项目进行创新、提升，培育品牌，增加非遗项目的市场竞争力，提高南沙非遗项目的美誉度。

一是从2015年起，南沙区文广新局设立了200万元/年的专项资金，通过竞争性选拔方式扶持20个民间文艺团体，每个列入扶持名单的团体将获得10万元补助资金，还出台了《广州市南沙区培育扶持基层文艺团体专项资金管理办法》，对列入扶持范围的民间文艺团体设定门槛，明确了具体申报和评审流程，并对资金拨付、管理以及绩效考评等流程进行了规范。自2015年至今，共投入资金1200万元。受益文艺团体包括黄阁女子麒麟队、黄阁雄风会、南沙武术协会、东涌咸水歌会、横沥明珠咸水歌协会、大岗曲艺社、海韵曲艺社等20多个非物质文化遗产项目传承团体，有力推动了南沙区非遗传承工作在基层全面、协调、可持续发展。

二是近年来，区、镇两级财政通过政府主导、市场运作、社会参与的模式，全面挖掘水乡文化、天后文化，让水乡婚礼、咸水歌、赛龙舟、天后祭拜、天后巡游等所有体现南沙特色的非物质文化遗产项目集中荟萃于广州水乡文化节、南沙妈祖文化旅游节等节庆文化活动中，同时常年组织开展非遗展演并积极组织参加各级非遗项目竞技赛事。以"黄阁麒麟舞"为例，2020年，原创作品《麒·麟》获得广东省第六届麒麟文化节麒麟舞比赛创新组银奖;《麒麟庆盛世》获第三届广东省非物质文化遗产青少年麒麟舞邀请赛金奖。

3．深入研究，整合南沙区域非遗资源

一是大力开展产学研合作。与广州大学开展了"南沙麒麟文化研究""南沙水乡文化研究""南沙天后文化研究"等课题合作;邀请港澳台及内地各地专家教授组织开展了南沙区品牌文化研究论坛、天后文化论坛等文化交流活动。并与广州市政府文史研究馆合作出版了《文史纵横（南沙专刊）》。

二是深挖南沙本土资源。先后编辑出版了《黄阁麒麟文化》《黄阁古今》《东涌故事》《从沧海沙田到风情南沙》《南沙文史》《妈祖与南沙》等文集，编写印发了《南沙文化遗产》《南沙叙事》《渔声——横沥咸水歌》等精美文化读本，并鼓励和支持辖区专家学者出版了《广州南沙历史文化笔谈》《湾区南沙记忆》《水乡往事》等文化著作。

三是多部门协作共同发掘。如区政协编著了《南沙地名故事》，区方志办牵头编著《全粤村情（广州市南沙区卷）》和各镇街地方志。这些专著都是专家学者和本地社会各界人士的心血结晶，以大量翔实的资料对南沙非物质文化遗产进行了较全面的记录。与此同时，南沙区宣传文化系统长期通过纸质报刊《南沙新区报》和《南沙视界》，新媒体"广州南沙发布""印象南沙"等平台，深挖南沙历史文脉内涵，助力南沙非遗发展。

4．传承发展，积极探索传承保护的新路子

一是成立传承基地。区非遗保护中心先后在黄阁镇大井村、东里村成立了麒麟醒狮传承基地，在横沥镇、东涌镇成立了咸水歌传承基地并取得不俗的成绩，如东里村传承基地组建了黄阁女子麒麟队，打破了麒麟舞以男性为主的传统并在全省麒麟邀请赛中勇夺金奖。东里醒狮队参加广州市青少年醒狮表演赛荣获2017年兽青王奖和2018年金奖，参加在马来西亚举办的2018第一届亚洲大师运动会获铜奖;东涌咸水歌传承基地组队参加广州市幸福晚晴春晚获优秀奖，参加珠三角咸水歌歌会获金奖等。传承基地硕果累累，东涌镇咸水歌会还申报入选广州市非物质文化遗产传承基地（2018—2020年度）。

二是开展传承和展示活动。区文体中心多次组织开展南沙区非物质文化遗产保护工作培训班，组织全区负责非遗工作有关负责人及工作人员学习交流南沙非遗项目的保护与传承工作;榄核镇在中小学开设的乡土教育中增加香云纱的相关课程，普及香云纱的知识。利用文化艺术创作中心展示馆，开展香云纱文创产品展示活动和DIY手工制作，还在香云纱生产工场合作举办免费培训班，积极培养后备人才，增进学生对非物质文化遗产的了解，提高学生对非物质文化遗产的认知水平、保护意识和传承信念，增强学生们的民族自豪感，激发学生对民族传统文化的热爱和爱国主义情怀；黄阁镇牵头组织开展了多届广东省麒麟舞邀请赛，黄阁镇四大村麒麟队及来自潮州、惠州、东莞等外地队伍参赛，进一步加强了广东省麒麟舞文化的活态传承。近年来，南沙区还组织麒麟舞、咸水歌、香云纱等节目参加广州水乡文化节系列活动，历届南沙社区文化节、南沙邮轮文化节、南沙文化艺术周等，形成人人参与、创造、享受非遗的浓郁氛围。

二、特点与趋势

近年来，南沙区积极转变观念、拓宽思路，想方设法调动各方积极性，促进非遗的产品供给，深挖南沙传统水乡文化底蕴，加强文化人才队伍建设，努力弘扬优秀传统民族文化。

（一）南沙非遗保护特点

1.重"人物"，充分发挥传承人的领军作用

南沙区注重培育和引进非遗人才，自主培养了一批具备较深厚非遗技艺功底，同时与南沙发展现状相协调的人才队伍，逐步形成了一支包括文化管理干部、非遗专业干部、项目传承人骨干和文化志愿者在内的扎根基层、服务群众的专兼职人才队伍，并充分发挥非遗传承人的领军作用，全面推动非遗传承发展。

以广州咸水歌项目为例，该项目充分发挥市级传承人张健仔的主观能动性。一是深入开展"咸水歌"传承活动。张健仔长期在东涌第一小学、万洲小学、鱼窝头中学开班上课，在东涌镇党群服务中心一楼曲艺室举办了六次主题为"悠悠咸水情代代相传承"的亲子培训课程，并在南沙区老龄大学举办线上咸水歌培训班。近年来，张健仔共培训了200多名徒弟，并带领他们先后于2016年、2018年组队参加了广东珠三角咸水歌会，获演唱金奖和表演金奖；二是积极开展创作和传唱。张健仔在2020年疫情期间创作了《咸水情》等咸水歌作品，并通过酷狗、腾讯、搜狐、爱奇艺、Bilibili等平台传播。张健仔带领咸水歌传承基地人员创作了咸水歌《垃圾分类新时尚》《宣传禁毒进乡村》《满怀豪情游水乡》等反映时代精神的作品。其中《满怀豪情游水乡》获得了"羊城之夏"2020广州市民文化季——广州市第三届民歌民乐大赛铜奖。此外，张健仔长期参加辖区送戏下乡巡演活动。三是大力开展文化交流。张健仔积极组织南沙区相关传承人、民间文艺团队开展文化交流活动。2020年，组织东涌镇咸水歌会到东莞沙田镇进行咸水歌学习交流；非遗开放日期间举办的《放歌榕树下传承靠大家》咸水歌活动，并邀请了中山、珠海、顺德等地咸水歌歌手交流演出，还举办了珠三角咸水歌大赛，邀请了中山、珠海、顺德、广州天河的等地区歌手参赛。

以黄阁麒麟舞项目为例。充分发挥市级传承人张梓康等年轻一代领军人物作用。一是积极参演参赛，并屡获殊荣。张梓康带领团队积极创编节目，并组织队伍参加各项比赛活动，获得2018年广东省第五届麒麟文化节麒麟舞比赛创新组金奖、2020年广东省第六届麒麟文化节麒麟舞比赛创新组银奖、2020年第三届广东省非物质文化遗产青少年麒麟舞邀请赛金奖等多项荣誉。二是积极推动非遗项目传承和保护。在主管单位及项目保护单位的指导下，张梓康等人积极创编以省级非遗保护项目"黄阁麒麟舞"为主要元素的舞蹈、健身操等节目，并制作出教学视频，2021年起在黄阁镇中小学校范围内进行推广。三是创新推广黄阁麒麟舞文化。张梓康不满足于传统麒麟舞相对单一的表现形式，经常和师傅、队友一起，钻研创新，在传统黄阁麒麟舞套路的基础上，重点融入现代舞姿、武术及粤剧八音鼓，开创出了麒麟舞的新套路，大大增强了舞台效果，提高了麒麟舞的观赏性，同时通过与项目保护单位拍摄宣传视频、举办"非遗开放日"、麒麟舞邀请赛以及以"黄阁麒麟舞"为主题的文艺演出等活动，提高黄阁麒麟舞在群众中的知名度与文化认同感。

2. 重"品牌"，梳理非遗文脉彰显地区特色

近年来，南沙区培育城区文化品位，实现城乡二元文化从对立到统一，更好促进地区经济发展和社会进步，使南沙文化节庆活动的创意和策划组织具有更加明显的区域地方特色。区文广旅体局牵头梳理出一套完整的文化传承脉络，即岭南文化、水乡文化、妈祖文化、海洋文化四大文化体系，为新一轮的发展奠定文化基调和理论基础。其中，岭南文化、水乡文化和海洋文化特色已被纳入《粤港澳大湾区规划纲要》中进行重点建设和传承发展。南沙区积极擦亮四大文化品牌，注重历史文脉与现代文化的融合营造，通过积极打造非物质文化遗产艺术展示平台，举办一系列专题品牌活动，南沙文旅融合品牌活动方兴未艾。

以广州水乡文化节为例。水乡文化节在保留原有传统风貌和民俗特色的基础上，进一步深入挖掘和丰富水乡文化内涵，推出了咸水歌邀请赛、水乡集体婚礼、水乡摄影比赛、水乡美食节、水乡一日游、水乡农艇竞速比赛等一系列独具现代水乡特色的活动，向外界全面展示了南沙水乡的历史文化、生态景观、民俗风情、物产资源、旅游资源、农业经济、社会发展的独特魅力，成功塑造了传统水乡文化与现代工业文明共存的宜业宜居滨海新城形象。

以南沙妈祖文化旅游节为例。每年的农历三月二十三日是妈祖"诞辰"，每年这个时候全国各地的妈祖庙都会举办盛大的庆祝活动。广州南沙天后宫是珠三角地区规模最大的妈祖庙，一直都是珠三角地区市民朝拜妈祖的首选之地。南沙区从2009年至今已连续举办了13届妈祖文化旅游节活动。妈祖文化旅游节包括开幕式文艺表演、妈祖祭拜、妈祖巡游、妈祖文化展、放生活动、内地与港澳台共谒妈祖及天后文化论坛等一系列极富民间传统民俗特色文化的活动，每届均有来自台湾、福建湄洲、香港、澳门等地众多妈祖信众到场拜祭。

3．重"创新"，推陈出新占领文化新高地

南沙区在新区开发建设的过程中，结合经济和社会发展的需要，对非遗提出了更高要求：提出了非遗在体现正面的价值取向的同时，有效提升非遗产品和文化传统的竞争力和可持续发展的能力，全面提升地域文化的吸引力、凝聚力和感召力。

一是通过参加大型、高端文化活动，提升项目影响力。近年南沙区积极组织非遗项目，先后参加了中国广州国际模特大赛、南沙国际邮轮旅游文化节、海峡两岸·粤港澳大湾区国际音乐节、广州南沙舞蹈节、中国国际超级童模时装周、东南亚竹文化节、泰国宋干节（南沙）等一系列国际性活动。

二是深挖非遗内涵，延伸作品与产品范围。例如策划举办了一系列非遗主题文创赛事，还以黄阁麒麟为元素设计了广州南沙舞蹈节吉祥物"麒麟宝贝"，并将其制作成玩具公仔作为南沙礼品送给沃尔沃全球帆船巡回赛广州站的参赛选手们。

三是积极举办非遗主题的大型国际性活动。如2019年12月底，南沙区成功举办了"2019广佛国际民艺周闭幕式暨丝路非遗（南沙）时尚大赏&丝绸之路国际时装周颁奖礼""南沙文创产业发展大会"，在活动中，"黄阁麒麟舞""榄核香云纱"等项目在全球时尚达人、设计大师、文创精英汇聚的舞台上一一亮相。非遗与时尚在未来之城南沙碰撞出耀眼火花，引起全球瞩目。

（二）南沙非遗保护传承工作趋势和发展思路

1．利用优势，新区驱动，政府支持，民办官督

南沙区充分注重南沙珠三角几何中心的辐射功能，充分利用粤港全面合作政策优势，以政府强势支持为基础，系统规划、科学定位，走民办官督之路，大胆创新突破，制定相关发展扶持政策和管理细则，推动南沙非物质文化遗产传承发展。以南沙妈祖诞文化旅游节为例，该传统节庆文化活动主要由旅游公司组织举办，区文广旅体局以业务指导、适当补助的形式给予支持。通过发挥社会各界力量，融合独具风味的水乡民俗、饮食文化及水乡风貌、文物古迹、自然风光等独特的旅游资源，结合"水乡风情""滨海南沙"游览线路，确保文商旅健康、快速、高效、持续发展。

2．面向南沙，立足长远，重点聚焦，扬长避短

南沙非遗资源具有独特性。与广州主城区广府文化不同，南沙的岭南水乡文化虽历史积淀不足，但特色鲜明。因此，南沙非遗传承发展要在充分考虑南沙优势劣势的基础上扬长避短、精雕细刻、扎实推进，着眼于水乡文化的挖掘，把民间音乐、民俗、故事及古建筑群进行提炼，注重艺术性的高品位、深内涵，同时增强娱乐性，提

高趣味性和参与性，使其不失群众基础。近年来，南沙提出的建设"钻石水都""梦里水乡"等概念，正是这种思路的体现。在今后，南沙还需深化水文化的发掘和整合，积极开展申报工作，争取人力物力资源扶持，如此才能更好地保护和发展南沙民俗文化，弘扬水乡人民"亲水、兼容、平和、开放"的精神。

3．文旅融合，产业导入，切合市场，财智并行

不管是城市基础设施还是上层建筑构建，都需要注重可持续发展，才能为今后发展打下基础。南沙作为经济挂帅的新区，更需要充分利用市场化手段，利用国家文化政策和资金，大胆引进粤港澳人才、资金、技术和信息资源，通过市场化手段发展南沙的非物质文化遗产。例如南沙目前依托虎门炮台遗址推进的海防遗址国家文化公园，在整合炮台海防文化和旅游资源的同时，还将结合妈祖文化等海洋文化资源，实施文化旅游配套设施建设工程，推动大湾区文旅融合和海洋文化发展的先行区、建设中外人文交流合作的示范基地。再如"十四五"期间规划建设的"梦里水乡"文旅项目，"梦里水乡"文旅小镇包括水乡风情商业街区、休闲渔家码头、都市田园生态社区等区域，打造岭南特色的一河两岸岭南水乡景观。作为都市农业实验区文旅配套的重要基本设施，南沙的疍家文化无疑将是其中重要组成部分。通过旅游业发展反哺文化，促进岭南水乡文化产业发展壮大，实现历史文化与旅游休闲的完美结合，以文化产业新定位新思路为南沙非遗发展注入新的推动力。

三、存在问题与对策分析

（一）目前存在问题

1．新区快速城市化造成部分非遗项目消亡速度加快

一是南沙区正处于经济高速增长的进程中，大量传统技艺和传统民俗活动随着城市化进程加速消亡。南沙水乡婚俗目前已少有人举办，主要依靠政府支持举办集体性的水乡婚礼。"冯马信俗""龙舟歌"等很多经口口相传、口传心授、言传身教的民俗、技艺、传说因老人的离世逐渐失传了。也有很多民间技艺随着社会的发展等诸多因素而无人继承，造成了非物质文化遗产的流失与失传。而在此过程中一些濒临湮灭的项目得不到有效记录、抢救，保护工作很难展开，甚至一些已经记录和整理的项目资料和实物面临损毁和再次流失的危险。

二是经济发展带来了大量的车流、物流，在一定程度上增加了汽车尾气排放，导致空气污染，噪声污染等。目前南沙水乡文化依托的周边水域的水生环境有遭到损害的风险。以"香云纱染整技艺"为例，该项目"过乌"工艺所使用的河涌泥必须要纯净、未受污染的泥土。"晒莨"工序的草地，也要求草身软硬适中，位置也应该靠近有优质河泥的河涌。顺德地区正是由于适合晒莨的场地日益减少,即便有符合生产条件的场地,土地租金也极为高昂。近乎苛刻的环境要求迫使香云纱生产企业不断迁移和寻找新的生产地,而南沙区榄核镇以其优质的生态环境吸引了来自顺德的晒莨厂入驻。也因此,保护榄核地区香云纱生产场地所具备的自然条件变得尤其重要和迫切。

2．非遗传承发展起点不高

南沙区由于建区时间不长,加之原有文化基础设施比较薄弱,尤其是非物质文化遗产挖掘、展示和研究阵地不多。文化建设与宜业宜居现代化滨海新城区的发展定位相比差距较大,特别是与人民群众日益增长的精神文化需求相比明显落后。

同时,非物质文化遗产的传承发展需要强大的资金支持。然而,单纯依靠政府投入则资金有限。目前也缺乏刺激和鼓励社会资金和资源投入的相关机制,非遗项目可持续传承发展能力不足。近年来区财政对非遗的投入虽也有所提高,但仍落后于保护的实际需要,也滞后于经济发展水平。同时,对非遗项目的管理存在重开发、轻保护,重展示、轻研究等现象,大部分资源投入到品牌项目创新和打造上,缺乏对民间资料的口述采集和对历史资料的深入研究,对一些急需进行抢救性保护的项目在经费和人力物力上投入也不够。

3．具备广泛影响力非遗相关精品不多

南沙非遗特色明显,但由于深度加工不够,层次不够高,故未形成精品系列成果,缺少具有国际性影响力的拳头作品。相关文化资源项目仍存"小、散、虚"的特点,不成规模,也没有形成让体验者、消费者充分参与的项目体系。非物质文化遗产产业化功能不强,产业链条短,市场主体和平台竞争力不强,服务要素配置不完善,消费外溢现象明显。例如,南沙的香云纱产业还主要是生产基地,缺乏基于南沙本土的知名品牌,市场占有率不高。对于资源的发掘也缺乏有效统一的研究指导,未形成规模效应。

（二）解决对策分析

1．打造完善的非遗挖掘、展示和研究阵地

一是深入挖掘岭南文化、水乡文化和海洋文化资源,结合"南沙文化岛""梦里水乡""凤凰卫视打造梅糖文化产业中心"等成片区的规划建设项目和"南沙博物馆""湾区文化中心"等大型重点工程项目推进南沙非遗展示和传承阵地建设。同时支持非遗展示场所多样化发展,鼓励非遗工作站、非遗大师工作室、非遗基地建设。

二是修缮历史文脉节点、重建古镇码头、设置水乡风情街巷,凸显水乡地域及风情体验。植入麒麟文化、水乡文化等元素,打造岭南特色一河两岸岭南水乡文化体验品牌。

2．完善和提升非遗管理体制，加强申报，扩大影响

一是区文化主管部门及有关单位将挖掘、研究南沙非遗内涵作为重要的长时期的经常性的工作，进一步完善管理体制，利用非物质文化遗产普查和申报工作之机遇，整合弘扬水乡文化资源，深挖其文化价值和历史价值，从源头上夯实南沙非遗理论基础，并注重注入现代精神的价值要素，使之成为当代人的精神产品，更好地发挥非遗在对外交流中的独特作用。在此基础上，区文化主管部门及有关单位积极争取申报各级非物质文化遗产名录项目，完善南沙非遗保护体系。

二是进一步加强宣传传播工作。建议从政府层面进行整体策划，除了传统的展示、出版、活动和媒体宣传等传播方式外，还可以充分利用现代科技成果，通过微电影、动漫、微信、APP等方式，全面拓展南沙非遗的影响力。建设"南沙数字文化网"门户，覆盖桌面、移动等终端设备，建设全天候多方位的移动数字文化网络平台。导入本地区非遗特点、人文环境、产业优势等因素，建设和发展水乡文化、海洋文化、星海文化等专题馆藏或特色数据库。

3．提升南沙非遗项目艺术价值，推进产业协同发展

一是有意识地加强具有南沙特色的展示和创新，争取省市专业力量支持，例如群文专家、民俗专家以及电视台的支持。进一步加大文艺精品创作力度，围绕岭南水乡特色文化资源进行创作和演出，继承传统、变革创新，努力创作一批内容丰富、市场潜力较大、地方特色凸显的南沙文艺产品。争取在主题、基调、规模、档次、创意等方面取得新的突破。

二是推动经贸旅游和非遗合作，促进文化创意产业发展。按照文化搭台经济唱戏的思想，注重利用非遗进行交流和促进商贸活动。例如在妈祖文化节期间邀请投资商来南沙举办现场投资推介暨经济项目洽谈会、知名品牌推介会、粤港澳文化合作推介会等经贸活动，进一步助推文化产业发展，初步形成一批具有南沙特色的非遗相关的文化产业项目，增强文化产业对经济的贡献率，实现文化资源优势向文化产业优势的转变。筹建"非遗产业化孵化器"等文创产业孵化器，为南沙非遗产业发展提供人才、资金、科技等方面的支持。

四、结语

党的十九届五中全会将"建成文化强国"列入2035年基本实现社会主义现代化远景目标，吹响了推进社会主义文化强国建设的号角。习近平总书记强调，中国特色社会主义是全面发展、全面进步的伟大事业，没有社会主义文化繁荣发展，就没有社会主义现代化。南沙作为国家新区、自贸试验区、粤港澳全面合作示范区和承载门户枢纽功能的广州城市副中心，应当深入挖掘以水文化为代表的非物质文化遗产资源内

涵，充分借助重点平台、项目，厚植南沙城市品牌高度和价值力，打造良好营商环境，助力人文湾区建设。随着文化强区战略加快推进与经济社会发展全面加速，我们将把非物质文化遗产保护和开发利用摆在全局工作的突出位置，大力提升南沙文化软实力，做大做强对外文化交流门户功能，建好用好一批重大活动平台，面向世界讲好南沙故事，打造开放、活力、时尚的城市文化新形象。

从化区非物质文化遗产保护发展报告

文庭学　苏维慧[*]

摘　要： 从化区地处广府文化与客家文化交汇地，非物质文化遗产资源丰富、特色鲜明，当地人对其认同度高，参与保护意识强。"十三五"期间从化区在非遗保护工作中取得显著成绩，非遗展示较充分，传承实践活跃，保护形成多样，机制比较完善，非遗与乡村振兴融合度高。但也存在保障经费不足，专业人才短缺等问题，需要在"十四五"期间加以改善。

关键词： 非物质文化遗产　保护　从化区　特色　对策

党的"十九大"报告中提出，在乡村振兴发展中，必须要保留住民族文化的根，保留住民族本身独有的特质，促进现代文化与传统文化融合的创新发展。[①]从化区是中原文化与土著文化、广府文化和客家文化交汇地[②]，物产丰富，民风淳朴，非物质文化遗产资源丰富，地方特色鲜明，具有较高的传承和保护价值，当地居民普遍对文化遗产有较强的传承和保护意识。[③]非物质文化遗产是实施乡村振兴战略的重要基础，从化区要从传承区域文化出发，从本地传统文化中寻找新的价值和模式，对非物质文化遗产进行保护、再开发，培育新的经济增长点，以推动地方经济文化的持续发展。

一、基本情况

（一）名录建设

截至2020年12月，从化区共有非遗代表性项目总共24项，其中省级2个、市级6个，区级16个；有非遗代表性传承人共27人（其中1人逝世），省级代表性传承人2

---

　*　文庭学：从化区文化馆副馆长；苏维慧：从化区文化馆非物质文化遗产部部长。

　①　郭兴：《乡村振兴视野下非物质文化遗产价值的现代重构——以忻城壮锦为例》，广西科技师范学院学报，2019年总34期第6期，第9—14页。

　②　中国地理百科丛书编委会：《羊城地》，世界图书出版社广东有限公司，2015年，第202页。

　③　贡儿珍：《广州非物质文化遗产志（下）》，方志出版社，2015年，第1176—1177页。

人，市级代表性传承人8人，区级代表性传承人17人；现有非遗传承基地16个，其中市级5个，区级11个。

省级非遗代表性项目有春节习俗（掷彩门）和客家狮舞（从化猫头狮）两种，市级非遗代表性项目有从化水族舞、从化温泉传说、鳌头醒狮、客家山歌、添灯上灯习俗和从化麒麟舞等，区级非遗代表性项目有走马灯制作技艺、邱氏毒蛇药剂制作疗法、谭氏蜂蜜炼制技艺、刘仙姑传说、吕田大肉、臭屁醋、洪圣诞、荔枝皇传说、叶氏正骨术、莫家拳、吕田头酒酿造技艺、太虚拳、鸡公狮、粤剧、水湾田百花酒酿造技艺和吕田豆腐制作技艺。

2016—2020年来，从化区新增非遗代表性项目共6个，新增市级非遗代表性项目传承人1名。新增市级非遗传承基地2个，新增区级非遗传承基地5个。

通过搜集、记录、分类、编目等方式，从化区对24个非遗代表性项目建立了完整的档案；用文字、录音、录像、数字化多媒体等手段，对各个项目进行了真实、全面、系统的记录，实现了项目资料数字化。通过开展普查、调研和传承活动，全区共编纂文字档案资料80多盒共200多万字，形成的文字材料全部录入电脑，收集项目、传承人、实物照片3万多张，对所有项目都进行了录音、录像。同时从化区还建立了非遗项目档案、非遗代表性传承人档案、工作组人员档案、非遗专家档案等。

（二）展示和展演

1. 组织选送非遗项目参与各类比赛

近年来，从化区开展了非遗的展示与展演活动，从化水族舞、客家山歌、从化麒麟舞、鳌头醒狮和从化猫头狮等项目都在传统的基础上，对表演形式与内容方面进行了大胆创新，展示与展演效果也实现了质的飞跃，多次在省市级比赛中获得优异成绩。其中，鳌头醒狮在2014年开始获"少儿才艺大赛"金奖一次，[①]在市总工会举办的醒狮大赛获两次金奖，在广东省传统龙狮、麒麟锦标赛获金奖一次，在广州市青少年醒狮表演赛获金奖两次，在广州市第四届广场舞大赛银奖。从化麒麟舞获得广东省麒麟舞大赛银奖三次，广东省传统龙狮、麒麟锦标赛获银奖一次。在2017年民间文学项目从化温泉传说被精心改编为舞台剧，以舞蹈形式上向观众进行展示，表现从化人追求美好生活的故事。2018年从化区文化馆对从化水族舞的音乐和舞蹈进行重新的编排和创作的工作，联合从化技校及体校等学校重新演绎，恢复了水族舞的祭祀仪式，重新创作的舞蹈表演更加精细化，在视觉和听觉上都有很大的飞跃，百人共舞的大型场景使水族舞的表演更具舞台性和震撼性。2019年10月从化水族舞参加广州市民文化

---

① 文庭学：《2014从化市非物质文化遗产项目专集》，广州从化区文化广电新闻出版局，2014年，第16页。

节第二届群众原创音乐舞蹈大赛获金奖。2020年8月，从化区结合区级非遗项目《莫家拳》创作的原创舞蹈《武·舞》在"羊城之夏"2020广州市民文化季——广州市第三届原创舞蹈大赛中获得铜奖。同年10月23日，从化区非遗项目《粤剧》表演唱《垃圾分类齐参与》在"羊城之夏"2020广州市民文化季——广州市第四届戏剧曲艺大赛中获得银奖。12月5日，从化区鳌头醒狮队伍在第四届广州市青少年醒狮表演赛中获得优秀组织奖及铜奖。12月15日，从化区东风小学麒麟舞队在第三届广东省青少年麒麟舞邀请赛中获得银奖。

2．积极举办各类非遗活动

多年来，从化区文化馆利用民俗节庆、乡镇宣传活动、文化和自然遗产日等开展了丰富多彩的非遗活动，进一步加强非遗传承和传播，促进非遗保护工作落到实处。2020年1月1日，在江埔街凤二村客家山歌文化广场举行了"2020年首届广州从化文化艺术节——广州市客家山歌邀请赛"。6月10—12日，举办2020年"文化和自然遗产日"从化区非遗成果线上、线下展览活动。7月30日，在从化区图书馆报告厅举办了2020年从化区客家山歌邀请赛。9月26日，在太平珠江壹城隆重举办了"新时代文明实践系列活动——2020年非遗项目精品展"，约有1000名群众参与。10月31日—11月1日，在太平镇珠江壹城壹悦广场举办了新时代文明实践活动"花开流溪"——中国（广州）从化首届乡村文化艺术节——"壹城杯"2020年从化区第三届传统醒狮大赛。20支来自从化以及广州其他区的醒狮队伍参与了比赛，近千人观看了比赛。该活动的报道还登上了网易、今日头条、中国基层网等宣传网站。

3．参与演出交流活动

为了达到宣传从化区非遗的目的，从化区积极组织各个非遗项目参与非遗演出交流活动。2020年1月14日，参加了广州市主办的"非遗过大年，文化进万家"启动仪式暨非遗醒狮进校园成果汇报演出；9月22日，从化区举办了"庆丰收 迎小康"从化区庆祝2020年中国农民丰收节系列活动，从化区文化馆选送的鳌头醒狮表演及《从化水族舞之鱼游春水》舞蹈参演此次开幕活动；10月17—18日《鳌头醒狮》《粤剧》等项目参演2020年南粤古驿道"Hello 5G杯"定向大赛；11月24日《粤剧》表演参演广西壮族自治区南宁市举办2020中国美丽乡村休闲旅游行（冬季）推介活动。从化区通过各类的展示和表演让广大群众在表演中认识、了解非遗，让非遗更深入人心。

4．举办非遗讲座及展览

每年从化区都会举办非遗知识讲座及非遗项目和传承人展览。2020年，从化区举办了非遗知识讲座、猫头狮套路讲解、鳌头醒狮套路、动作讲解、区级传承人《非遗法律知识》讲座等讲座共8场次，参与人数约800人次；举办从化区非遗项目及代表性传承人展览共15场，观看人次约1万人次；对进一步加强从化区非物质文化遗产的保护与传承，促进从化区群众了解从化区非遗、重视从化区非遗发展和传承起到积极作用。

（三）传承教育

习近平总书记多次对非物质文化遗产保护做出重要指示批示，强调要保护好、传承好非物质文化遗产，让非物质文化遗产绽放出更加迷人的光彩。非物质文化遗产是一个地区、一个民族精神品质的体现，具有独特的思想和丰富的文化内涵[①]。从化区非物质文化遗产地方特色浓厚，具有较高的传承和保护价值，当地居民有较强的文化传承和保护意识，能积极开展非物质文化遗产的保护与教育传承活动。[②]

1. 积极推进非遗进校园活动

从化区文化馆在学校先后建立了非遗传承基地15个，基地是以非物质文化遗产启蒙教育为内容，结合未成年人身心发展规律，促进未成年人爱国情感和民族精神的形成，为从化区非遗项目世代传承提供强有力的保障。

2. 积极开展培训活动

2020年，9—12月，从化区文化馆开展非遗传承基地培训班8个，培训次共96班次，培训人次约800人次。充分发挥了项目和传承人的作用，促进从化区非遗项目传统技艺的传承和发展，提高学员传统工艺制作水平，提高非遗传承人群的实践水平和传承能力。同时，从化区文化馆还联合各镇街文化馆分馆举办了太虚拳、醒狮、臭屁醋、猫头狮等共8个非遗项目培训班，积极动员各镇街青少年群众参与到非物质文化遗产保护的行列中，搭建一代传一代的非遗保护梯队，形成良好的非遗保护形式。

3. 踊跃参与比赛、展演

2020年11月30日，从化区文化馆联合鳌头镇非遗醒狮传承基地桥头小学的鳌头醒狮广场舞《萌狮趣乐》受邀参加"同心看世界，光影伴童年"2020中国国际儿童电影展闭幕式的演出，从化区局及从化区文化馆非常重视该邀请，每日组织安排传承基地表演人员进行排练，并带队参与该活动，表演受到现场观众的热烈欢迎，该活动还登上学习强国APP等媒体。12月15日，从化区组织东风小学麒麟舞队参加由广东省非遗保护中心和东莞市人民政府主办的第三届广东省青少年麒麟舞邀请赛，最终勇获银奖。

4. 完善人才培养机制

完善优秀传统文化传承发展人才培育和激励机制，从研究教育、学习培训、传承

---

① 林青：《习近平关于非物质文化遗产　重要论述及其时代价值》，南京理工大学学报（社会科学版），2019年总32期第6期，第20—27页。

② 王建红：《走进从化北回归线上的神奇绿洲》，花城出版社，2008年，第55页。

创业、经营管理等方面进行倾斜扶持。制定和实施优秀传统文化师资培训计划、传承人研修研习培训计划，推进绝艺传人以师带徒、以老带新。

5．动员全社会参与

各类文化单位机构、各级文化阵地平台，都要担负起守护、传播和弘扬中华优秀传统文化的职责。各类企业和社会组织要积极参与文化资源的开发、保护与利用。充分发挥政府主导作用和市场积极作用，鼓励和引导社会力量广泛参与，把优秀传统文化传承发展的各项任务落实到农村、企业、社区、机关、学校等城乡基层，形成人人传承发展中华优秀传统文化的生动局面。

（四）研究情况

1．论文发表情况

2016年从化区文化馆文庭学撰写的论文《试论非物质文化遗产活化利用的几点思考》和《广府狮舞的地域特色研究》分别发表在《文化研究》和《广府文化》等刊物上。

2017年从化区文化馆黄演宏撰写的论文《新型城镇化背景下非物质文化遗产的保护研究》和《产业化视角下的非物质文化遗产保护》分别发表在《文化研究》和《文艺生活》等刊物上。

2019年从化区文化馆苏维慧撰写的论文《探析非物质文化遗产保护工作中的社区认同》发表在《艺术大观》上。

2．著作出版情况

多年来从化区注重全区客家山歌的调研及创作作品收集，收集和出版了《从化客家山歌作品集》1～3本，开展了客家山歌原唱记录碟片的录制和刻录工作。

从化区每年收集非遗方面的资料，更新编印《从化区非物质文化遗产名录专集》用于派发群众外，从化区多年来均利用非遗工作经费及上级下拨的补助撰写和编印各类非遗书籍：2018年完成《从化猫头狮》《从化麒麟舞》《鳌头醒狮》三个项目的校外读本和《从化猫头狮》图册。2019年完成《从化水族舞表演道具鱼虾蟹编织技艺教材》《从化水族舞项目画册》《掷彩门项目调研成果汇编》《添丁上灯习俗道具花灯编织技艺教材》《添丁上灯习俗项目画册》的一系列教材和画册。

3．从化区非遗专项调研成果

2016年还开展了从化区地方戏曲剧种的普查工作，通过普查，共得到了非遗项目线索167项，重点项目线索40多项，粤剧团队7个，粤剧业余演职人员140多名，在校中小学生学习粤剧的人数有50多名。编印了《从化区非物质文化遗产普查登记表》《从化区非物质文化遗产普查名录》《从化区地方戏剧剧种普查成果汇编》各项普查文字、图片和视频资料进行了整理、归纳和存档。

2019年为了推动从化区客家山歌的传承与创新，2019年9月从化区非物质文化遗产领导小组到从化区江埔街凤二村进行客家山歌专项调研，参观并指导凤二村客家山歌文化广场和客家山歌陈列室的建设，摸查了凤二村客家文化、客家山歌、客家美食等的发展状况，及其对从化区客家山歌的影响，并形成了《客家山歌文化在凤二村传承与转化——凤二村客家山歌艺术文化特色村建设初探》调研报告。

二、特点与趋势

（一）从化区非物质文化遗产保护的特点

1．充实保护力量，加强分类指导

从化区加强了非遗保护中心等机构的建设，逐步增加专业人员配备，进一步加强非物质文化遗产活化的专业培训和引导。加强与民间协会、志愿者团体、有关高校、科研机构的合作。在此基础上，对从化区特色小镇优秀传统文化进行分类指导。对已失去传承能力的项目，开展了影像和文字的记录工作，予以妥善留存，并对传承人加大培育培养力度。对一些存在市场的传统技艺类项目，如吕田头酒、吕田大肉、臭屁醋和谭氏蜂蜜等进行生产化保护，按照市场规则与食品安全要求，指导并推动传统技艺融入现代市场经济，让非物质文化遗产走进更多百姓的日常生活当中去。

2．设立专项资金，加快多元配套

一方面充分发挥政府在非遗保护中的主导作用，加大了财政支持力度。加强了核算和监督力度，将其作为改善民生的重要工作，切实提高资金使用效益。在财政发挥引导和支撑作用的同时，通过政策导向，鼓励多方筹集资金，通过社会捐资、市场经营、旅游开发等不同参与模式，实现多元资金的投入，为非遗传承和活化奠定坚实的物质基础。另一方面，充分运用市场机制，鼓励社会力量参与到非物质文化遗产的保护和开发利用中来，从化区文化馆和从化区文联先后在多所大、中、小学建立多个非遗传承基地，吸收了多个社会团体的文艺志愿服务队伍去各个传承基地传授非遗传统技艺，积极推动非物质文化遗产进校园、进课堂、进教材等"活化"措施。

3．注重人才培养，确保有效传承

对列入各级名录的非物质文化遗产，确定了代表性传承人，并积极培养非物质文化遗产传承人群。一方面对现有保护条例界定不明确的内容进行补充完善，另一方面鼓励非物质文化遗产代表性传承人进行知识产权注册登记，使非物质文化遗产的成果得到应有的法律保护。营造了尊重、支持、服务传承人良好社会氛围，激发传承人责任感和使命。

图1　掷彩门

图2　从化猫头狮

图3　从化水族舞

图4　从化客家山歌

（二）从化区非物质文化遗产保护的发展趋势

1．推进申遗工作进程

从化区丰富的非物质文化遗产在乡村振兴中发挥着重要的作用，已经引起了政府和社会各界的普遍重视。非物质文化遗产是从化区人民世代传承的文化瑰宝，是从化区人民精神品质和独特思想内涵的具体体现。如《鳌头醒狮》《从化猫头狮》民俗项目，就有着几百年的历史，每年的春节、神庙祭祀等隆重节日，从化区各乡镇就以舞狮来驱邪纳吉。①基于此，从化区政府在从化区文化馆内专门设置了非物质文化遗产保护办公室，主抓从化区非物质文化遗产的挖掘、申报、传承、文化档案建档造册等方面工作，形成了较为完善的保护机制，推动了非物质文化遗产的挖掘、保护和传承。其次是区政府严把申遗"条件"与"程序"两关，只有经过百年文化沉淀、不间断传承，有历史渊源和一定的文化影响力，且发展历史脉络清晰的项目才有申报资

---

① 从化市文物普查汇编编纂委员会、广州市文物普查汇编：《从化市卷》，广州出版社，2008年，第363页。

格，并需要提供较为全面的申报材料。从化区文化保护相关部门深入挖掘区域内非遗资源，推进非遗项目申报工作的有效开展。

2．充实保护力量，发展乡村特色文化产业

在乡村振兴战略发展实施中，打造地方文化品牌，培育农村经济新业态文化是促进从化区经济发展，助推乡村振兴发展的重要基础保障。在从化区农村经济新业态文化推进发展中，可以将非物质文化遗产与从化文艺节、乡村振兴、特色小镇等进行整合，实现从化区非物质文化遗产资源向文化生产力的转化，从而打造专属从化区域的文化品牌。一方面，如从化区江埔街罗洞工匠小镇百匠园就通过非遗工作站打造了多方联动共同保护非遗的开放性平台，集非遗代表性传承人、行业协会等多方力量，协同开展非遗研究、研发、设计、孵化、人才培养资源共享、交流合作、跨界对话等工作，建立了平等互利的合作机制，推动了非遗创造性转化和创新性发展。此外，强化与社会非遗保护的志愿者团队、民间协会、学校教育机构以及非遗科研机构的合作，实施"政府主导，社会参与"的工作机制，建立了具有从化特色的优秀传统文化保护制度，共同推进非物质文化遗产等优秀传统保护工作的落实。另一方面，立足乡村振兴，紧密结合新时代发展需求，在保护传承的基础上，深入挖掘文化潜在资源，在继承中创新，在创新中发展，不断赋予时代内涵、丰富表现形式，按照科学有序的要求，将它们推向市场，不断增强中华优秀传统文化的生命力和影响力，使其成为带动全区经济发展新引擎，让非物质文化遗产等优秀传统文化惠及更多百姓。

3．推动"非遗在社区"，融合现代生活

"保护为主、抢救第一、合理利用、传承发展"是从化区非物质文化遗产保护工作保护的基本方针。首先，对从化区具有非物质文化遗产传承的乡镇以及村庄实施发掘与保护，从当地流传下来的文化瑰宝中寻找新的价值和模式，培育新的经济增长点，强化并落实好"美丽乡村"的文化建设，实现促进乡村振兴。其次，对已失去传承能力的优秀传统文化，采取相片和视频资料的形式，开展资料收集整理和归档，进行文化的记录保存，并积极开展对从化区非物质文化遗产传承人的培育培养工作，开设非物质文化遗产传承基地、非物质文化遗产进校园等传承培育工作的有效落实，努力使从化区非物质文化遗产等优秀传统文化保持其活力，对一些传统技艺的项目努力使它们与市场相结合，如吕田镇的吕田头酒酿造技艺、吕田大肉、臭屁醋等，丰富农村文化业态，促进乡村发展。再次，深入开展中国传统节日传承计划，结合春节、元宵、端午、中秋等传统节日，把新春系列、非遗专场展演、文化和自然遗产日等非遗品牌宣传活动为载体，结合从化本地传统民俗节庆，开展多场（次）非遗项目演出，举办从化区非遗展览展演活动，弘扬从化区非遗特色，打造区域性的非物质文化遗产展示交流平台。

三、问题与对策

（一）从化区非物质文化遗产保护存在的问题

1．非遗保护工作经费不足

第一是在非遗保护工作开展的经费支持上，文化馆等相关机构对保护工作经费支持上，一直存在着不足，所下发的保护经费，尚不足以支撑现阶段非遗保护工作开展的费用支出。面临着日益增长的保护工作需求，从化区非遗保护工作经费的不足，限制了从化区非遗保护工作的发展，近几年，由于从化区财政比较紧张，非遗保护工作经费从2012年至今，最高的投入只有10万元，这个工作经费还不到广州其他区的十分之一，因此，市政府部门需要重视对从化区非遗保护经费的补助，以此保障实际投入与需求相符，促进从化区非遗保护工作的顺利开展。第二是没有设立从化区非遗区级项目专项资金。截至目前，从化区共有24项非遗项目，当时针对这些非遗项目后期的保护与传承，由于没有设立专项的项目保护经费，在缺乏经费的支持情况下，很难做好对非物质文化遗产的有效传承与保护，甚至有一些项目面临着失传的危险境地。第三是没有设立区级传承人补助。政府没有将从化区一级代表性传承人经费补助纳入到财政预算中，从化区26名项目代表性传承人，也只是有寥寥几位省、市级传承人可以获取到由政府补助的省市传承人经费补助，其余传承人只是每年在非遗保护工作经费中获取几百元的经费补助，面临着如此状况，部分传承人带徒授艺的积极性受到了严重打击，一些青年群体也看不到传承所带来的价值，不愿意去学习和传承非物质文化遗产，部分项目出现了传承断层，能否延续令人担忧。

2．非遗专业人才匮乏

广州市很多区已经成立了区非遗保护中心，而且大部分的区文化馆都引进了非遗专业毕业的研究生和大学生加入到非遗保护工作的队伍中来，而从化区非遗保护工作一直只有1至2个人来完成这项专业性强工作量又大的工作任务，没有经费外出培训，更没有经费外请非遗专家进行技术性的专业指导，致使从化区非遗工作组成员因为在工作上遇到很多技术性的难题。现在从化区非遗档案方面数字化处理也不够专业。

3．保护能力有限，创新不足

在现代化、信息化时代，现代青年人的思想较为活跃，对于一些时尚新型有特色的事物追求度要高于对非遗的保护与传承，当前对于非物质文化遗产的保护而言，新一代保护意识薄弱，青年人们更多地去愿意选择现代化产品，也不愿去主动学习并传承非遗。例如吕田头酒酿造技艺在制作过程中，需要复杂化的工艺去进行制作，同时还需要花费大量的时间与精力，面对这样的技艺传承，更多的人更愿意去学习一些现代化、自动化信息技术，选择生产现代化产品。因此，如果传承人不主动学习和创新改进方法，很容易被时代潮流所淹没。

（二）从化区非物质文化遗产保护和传承策略

1．设立专项资金，加快多元配套

从化区政府要重视非物质文化遗产保护与传承工作，要明确非物质文化遗产的财政支持政策，加大对保护传承的经费投入。通过设立从化区非物质文化遗产保护专项基金，为从化区非遗传承基地的建设以及非遗宣传工作的开展提供有力的资金支持，促进非遗传承与保护工作的有效开展。同时，为了有效保障非遗传承人的带徒授艺的积极性，促使非遗可以持续传承，从化区政府要强化对非遗代表性传承人的经费补助，将区级传承人经费补助纳入到财政预算中，给予实际的资金补助，让传承人感受非遗传承的价值，带动其传艺带徒积极性，让青年下一代传承人认识到非遗的价值意义。在加大从化区非物质文化遗产保护同时，还要强化对所下拨补助资金的核算和监督力度，切实提高资金使用效益，促使其可以应用到非遗传承与保护的重要工作中。此外，政府还需通过政策导向，鼓励多方筹集资金，通过社会捐资、市场经营、旅游开发等不同参与模式，实现多元资金的投入，为非遗传承和活化等优秀传统文化奠定坚实的物质基础。

2．拓展传播渠道，加强宣传教育

从化区非物质文化资源丰富，种类繁多，在保护和传承上需要新的突破，可以综合运用数字化等多元化的宣传渠道，以书籍、文献、展馆、文艺表演宣传、参与比赛以及微信、微博、抖音、快手等新媒体互联网站等各类载体，统筹宣传、文化、教育等各方力量，创新表达方式，提高非物质文化遗产的影响力。[1]再次，从化区还可以通过春节、元宵节、端午节等各类重要民俗节日以及"中国国际文化博览交易会"、乡镇宣传活动、文化和自然遗产日等平台，积极开展从化区地域性非物质文化遗产的展示展演，依托非物质文化遗产宣传与保护文化馆等相关单位，充分利用媒体、网络、宣传资料等媒介，积极强化社会宣传力度，方便人们可以用手机、电脑等终端设备，利用碎片化的时间，对从化区这些优秀的传统文化有一个良好的认知与了解，提高非物质文化遗产的影响力。最后，让从化区非物质文化遗产走进社区，走进校园，将从化区如《客家山歌》《鳌头醒狮》《从化猫头狮》《从化麒麟舞》《从化水族舞》等这些优秀的非物质文化遗产，以表演的形式吸引青少年群体以及社会群众进行观看，让青少年学生学习和传承传统文化，让从化区人民群众重视并齐心共同保护和传承从化区独具特色、丰富多彩的历史文化。

---

① 薛可、龙靖宜：《中国非物质文化遗产数字传播的新挑战和新对策》，《文化遗产》，2020年第1期，第140—146页。

图5　从化猫头狮进校园活动

图6　太虚拳培训

3．大力建设传承基地，加强人才培养

为促进从化区非遗的持续传承，对非遗进行更好的、更长久的保护，需要从化区政府联合各非遗保护机构，大力做好传承基地的建设工作，注重非遗传承人才的培养。首先，通过"非遗"文化进校园、进社区活动，让更多青年人了解文化，从学生时代就要开始引导他们肩负起从化区非遗的传承与保护重任，进行人才培养。其次，通过联合从化区各学校与教育机构，建立"非物质文化遗产进校园"传承示范基地、开展非遗传承培训班等形式，开展从化水族舞、从化麒麟舞、猫头狮舞、客家山歌、太虚拳等特色非遗培训班，聘请专业的非遗传承人才，去相应的基地传授技艺知识，使青少年群体对非遗进行有效学习与传承。同时，发挥项目和传承人的作用，提高学员传统工艺制作水平，提高非遗传承人群的实践水平和传承能力，促进从化区非遗项目传统技艺的传承和发展。最后，完善优秀传统文化传承发展人才培育和激励机制，从研究教育、学习培训、传承创业、经营管理等方面进行倾斜扶持。制定和实施优秀传统文化师资培训计划、传承人研修研习培训计划，推进绝艺传人以师带徒、以老带新，积极动员各镇街青少年群众参与到非物质文化遗产保护的行列中，搭建一代传一代的非遗保护梯队，形成良好的非遗保护形式。

4．加强政策和法治保障，发动全社会参与

从化区政府需要加强对非遗的政策保护力度，加强优秀传统文化传承发展相关扶持政策的制定与实施，注重政策措施的系统性协同性操作性。充分发挥政府主导作用和市场积极作用，引领各类文化单位机构、各级文化阵地平台，都要担负起守护、传播和弘扬中华优秀传统文化的职责，引导和鼓励企业、社会组织及个人捐赠或共建相关文化项目，积极参与文化资源的开发、保护与利用。同时，加大相关政策措施落实力度，把优秀传统文化传承发展的各项任务落实到农村、企业、社区、机关、学校等城乡基层，形成礼敬守护和传承发展优秀传统文化的良好环境。

5．非遗传承和保护既要保持传统特色，又要有创新活力

党的十九大报告中提出，在乡村振兴发展中，必须要保留住民族文化的根，保留住民族本身独有的特质，促进现代文化与传统文化融合的创新发展。也就是说，对于非遗的传承，既要保证文化项目的原真性，有必要迎合现代化人们对艺术的现代化审美观念，将现代化元素与传统文化进行有效的契合发展，在视听、道具和服装等方面加入现代的元素，让人们在视觉上更愿意去了解与接受，增强其观赏性的创新。此外，对于非遗的传承还要考虑活态传承，与从化特色小镇建设和从化旅游相契合，从而促进从化非遗的保护、开发和再利用，为文化遗产在新的时代寻找生存价值，在保护和传承非遗的同时，促进当地建设和发展，服务地方经济。

四、结语

非物质文化遗产是中华优秀传统文化中不可或缺的重要组成部分，传承与保护非物质文化遗产已经成为国家和地方区域文化工作的重点内容。从化区非遗有着土著文化、客家文化相结合的岭南文化特色，许多非遗项目有着较为悠久的历史传承，且从化区非物质文化遗产地方色彩浓厚，类型丰富多彩，更具传承和保护价值。在乡村振兴背景下，从化区必须以习近平新时代中国特色社会主义思想为指导，认真贯彻落实国家、省、市关于开展非遗保护工作的各项要求，坚持保护与开发、传承与创新并重的原则，进一步增强文化自信，稳步推进从化区非遗保护工作，顺利完成各项工作任务，解决文化遗产渐渐流失的困境。[①]我们需要积极探究从化区非遗的价值真谛，并积极努力实现非物质文化遗产与特色小镇建设、旅游业、文艺节、学习基地一起发力，贯彻落实好十九大精神，保护和创新文化，赋予其新的意义，实现非物质文化遗产的传统元素和现代文明相结合，利用多元化宣传手段，让更多的人了解从化区丰富多彩的非物质文化遗产，实现从化区非物质文化遗产的创新性、持续性传承发展。

---

① 张熠：《非遗"活"起来之后，传承保护还有哪些痛点》，《解放日报》，2018年6月8日，第5版。

花都区非物质文化遗产保护发展报告

王诗珏*

摘　要： 花都区自开展非物质文化遗产重点保护管理工作以来，非物质文化遗产代表性项目名录和传承人系统都得到了进一步完善。近年来，花都区非物质文化遗产保护工作坚持齐抓共管、理论与实践并举的工作思路，在延续以往保护工作的基础上积极作为，不断开拓创新、深入推进，取得显著成效，形成了独特的"花都样本"。由于花都区非物质文化遗产传承和保护尚处于初级阶段，依旧面临多方面的问题。花都区将进一步完善非物质文化遗产保护机制、壮大非物质文化遗产传承队伍、搭建非物质文化遗产展示平台、探索非物质文化遗产数字化深度发展，正确处理好非物质文化遗产的保护和利用之间的关系，使非遗传承保护成果得以有效实施，进一步推动花都区非物质文化遗产事业的可持续发展。

关键词： 非物质文化遗产　保护　花都区　特色　对策

一、前言

花都，原名花县，于康熙年间开始建制，位于广州的北面，有北大门之称，历来花都区既是通往南粤的咽喉之地，也是中原文化与岭南文化的重要交汇点，素有"省城之屏障，南北粤之咽喉"之称。花都区历史悠久，族群繁茂，拥有独特的非遗资源。

最近几年，花都区政府对文化产业的发展十分重视，区委区政府为了加快现代产业体系建设，充分发挥文化产业引领产业转型升级助推经济结构调整作用。建立起了完善的产业机制，成立了文化产业研究基地。

花都区"十三五"期间，旅游产业发展战略规划中心也首次明确提出了加快建设"休闲旅游+绿色港"的旅游发展战略方向和建设目标。自2018年以来，花都区紧紧围绕"建设粤港澳旅游胜地"的战略目标，规划开发打造粤港澳大湾区北部国家级生

---

* 王诗珏：广州市花都区文化馆非遗办公室主任。

态文化旅游综合服务区。2019年2月18日，中共中央、国务院印发的《粤港澳大湾区发展规划纲要》"共建人文湾区"章节指出："塑造湾区人文精神。坚定文化自信，共同推进中华优秀传统文化传承发展，发挥粤港澳地域相近、文脉相亲的优势，联合开展跨界重大文化遗产保护，合作举办各类文化遗产展览、展演活动，保护、宣传、利用好湾区内的文物古迹、世界文化遗产和非物质文化遗产，支持弘扬以粤剧、龙舟、武术、醒狮等为代表的岭南文化，彰显独特文化魅力。增强大湾区文化软实力，进一步提升居民文化素养与社会文明程度，共同塑造和丰富湾区人文精神内涵。"[①]

在新时代的背景下，花都区文化广电旅游体育局积极推动文化基础设施建设、挖掘花都区非遗项目，发展特色文化，建设非遗传承基地，擦亮非遗品牌，以发展非遗产品为载体，努力做好花都区非物质文化遗产的保护与传承。坚持以"保护为主，抢救第一，合理利用，传承发展"为主的非物质文化遗产保护工作方针[②]，以科学保护、有序资源开发、合理利用优势等为基本原则，利用大数据、"互联网+"等形式对非遗项目进行多元化的发展。经过持续深化传承保护，花都区非遗保护工作取得了巨大的进展和成效。但是，随着现代化进程的加速发展，文化生态环境正面临急剧变迁，花都区非遗保护工作也面临十分严峻的形势。所以我们要进一步强化全区人民对非遗的保护意识，更好地推动花都区非遗的保护、传承和发展工作。

二、花都区非遗保护实践历程

（一）法规制度建设

为贯彻落实国家、省、市关于非物质文化遗产保护相关制度、政策，2016年花都区政府出台了《广州市花都区保护非物质文化遗产工作方案》，为非遗保护工作的规范化和制度化提供有力的组织和制度保障。建立了传统文化档案管理机制，注重挖掘非遗线索，对辖区内传统文化进行了系统调研和记录，召开了专家联席会及时研讨、挖掘了传统文化价值内核，组织开展了非遗项目申报工作，完善了非遗名录体系，不断加大了对非遗工作的扶持力度。2017年1月25日，中共中央办公厅、国务院办公厅印发了《关于实施中华优秀传统文化传承发展工程的意见》，明确提出"实施非物质文化遗产发展工程"[③]，广州市积极落实该意见精神，启动了非遗资源活化行动。花

---

① 《中共中央 国务院印发〈粤港澳大湾区发展规划纲要〉》，中华人民共和国中央人民政府网，发布日期：2019年2月18日；访问日期：2023年4月23日。

② 广州市花都区文化广电新闻出版局：《花都区文化遗产资源保护与利用情况调研》，社会科学文献出版社，2010年，第285页。

③ 吕慧敏：《2017年广州非物质文化遗产保护现状及对策建议》，载《广州文化发展报告（2018）》，社会科学文献出版社，2018年，第151页。

都区相关部门积极贯彻实施。2019年11月《广州市非物质文化遗产保护办法》经广州市政府第15届90次常务会议审议通过。花都区积极落实该办法精神，努力推动花都区非遗的保护与传承，推进非遗融入现代生活。

（二）名录建设

根据国家的相关政策，花都区基本建立起了国家、省、市、区四级非物质文化遗产代表性项目和代表性传承人名录体系，并不断对其进行丰富完善。

截至2021年4月，花都区共有非遗项目29项（见表1），其中国家级非遗代表性项目1项，省级代表性项目2项，市级代表性项目9项，区级代表性项目17项。花都区现有国家级代表性传承人1人；省级代表性传承人2人；市级代表性传承人11人；区级代表性传承人9人。现有省级传承基地2个，市级传承基地1个，区级传承基地5个。2016年以来，花都区工艺美术项目获得国家、省、市奖项50多项。

花都区非物质文化遗产资源丰富，种类繁多，涵盖民间文学、传统美术、传统技艺、传统医药等类别。这些非物质文化遗产项目不仅被认为是花都区历史进步与发展的见证，也是花都区极其珍贵且无价的文化资源，蕴含着花都当地人的文化精神价值，思维方式，创造力和社会文化意识。这些非遗项目为花都区非遗保护工作提供了现实基础。

表1 2020年花都区非遗项目状况

序号	时间	项目名称	项目类别	项目级别
1	2008年	灰塑	传统美术	国家级
2	2009年	广州珐琅传统技艺	传统技艺	省级
3	2009年	花都元宵灯会	民俗	市级
4	2009年	广州客家山歌	传统音乐	市级
5	2009年	粤剧	传统戏剧	区级
6	2013年	瑞岭盆景	传统技艺	市级
7	2015年	盘古王诞	民俗	省级
8	2015年	钉金绣裙褂制作技艺	传统技能	市级
9	2015年	洪拳	传统体育	市级
10	2015年	花县太平天国人物传说	民间文学	市级
11	2015年	王子山传说	民间文学	区级
12	2017年	黄豆酱传统制作技艺	传统技艺	市级

（续上表）

序号	时间	项目名称	项目类别	项目级别
13	2017年	盘古王传说	民间文学	市级
14	2017年	嫁女饼制作技艺	传统技艺	区级
15	2017年	蔡北佛拳（北胜）	传统体育	区级
16	2017年	利农蒸酒制作技艺	传统技艺	区级
17	2018年	骆秉章民间故事传说	民间文学	区级
18	2018年	李氏正骨	传统医药	区级
19	2018年	狮岭打铜技艺	传统技艺	区级
20	2018年	陈式太极拳	传统武术	区级
21	2018年	白眉拳	传统武术	区级
22	2019年	广东醒狮	传统舞蹈	市级
23	2021年	传统膏方制作技艺	传统医药	区级
24	2021年	望顶山歌剧	传统戏剧	区级
25	2021年	臭屁醋（花都本地醋）	传统技艺	区级
26	2021年	传统黄杞茶制作技艺	传统技艺	区级
27	2021年	岭南传统香粉制作技艺	传统技艺	区级
28	2021年	花都臭屁醋制作技艺	传统技艺	区级
29	2021年	炭步鱼面传统制作技艺	传统技艺	区级

（三）宣传推广

非遗是传统文化表现形式，只有拉近它们与民众的距离，才能实现其长期发展。长期以来，花都区始终贯彻执行国家、省、市级相关政策与法律法规，积极开展各种文化宣传与非遗推广公益活动，大力支持和引导非遗项目进景区、进博物馆、进校园、进社区，不断拓展非遗保护领域，促使非遗重新回归民众生活。

一是推广非遗表现新"视觉"。运用现代科技记录非遗传统文化，组织非遗项目记录小组，对非遗传统文化进行分析挖掘，运用影像、图片等现代科技手段将传统工艺拍摄成专题片。拍摄灰塑、珐琅、元宵灯会、盘古王诞、钉金锈裙褂制作技艺、花县太平天国人物传说等6个非遗项目专题纪录片，传承人口述史2部，非遗宣传片《遗海拾贝》《匠心传文化　非遗缀花都》，出版了《广州灰塑》《广州珐琅》《广州祠堂》《广州市花都区非物质文化遗产专辑》《花都精粹》等书籍，普及非物质文化遗产知识。更好地展示花都区的非遗底蕴。

二是激发非遗跨界新潜能。大力推动非遗进景区、进博物馆、进校园、进商场、进社区，拓展非遗保护领域。其中在非遗进校园方面，积极开展非遗培训班和讲座，形成非遗传承人才梯队，每年开展社会化传承达近百场次，培养学生近万人次。同时支持中小学开设具有地方特色的非遗课程，组织各项目传承人到区内中小学开展非遗教学活动，如花东学校开设钉金绣特色教学，并被评为市民间文化（广绣）传承基地；花都区秀全街红棉小学长期开设广东醒狮课程，其培育少儿龙狮团多次参加省市比赛屡获佳绩。重点提升中小学生对非遗项目灰塑、广州珐琅、钉金绣、广东醒狮的认知与审美，丰富青少年业余文化艺术生活。

三是搭建非遗展示新平台。积极为非遗人才，特别是传统技艺人才搭建平台，为他们成才创造条件。近年来，花都区围绕非遗生活化，瞄准市场需求，导入创意设计，从精神内涵、外在形象、实用功能都给非遗以全新呈现，跨界合作研发出让人爱不释手的文创产品。广州珐琅、小茹裙褂设计室合作研发钉金绣工艺装饰挂画；小茹裙褂设计室与皮雕麦竣然皮艺工作室合作开发钉金绣皮雕手包、箱包产品等；七溪地芳香集团围绕岭南香粉传统制作技艺研发的系列香品。孵化出的家居用品、服饰、食品等跨界的多元化非遗创新作品，通过一餐美食、一盘香、一件工艺品，将与百姓生活息息相关的节庆风俗重新导入生活，感受优秀传统文化带来的实用性和生命力。

此外，在2019年6月9日中国第三个"文化和自然遗产日"，花都区积极开展非遗宣传系列活动，紧紧围绕"非遗保护·中国实践""遗海拾贝·匠心传承"主题，通过对列入非物质文化遗产名录的非物质文化遗产代表性项目，进行非遗陈列作品展览、宣传文化传播、研究学术交流等，向广大花都区人民群众广泛宣传普及非遗相关知识，并传递"见人见物见生活"的环保思想。2020年花都区举办以"花漾花都·印象非遗"为主题的网络征文大赛，活动面向社会各界人士及学生，鼓励花都区广大群众对非遗项目的理解与创作，鼓励花都区广大群众关注身边的非物质文化遗产并书写非遗的故事。

整体来看，花都区"十三五"非遗传播推广不断推陈出新，积极融合百姓日常生活，不断拓展非遗保护传播新路径，取得了许多可喜的成果。

（四）传承教育

非遗的传承教育工作是非遗持续传承的重点，花都区通过非遗传承基地建设、"非遗进校园"青少年非遗教育工作等方式，不断加强本区的非遗传承教育工作。

当前，花都区培育完善省市区各类非物质文化遗产传承基地和传习所8家，为促进非遗传承发展搭建平台。根据非遗项目的特点和现状，实施分类保护，对非遗项目规划进行评估，对项目保护传承效果实行动态监测管理，建立非遗参展机制，通过各类参展比赛，提高非遗工艺水平。每年组织开展非物质文化遗产展览展示活动数十场次。鼓励传统节庆文化保护与乡村振兴战略相结合，以世界文化遗产日、盘古王民俗文化节、春节系列文化活动为重点，向群众展现广州灰塑、广州珐琅、钉金绣裙褂制作技艺等非遗项目优秀作品。

其中在非遗进校园方面，花都区积极开展非遗培训班和讲座，形成非遗传承人才梯队，每年开展社会化传承达1000场次，培养学生近万人次。同时支持中小学开设具有地方特色的非遗课程，结合本区域特点，为学校编写《广州市花都区非物质文化遗产通识读本》（电子版），将广州灰塑、广州珐琅、钉金绣裙褂、岭南盆景、黄豆酱技艺等非遗项目纳入通识读本内容，推广非遗空中课堂。其中，2015年灰塑研究院获批成为"中国首批特色文化产业示范区"，2020年8月灰塑被作为广州市中考阅读试题在青少年中得到更好的宣传推广，课题《灰塑技艺数字化传承教学》列入国家教育部信息化教育重点课题子课题。

为了充分满足广大群众对非遗的兴趣，花都区组织了一系列社会公益性培训课程。近几年，花都区推出了多个暑假非遗传承班，如"悟灰塑之美，传匠心精神"灰塑体验班、广州珐琅传承班、"醒狮文化　非遗之光"基础南狮体验班、太极防身搏击之体验、"南派拳术　强身健体"之白眉拳体验等。

过去五年里，在花都区文化部门与教育部门的共同努力之下，花都非遗传承教育工作取得了进一步的成果，为花都区非遗未来的传承与发展奠定了坚实基础。

（五）数字化发展

随着互联网技术的日益成熟，越来越多的行业都呈现"互联网+"的思维模式，花都区非遗也借助"互联网+"东风，焕发新的生机。

一是着力推动数字赋能非遗，助力非遗上"云端"。花都区建立了非遗数字特色库，实施数字记录工程，积极开展非遗普查，强化非遗线索和非遗代表性传承人发掘工作，优化非遗档案的保存、管理、调用、查阅流程，设立花都非遗数字一体机，通过这一方式探索非遗与研学、文创、景区等相结合模式，拓展非遗活态传承空间，确保让历史文化"点燃"城市生命力。

二是积极打造新媒体矩阵。花都区通过微信公众号等新媒体，例如，花都区文化馆、花都文旅等公众号，对本区的非遗项目、传承基地、新闻动态、非遗常识进行全面的概括，在互联网上展示花都区独特的非遗风采。

三是促进非遗发展"产业化"。以"非遗+网络平台"模式，搭建了一个展现非遗技艺和保护成果的网络平台，在花都区的大力推广下，非遗项目通过参加线上线下非遗活动，持续在各大展会、景区、银行、企业等地进行销售或礼品定制，同时在线上通过微信、抖音、快手、新浪微博、淘宝、有赞、大众点评等平台进行宣传。花都区还打通线上带货渠道，拓展非遗销售渠道。组织花都区非遗代表性传承人参加广州市非遗传承人培训班，进一步增强了非遗代表性传承人传承能力。指导钉金绣裙褂制作技艺传承人唐志茹将制作裙褂过程拍摄成短视频，在抖音平台制作发布的短视频最高单条点赞高达2.6万人次，提升花都区非遗知名度。组织灰塑传承人刘娟与星海直播、微赞、腾讯直播等平台合作，直播带货销售额累计18万元，在线观看人数达30万人，在抖音平台制作发布的短视频最高单条点击率达18万人次，粉丝数量增加2500人，获得较大社会反响以及经济效益，充分展示花都区非遗的活力。

通过近五年的发展，花都区非遗项目通过"互联网＋"的思维模式，突破了传统模式的局限，使得非遗数字化宣传做得绘声绘色，并在非遗项目线上发展的进程上取得了可喜成绩，适应了新时代新环境，抓住了互联网新机遇，取得了传承发展的新成就。

（六）品牌建设

花都区积极挖掘本区文化特色，努力打造本区文化品牌。"十三五"期间，花都区通过开展各项文化活动实践，逐渐形成、总结出两点本区文化特色。

一是迸发非遗时尚新活力。以"非遗＋时尚生活"模式，融入更多现代元素，实现非遗品牌的开发和持续发展，进而释放非遗保护的文化和商业价值。如推动支持钉金绣裙褂制作技艺与时尚设计合作，携传统钉金绣裙褂及时尚创新服饰登陆"2020广东时装周·秋季"，举办了"广东时装周小茹裙褂18周年庆（非遗专场）"，掀起非遗服饰秀的热潮。如今网络经济愈发重要，在花都区的大力推广下，区内非遗项目积极融入、运用各大网络平台，通过微信、抖音、快手、新浪微博、淘宝、有赞、大众点评等平台进行宣传以及销售，灰塑、广州珐琅、钉金绣裙褂、非遗香品、非遗香茶、炭步鱼面、嫁女饼、黄豆酱、酱油、利农蒸酒、臭屁醋、膏方等非遗产品广受欢迎，通过引导非遗与现代时尚生活方式结合，将传统文化传播给更多的群众，增强了花都区非遗宣传力度，扩大了影响力，充分展示了花都区非遗的活力。

二是结合花都区丰富的旅游资源，开发非遗旅游路线。花都区将非遗资源积极融入文化创意产业、城市旅游等领域，以"非遗＋旅游"模式，鼓励广州灰塑、广州珐琅等非遗传统技艺类项目与现代旅游文创需求相融合，开发花都特色旅游产品。其中灰塑研究院研发出30类近千个品种的产品，目前拥有发明专利3项，外观专利36件，其中作品《南国风情》《马到成功》等作品连获四项国家级大奖，灰塑产品荣获"中国最佳必购旅游商品奖""广州十大手信"等称号，为花都区非遗文创产品开发树立了榜样，发挥了积极的带头作用。其次，花都区积极发掘本区民间文学类项目潜力，推动传说故事与现实场景相结合，通过打磨提炼传说故事内容，改善景区基础设施条件，努力实现内容与形式的相互配合与支撑，成功打造了如盘古王公园、王子山森林公园等文化场所，为景区增添了更多的看点与文化内涵。此外，花都区还大力开发非遗旅游玩法，推出了一批如灰塑研究院、禾木山庄、小茹裙褂工作室、七溪地等多条花都非遗旅游路线，每年吸引数十万市民游客观赏参与。黄豆酱传统制作技艺与超级文和友合作，打造怀旧特色精品摄影基地，形成独特的非遗品牌。位于永庆坊的广州珐琅非遗大师工作室于2020年8月投入使用，是广州珐琅对外宣传展示的重要窗口，同时也开展研学活动，促进了广州珐琅的创新和传播。

最近五年，花都区通过积极导入现代时尚生活方式，依靠4A旅游景区的旅游资源，推动非遗元素融入旅游景区，积极探讨非遗品牌发展路径，不断总结非遗品牌塑造的经验，多方面提高非遗品牌项目的商业价值，从而形成了具有本区特色的非遗时尚生活与非遗旅游品牌。

（七）创新传承

非遗的保护既要进得博物馆，也要走得进市场，更要融得进人们的生活。非遗重新焕发生命力的关键在于创新，通过对非遗项目的创新，让非遗更加符合当今时代的发展。花都区相关文化部门积极对本区非遗保护工作进行创新，促进非遗保护工作的进一步发展。

2018年5月3日，花都非物质文化遗产传承与创新研讨会在花都区美术馆举行。研讨会的重点是"坚持创意转化和创新发展，探索可行的路径和有效机制，促进花都非物质文化遗产的创意设计，产品化和产业化"。会议旨在通过"非物质遗产+文化创造"的形式促进多行业融合，使非物质文化进入人们的生活，并焕发出新的生命力。研讨会提出，花都文化创意产业的发展应实现观念、载体和框架的有机结合。从创意设计，多行业整合，文化创意交流平台的开发，金融市场支持体系的建设和人员培训等方面，完善生态链的继承与创新，创造良好的发展环境

在文旅融合不断深化、脱贫攻坚持续发力的背景下，"非遗+扶贫"将传统手工艺和广阔市场密切对接，形成非遗的创新传承之道，逐渐成为助力精准扶贫的重要动力。以钉金绣裙褂制作技艺为原型，创作的花都本土音乐类作品，情景表演唱《金绣银绣线儿绣》获省花会银奖，更积极参与贵州织金县帮扶计划，使当地部分民众创新增收。灰塑研究院先后与花都区新华街家庭综合服务中心以及梅花社区建立灰塑女巧手工作室，在广州市残疾人中心建立小水滴灰塑工作室，用灰塑技艺带动残障青年等

就业，对残障孩子的母亲和家庭困难的无业妇女，进行免费培训灰塑技艺，通过培训精准帮扶贫困户参与就业，促进其增收。

（八）研究与出版

花都区相关文化部门运用现代科技记录本区非遗项目，组织记录小组，对非遗项目传统文化技艺进行分析挖掘，运用摄影、摄像等现代科技手段将传统手工艺拍摄成专题片。目前已拍摄灰塑、元宵节花灯会、盘古王诞、花县太平天国历史人物传奇等6部非遗项目的专题纪录片，传承人口述史2部，非遗宣传片《遗海拾贝》《匠心传文化　非遗缀花都》，出版了《广州灰塑》《广州珐琅》《广州祠堂》《广州市花都区非物质文化遗产专辑》。

三、特点与趋势

（一）与五年前相比

纵观十年花都区非遗保护工作的发展历程，在夯实基础方面，花都区同国家、省、市保持高度一致，建立起一套行之有效的保护体系。花都区非遗保护的常规工作，逐年稳步提升。

根据2020年花都区非遗项目状况可见，近五年新增省级非遗项目1个、市级非遗项目5个、区级非遗项目16个，短短五年内花都区新增非遗项目22个，其中区级非遗项目数量呈现逐年上升趋势。在近五年时间内，花都区还新增了传统体育、民间文学、传统医药这三大类的非遗项目，但仍保持传统技艺这一大类的优势。

基于花都区相关文化部门前几年打下的坚实基础，近年来花都区非遗保护工作，越来越体现出本区对非遗项目的活化利用，从真正意义上做到非遗传承水平的提高。花都区非遗保护工作，由政府主导，社会参与逐渐走向政府引导全民共建的局面。花都区相关文化部门不仅完成名录建设、普查、建档等工作，还通过"文化和自然遗产日""非遗进校园""非遗公益体验课"等活动，提高公众参与度，非遗项目的保护工作也呈现出加大的影响力。

可以预见，花都区非遗保护工作在今后发展中，会有序开发非遗资源，并在新时代的背景之下，以新兴科学技术为辅助，多方面深入发展非遗，让非遗走入花都人民的日常生活之中。

（二）与其他区域相比

2007年起，广州市11区相继建立了区级非遗保护中心或非遗保护办公室，广州市各区积极完善区级名录，结合本区非遗特色，开展非遗保护传承工作。

2020年7月13日，广州市政府文化广电旅游局公布了第七批市级非物质文化遗产代表性项目代表性传承人名单，共31名非遗传承人入选名单，涵盖了九大类别的非遗代表项目，31名代表性传承人名单中，花都区广东醒狮徐永路入选。在非遗项目申报数量上，花都区和其他区相比有更多发展空间。

在2008—2020年度公布的47个广州市非物质文化遗产传承基地，其中花都区新城街道培新学校和花都区实验中学两所学校入选。这次公布的广州市非物质文化遗产传承基地荔湾区有9个、海珠区有11个、黄浦区有2个、天河区有4个、越秀区有3个、白云区有5个、增城区有1个、南沙区有1个、从化区有2个。从数据对比可以看出，花都区仍需加快非物质文化遗产传承基地的建设与发展，缩短与其他发展较快的地区之间的差距。

随着广州财政投入的加大，广州市各区大力打造非遗场馆，花都区的民俗博物馆是广州市非遗专题博物馆。除了广州市非遗博物馆之外，广州市以及各区都建立内容丰富的习传所、展示厅、民俗体验馆等。通过花都区与广州各式非遗场馆的对比发现，花都区在非遗场馆建设方面应该加快进程，同时应注重场馆的多样性，并结合本区特色非遗资源，增强本区非遗项目的展示效果。

四、存在的主要问题

（一）非遗保护机制有待完善

花都区针对非遗传承和保护的工作，制定了一些地方性法规和出台了具有规范意义的文件，但在此基础之上仍需加快脚步构建系统全面的保护与管理机制。花都区非遗的各项保护制度，例如抢救性保护制度、生产性保护制度、文化生态保护区规划建设、传承人的扶持与规范机制、后继人才培养计划等尚未完善。同时在政策导向性、资金扶持力度、基础设施配套等方面仍有待加强。

（二）非遗保护力量有待加强

花都区非遗保护人力资源紧缺。目前花都区投入的非遗产保护人员整体不足。其中，花都区非遗保护队伍中高素质、高学历、高职称的人才较少，尤其是在非物质文化遗产保护规划、修缮工程设计、传统建筑维修等专业技术人员严重不足。除此之外，非物质文化遗产传承队伍力量薄弱，虽然花都区已建立梯队式的传承人机制，但年轻人从事非遗保护工作的意愿不高，导致非遗传承队伍中年轻人的数量减少，传承者的老龄化问题也日益凸显，出现了青黄不接的现象。

（三）传承能力有待提升

花都区非遗保护力度与传承人群业务能力有待提升，对区内非遗资源的挖掘与整理尚有不足，对未来花都区非遗的传承存在影响。目前来看，存在的问题主要体现在两个方面。一是对现有非遗项目挖掘不够，缺乏对非遗项目自身文化内涵及社会价值深入、系统的梳理，非遗保护存在内容碎片化、浅层化的问题，由此产生自我认知不足，主题呈现不准确的情况，对未来非遗申报、宣传推广等进一步发展存在影响。二是随着社会与经济发展，传统文化面临更多挑战，例如花都区一些口传心授的民间文化受到严重冲击。缺乏系统有力的理论指导，造成在价值体系构建与引导方面乏力，对花都区未来非遗传承有着不利影响。当前，加强花都区非遗研究，构建良好价值导向，有的放矢地提升花都区非遗传承能力迫在眉睫。

（四）保护意识有待加强

在开展非遗保护传承工作的过程中发现，有些群众对本土非物质文化遗产认识不够，具体表现为：一是概念模糊。例如公众知道灰塑、广州珐琅、钉金绣裙褂等本土特色文化，但由于对非物质文化遗产的认知不全，并不了解它们与非遗之间的关系。二是传承过程受挫。非物质文化遗产对于代表性非遗传承人的保护和一般传承人的保护上存在很大差异，而在非遗传承人的认定工作中也存在法律上的认定形式单一、只认定个体传承人而未有认定团体传承人的情况，年轻一代对中华传统优秀文化认识不够深入，追随流行文化，忽视对本土文化的传承。要让花都市民充分意识到非物质文化遗产是祖先留给我们的宝贵财富，非遗的传承和保护不只是传承人和政府的责任，传承好、弘扬好、利用好，更是全民的共同责任，让全民积极走到保护非遗的道路之上。

五、对策和建议

花都区非物质文化遗产保护工作量大、涉及面广，单凭花都政府的力量对非物质文化遗产进行有效保护，确实具有一定的挑战性，因此，要充分发挥社会各界对文化遗产保护的积极作用。相关部门出台一系列切实可行的鼓励政策和措施，从而形成全花都共同保护文化遗产的氛围。为此，特提出以下建议。

（一）建立完善的非遗保护机制

要建立完善的非物质文化遗产保护机制。根据《中华人民共和国非物质文化遗产法》《广东省非物质文化遗产条例》的有关规定，结合花都区实际，制定《广州市花都区关于进一步加强非物质文化遗产保护工作的实施方案》，从健全保护工作制度机制、完善保护传承工作体系、全力实施非遗绽放工程、大力推动非遗高质量发展等方面加强非物质文化遗产保护传承，推动花都优秀传统文化高质量、高水平发展，实现非遗保护工作的新格局、新作为、新活力，让非遗绽放出迷人的光彩。同时完善《广州市花都区非物质文化遗产保护工作联席会议制度》，及时发现、挖掘传统文化价值内核，完善非遗名录体系，进一步规范非物质文化遗产保护工作机制。

（二）壮大非遗传承队伍

首先，应加强花都区本土人才的培养，积极与各级文化主管部门合作，将花都区优秀的文化资源带出花都区，拓展到附近区域，并组织非遗项目代表性传承人参加省、广州市非物质文化遗产保护中心举办的非遗项目保护工作系列培训班，形成非遗项目保护单位以及代表性传承人携多种形式的传承活动，走出本区的新模式。例如广州灰塑传承人邵成村与广州市少年宫素养教育合作举办灰塑体验课，广州珐琅传承人杨志峰在广州市非物质文遗产保护中心举办"珐琅体验班"，与广州市少儿图书馆等区外的文化机构举办展览、教学活动等，让非遗传承人更好地成为非遗的继承者与发展者。其次，应通过建立完善的传承人激励机制，提高现有传承人的保护意识和传承积极性，通过传承人引进和制定传承人培养计划，极大激发年轻人对非遗的兴趣。同时，壮大非遗保护工作的专业人员队伍，培养非遗专业性人才。

（三）搭建非遗展示平台

花都区政府要为非遗人才搭建平台创造条件。近年来，花都区针对非遗市场需求，引入非遗的创意和艺术设计，使其外在的形象和实用功能等多个方面呈现了新的非遗形象，精神内涵更丰满，并实现跨界合作发展。如广州珐琅与小茹裙褂设计室合作研发钉金绣工艺装饰挂画；小茹裙褂设计室与皮雕麦竣然皮艺工作室合作开发钉金绣皮雕手包、箱包产品等；黄豆酱进驻深圳超级文和友，开拓粤港澳大湾区餐饮市场。除了搭建生活化的展示平台，也需要拓展其他方面的展示平台。例如搭建非遗展示的专业平台，加大非遗相关的公共文化设施的建设。

（四）探索非遗数字化深度发展

数字化技术手段的运用，可以有效地实现非遗数据的全方位大规模储备与管理，通过探索非遗数字化保护的实现路径，综合运用多种数字化手段保护、记录、再现花都非遗，实现非遗资源的整合。拟建立全市首个VR"手绘+非遗"云展厅，通过语音讲解、图文展示、视频介绍等多种手段打造智慧云展厅，以原创手绘国潮漫画的形式，展现非遗虚拟街区，打造多维度数字智慧展厅、线上集聚展示基地及"活态传承"虚拟空间，全方位展示全区29个非遗项目，为市民群众提供多元化、沉浸式的非遗体验，助力花都非遗活态传承。

六、结语

花都区非物质文化遗产的传承、发展和利用，对于本区文化产业的发展，具有深远意义。花都区深入发展具有花都特色的非物质文化遗产，积极打造非物质文化遗产

"花都样本"，顺应了花都区时代的变迁以及社会发展的必然趋势，也为促进花都地区文化产业的繁荣与加快发展文化建设体系奠定了坚实的基础。在这过去五年中，大力鼓励扶持花都区级非遗保护项目及其代表性传承人，积极开展各种保护传承文化教育活动，切实做好花都区非遗的保护传承工作。

展望未来，花都区要推动本区文化产业实现跨越式的发展，必须继续提升认识高度，加强各方面的规划引领，科学编制全区文化产业振兴发展规划，推动花都区文化产业振兴实现更多差异化、特色性、集聚型发展。同时，加大对全区非遗的保护和开发力度，推进传统文化资源向特色旅游商业和产品的转化，促进现代文化和岭南传统文化融合发展的花都特色文化，让"花都样本"绽放光彩。

番禺区非物质文化遗产保护发展报告

李汉杰*

摘　要： 番禺区委、区政府十分重视非物质文化遗产保护工作，过去几年在普查、宣传、名录体系建设方面做了大量工作，在多元化传播与理论研究方面形成了自己的特色经验，值得推广。当然，番禺区在如何推动非物质文化遗产与旅游融合、如何加强青年传承人培养、改善非遗基础设施等方面还有很大的发展空间。

关键词： 非物质文化遗产　保护　番禺区　趋势　对策

番禺区委、区政府十分重视非物质文化遗产的保护工作，于2009年成立番禺区非物质文化遗产保护中心，恒常开展全区非遗普查工作，包括全区非遗线索普查，龙舟专项普查、戏曲剧种普查以及区内大型民俗活动跟踪记录和建档工作。积极开展非遗代表性项目名录和代表性传承人的推荐申报工作，共计公布了六批区级非遗代表性项目名录以及四批代表性传承人，建立了国家、省、市、区四级非遗保护传承体系。为宣传推广番禺区优秀非遗，区非遗中心恒常举办"我们的节日""文化和自然遗产日""非遗进校园""暑期青少年非遗传承班"等主题活动。

近年来，番禺区非物质文化遗产保护传承工作深入贯彻党的十九大精神，借助微信公众号等新媒体以多元化模式宣传推广区优秀非遗；紧密围绕全域旅游示范区建设，推进文旅融合，在区内旅游景点和大型商业中心举办非遗活动；增加互动性和体验性，使非遗传承推广活动形式更加多样化。

一、基本情况

（一）普查工作扎实，保护体系不断完善

一是线索普查。全区分别于2009年和2014年（配合广州市自然村落普查）开展非遗线索普查，其中第一次非遗普查共收到线索1030条（含南沙区），第二次非遗普查共收到线索123条。

---

*　李汉杰：番禺区非物质文化遗产保护中心工作人员。

二是记录建档。2009年以来区非遗中心持续对区内的大型非遗民俗活动（特别是龙舟、诞会）进行跟踪记录，记录其传承与演变；2014年，配合广州市自然村落普查，开展番禺区非遗线索普查工作，共计收到各镇街非遗线索共计123条（除去不符合非遗保护范围标准的）。其中包括民俗类线索104条，传统技艺类线索5条，传统舞蹈类线索4条，民间文学类线索3条，传统音乐类线索2条，传统美术类线索2条，传统戏剧，曲艺，传统体育、杂技、游艺类各1条。

同时对部分非遗线索的传承人进行口述史访谈，整理并形成了南拳、醒狮、大头佛——番禺新桥醒狮区级代表性传承人周珠仔访谈记录、南山古庙请龙、采青活动普查随记、钟村白家拳传承人李汉华访谈记录整理、番禺新桥天后崇拜的历史演变与当代再造等非遗线索的文字、录音、图片、视频等资料并整理建档，形成访谈文字资料9份，音像资料15份。

三是龙舟专项普查。2014年，在全区非遗线索普查的基础上，针对在番禺区分布范围最广、特色最突出的端午节龙舟民俗活动，开展端午节期间全区龙舟民俗活动非遗专项普查，搜集并整理了全区开展龙舟活动约65条村的龙舟数量、活动时间、活动内容、活动地点，负责人信息等内容，并于同年7月整理形成了《2014年端午节期间番禺区各镇街龙舟民俗活动安排汇总表》。

四是戏曲剧种专项普查。2016年，配合全省戏曲剧种普查工作，开展全区戏曲剧种普查，目前番禺区辖内各镇街共有民间班社（含私伙局）75个，均活跃在区内16个镇街的村居。

目前，番禺区共计公布了五批区级非遗代表性项目名录以及四批代表性传承人名录，建立了国家、省、市、区四级非遗保护传承体系。截至2022年5月，全区拥有国家级非遗代表性项目3个，省级非遗代表性项目10个，市级非遗代表性项目5个，区级名非遗代表性项目29个；代表性传承人方面，有国家级1名、省级7名、市级14名、区级29名。此外，成功申报了广州市番禺莲花彩瓷实业有限公司、沙湾飘色协会、沙湾世良工艺美术工作室3个省级非遗传承基地，成功推荐申报广州市番禺余荫山房旅游服务中心、珊瑚湾畔小学等6个市级非遗传承基地以及建立了沙湾街育才小学、大龙街沙涌小学等23个区级非遗传承基地。

（二）全方位多层次开展非遗宣传传播

1．利用节日进行宣传

近年来，番禺区紧密围绕全域旅游示范区建设，推进文旅融合，在余荫山房、沙湾古镇、番禺博物馆、基盛万科中央公园等区内旅游景点和大型商业中心，通过举办"我们的节日"（春节、元宵、清明、端午、七夕、中秋、重阳）、"文化和自然遗产日"等活动，邀请区内优秀非遗项目进行现场展示和舞台展演，同时举办非遗代表性项目名录图片展，向市民传播番禺区优秀非遗知识。推动了文商旅融合和非遗传承保护中创造性转化，创新性发展。

2．举办系列专题讲座

从2018年开始，组织策划了多期"禺山记忆——番禺非遗讲堂"系列讲座，每期邀请资深专家学者和传承人开讲。内容有《我所理解的"番禺民俗"》《外销艺术中所见的羊城风物》《番禺广府壁画》《家乡滋味—番禺传统美食漫谈》《广府民居民俗浅谈》《潘高寿中药文化与养肺治咳》《清代以来番禺县茭塘司河网地带的宗族、龙舟与地方社会建构》《沙湾何氏广东音乐的传承推广之路》《传统中药与香囊制作》《西艺东来 粤地臻技——广珐琅的历史、技艺与鉴赏》等。"禺山记忆——番禺非遗讲堂"对培训镇街非遗工作人员，扩大非遗在广大市民中的传播力度，培养年轻受众，弘扬番禺区优秀传统文化，起到了积极意义。

区非遗中心人员还多次到镇街和学校开展非遗专题讲座。如2018年，相继在化龙镇化龙中心小学、莘汀屈氏大宗祠、洛浦街道办事处、洛浦街沙滘中学举办了《番禺民俗的历史传统与当下再造——以"龙舟"和"诞会"为中心》、番禺历史名人（士大夫）与祠堂文化、番禺龙舟文化等专题讲座。

3．加强面对青少年群体的宣传

2009年以来，区文化部门结合不同学校的非遗传承实际情况举办了多期"寻找禺山的记忆"非遗进校园活动，通过展演、展示、展览、讲座等方式将番禺区优秀非遗带进校园，不断加深青少年对番禺区优秀传统文化的认识和了解。

2012—2020年，每年举办暑期青少年非遗（广绣、灰塑、古筝等）传承班，邀请番禺区非遗项目传承人为青少年免费授课。2020年，结合大龙街、石碁镇特色非遗项目，分别开设广东醒狮和黄啸侠拳法暑期传承班。共计开办23期暑期传承班，近500人次参加。

2021年，区非遗中心将原有的非遗进校园部分功能和青少年暑期班进行优化整合，分别在沙湾古镇、宝墨园和余荫山房举办了4期"禺山记忆——番禺非遗研学班"活动，宣传推广番禺区优秀非遗，进一步推动文化和旅游融合，创新非遗在青少年中的传播方式。

为进一步提高粤曲的传承能力和发展水平，2020年始邀请专业老师开设粤剧唱腔和表演基本功培训，其中，开设少儿粤剧唱腔传习班2个，少儿粤剧表演传习班1个。

举办"画说非遗 艺述番禺——'蒲公英行动番禺外来工子女油画班'非遗主题作品展"，通过传播番禺优秀非遗资源，让外来工子女更好地融入番禺，健康成长。同时指导沙湾分馆开展"非遗少年说"活动，取得了良好的社会效益。

4．利用出版物进行传播

近年来，区文化主管部门组织编写并正式出版了《番禺文化遗产研究》《番禺民间信仰与诞会文集》《番禺水运网络与龙舟文集》《禺山记忆——番禺非物质文化遗产通识汇编》等书籍，记录番禺区非遗项目，尤其是传统诞会和龙舟习俗。通过编写《番禺区非遗代表性项目名录图典》《番禺区非物质文化遗产》（非遗小册子）向青少年和普通市民普及非遗知识。

5．加大线上宣传工作力度

近年来，借助"广州非遗""番禺发布""知行番禺""番禺区文化馆"微信公众号等新媒体，不断加强全区优秀非遗项目名录、代表性传承人和广东音乐原创作品的推广和宣传。

二、特点与趋势

1．宣传推广模式更加多元化

近年来，因应疫情情况，番禺区借助"番禺发布""知行番禺""番禺区文化馆"等微信公众号和"学习强国"APP广东学习平台等新媒体通过线上+线下的方式宣传推广番禺区优秀非遗。

为贯彻中共中央关于传承中华优秀传统文化的伟大战略决策，发挥文化遗产对建设人文湾区的重要作用，从2019年开始，番禺区非遗中心联合番禺区融媒体中心，每年拍摄5部非遗短视频，其中2019年制作的5集短视频均在"学习强国"APP广东学习平台上推送。通过新媒体和新的传播方式，力争达到番禺区优秀非遗宣传推广目的，推动文旅融合，助力全域旅游示范区建设。

2020年文化和自然遗产日活动采用线下线上同步直播方式，并在活动结束后进行了部分非遗产品的线上带货直播活动，共吸引超过15万人在网上观看。

2020年"庆祝中华人民共和国成立71周年暨我们的节日·中秋——粤韵新声颂番禺曲艺晚会"活动采用文旅融合+线上录播方式，组织区内粤曲创作骨干，围绕番禺创建全域旅游示范区，创作了8首描写番禺旅游景点的曲目，并利用电视编辑手段，在演唱视频拍摄中加入大量景点景区内容，演唱视频同步在掌上番禺、知行番禺、新花城、抖音、西瓜视频等平台播出，共计吸引超过22万人在线观看。

搭建番禺区非遗手绘地图服务平台，该平台可查（印制纸质地图，上面附有服务平台二维码，将纸质地图放置在游客问询中心、景区等供游客免费索取；游客扫码就可以进入服务平台，查到我区所有的非遗项目）、可阅（每个非遗项目都有该项目的级别、特点、历史沿革、价值等文字介绍）、可听（将每个非遗项目文字介绍转成两条音频，分别是普通话和粤语）、可看（每个非遗项目都有视频、图片展示，为游客提供初步认识）、可游（每个非遗项目都搭载有导航系统，点开导航便可带游客到相应的保护单位）、可参与（每个非遗项目都搭载有信息发布系统，供游客随时查到相关保护单位的活动信息，并同时搭载有报名系统，当保护单位举办有人数限制要求的活动时，游客可报名参加）。

番禺区文化馆在本年度与番禺区中医院签订了合作协议，由番禺区中医院免费提供中医治未病各种小视频在番禺区文化馆网站、微信公众号、视频号播出，向广大市民提供养生治未病常识，助推番禺区中医药强区建设。

2. 非遗整体保护水平日益提高

结合番禺区旅游资源，在旅游景区开展非遗传承传播活动，实现非遗的活动性保护。近年来，番禺区紧密围绕全域旅游示范区建设，除多次在区内旅游景点和大型商业中心举办非遗相关展演、展览和展示活动外，还推荐番禺区非遗代表性项目和传承人与旅游景区、商业中心在相关节庆活动上进行合作。2019年端午节期间，推荐番禺区上漖龙舟制作技艺（龙舟模型制作）和龙船头尾雕刻工艺传承人参加在基盛万科中央公园举办的"我们的节日·端午"主题活动。2021年五一节期间，推荐沙湾青萝乐坊参加在余荫山房举办的"余荫百年 音传千年"活动，活动共计吸引游客超2万人，效果十分理想。与此同时，番禺区还积极鼓励和支持相关单位和旅游景区进行非遗文创产品的制作和销售，协助相关旅游景区申报各级非遗代表性项目名录和非遗传承基地，助力番禺区全域旅游示范区建设。

动员各方力量，实现非遗的生产性保护。一是番禺区文化馆与番禺职业技术学校合作，邀请番禺区非遗代表性传承人在该校开设非遗传承班，共同打造培养非遗传承人的摇篮。二是为了让番禺的非遗产品有更多的销售渠道，番禺区文化馆与番禺文化馆乡村振兴分馆达成共识，在乡村振兴分馆的线上、线下平台搭建番禺非遗产品专柜，无偿销售番禺非遗产品，目前已有二十多款产品入驻。

文物活化与非遗传承传播相结合。近年来，番禺区积极将区内部分文物保护单位或古建筑活化利用为非遗传承传播活动场所，并开展非遗传播推广活动。通过将区内丰富多彩的非物质文化遗产融入古香古色的文物和古建筑内，除增强市民群众对文物和非物质文化遗产的保护意识、弘扬传承中华优秀传统文化外，还用非物质文化遗产充实文物和古建筑，提高区域内非遗整体保护水平。其中包括：

一是在中国历史文化名镇沙湾，区文化部门指导沙湾古镇，将三稔厅和仁让公局（市级文物保护单位）活化利用为广东音乐和广州砖雕、木雕的传承传播场所。2021年，在沙湾古镇仁让公局（何世良艺术馆）举办了"禺山记忆——番禺非遗研学班"活动，体验传统砖雕制作技艺。

二是在国家重点文物保护单位余荫山房，区文化部门指导其将善言邬公祠（均安堂）北廊空间活化利用为广州灰塑传承传播场所。2021年举办"禺山记忆——番禺非遗研学班"活动，体验传统灰塑制作技艺。

三是在市级文物保护单位九成书院，番禺区非遗中心指导大龙街将其活化利用为广东醒狮、大头佛的传承传播场所。2019年，举办"寻找禺山的记忆——番禺区2019年非物质文化遗产进校园活动"，将番禺区优秀非遗在现场进行展演、展示。

四是在中国历史文化名村大岭开展新时代文明实践基地建设工作，将显宗祠（市级文物保护单位）和陈永思堂花园（区登记文物保护单位）活化利用为龙舟和非遗综合展示场地。

3．非遗研究成果突出

全区非遗资料整理和研究出版较为完善。2011年1月，由区文广新局、区文化馆、区非遗中心组织编写、朱光文编著的《番禺文化遗产研究》由广东人民出版社出版，该书是番禺区第一部比较系统研究文化遗产的专著，为各级部门决策和历史文化爱好者提供参考，推动历史文化遗产的研究和保护。

2013年，区文广新局和区非遗中心协助梁谋、阮立威两位先生等编写出版《沙湾何氏与广东音乐》一书，该书由广东教育出版社于2013年11月正式出版。同一年，区非遗中心协助南村镇广州名村和美丽乡村建设，编写出版了《名乡坑头：历史、社会与文化》一书。

2014年，区文广新局和区非遗中心编辑完成了面向番禺区青少年的《番禺历史文化通识读本》一书，该书以通俗易懂的文字、图文并茂的形式向青少年系统地介绍番禺区以民俗和民间艺术为主的非物质文化遗产。

2015年，区文化馆和区非遗中心编辑完成了《番禺民间信仰与诞会文集》一书，该书是番禺区首部较为全面收录番禺民间信仰、诞会文化的历史与现状、传统与新统、学术研究成果文章的专题文集，对于透过民间信仰研究番禺区域社会变迁具有重要的参考意义。

2016年，《何氏三杰广东音乐精品集》由区文化馆、区非物质文化遗产保护中心联合广东音乐曲艺团，从"何氏三杰"的广东音乐作品手稿中精选了20首，进行重新整理和配器，以岭南粤乐传统的演奏方式录制而成。其中，何与年的《窥妆》和何少霞的《吴宫戏水》两首曲目还是首次被收录出版，为各界音乐爱好者提供了艺术交流的第一手资料，为推动广东音乐曲艺的传承发展产生积极作用。

2016年，区文化馆、区非遗中心编辑印刷了《番禺区非物质文化遗产代表性项目名录图典》一书，该书汇总了番禺区非物质代表性项目和代表性传承人的简要概况，有助于人们更清晰地全面了解番禺区非遗概况。

三、问题与对策

（一）存在问题

1．非遗传承利用水平有待提高

一是非遗民俗在番禺区城市化进程中，其所依托的自然生态、社区人群和社区居民生活方式不断被改变，城市建设过程中没有专项的保护规划，使局部区域的非遗民俗活动和相关民间艺术传承发展受到较大制约。例如：端午龙舟活动因城市化过程中，河涌环境、居民生活方式等改变，一定程度上制约龙舟民俗继续传承发展。

二是番禺区文旅融合正处于起步阶段，区内欠缺非遗代表性项目文创产品，目前只有余荫山房、沙湾古镇等少数几个非遗与旅游融合程度较高的景点。此外番禺区还有乞巧、鳌鱼舞、灰塑等非遗项目有待加强文创开发。

三是疫情严重制约番禺区非遗传承传播。近年来，番禺区大型民俗活动由于疫情原因，已连续3年没有举办，相关民俗类非遗项目的传承传播被迫暂停。

2．面向青少年群体的非遗宣传机制有待完善

《中华人民共和国非物质文化遗产法》第三十四条规定："学校应当按照国务院教育主管部门的规定，开展相关的非物质文化遗产教育"。但目前区内学校在传承传播非遗方面主要以短期活动为主，缺乏有效的长效机制和专项经费扶持。

3．传承体验设施建设有待加强

目前，番禺区只在个别地区零星设立了单个非遗项目的展示场馆，如沙湾广东音乐馆、潘高寿传统中药文化专题展馆、梁秀玲刺绣艺术馆等，缺乏区级的综合性非遗展示场馆。目前，广州市花都区、越秀区、荔湾区，佛山市南海区、顺德区等地都有区级非遗综合类展示场馆，2018年习近平总书记视察广东时参观的永庆坊和粤剧艺术博物馆，就是建设大型非遗项目展示场馆、历史街区活化、非遗综合展示与旅游结合的成功例子。从他们的经验中我们认识到，建设一个区级的综合性非遗展示场馆，不但可以集中展示番禺区非遗保护传承工作的成果，同时也将更好地配合当前开展的国家全域旅游示范区创建工作，进一步促进文旅融合发展，必将大大提升番禺区的文化软实力。

（二）对策

1．加强非遗"活动性保护"和"生产性保护"

一是在城市化过程中，从规划的层面维护非遗赖以生存的生态和社会环境，大力扶持镇（街）民俗类非遗项目的"活动性保护"工作。番禺区现有的龙舟、诞会等民俗活动比较活跃，结合现有条件，引导民俗活动健康有序传承发展，建议可由有条件的镇（街）轮流举办龙舟赛、民俗文化节等，使番禺区大型民俗活动和优秀民间艺术

在政府和相关部门的支持和主导下得以健康发展，为优秀民间艺术提供一个长效、循环的展示、展演平台，促进乡村文化振兴。同时应加大开展民俗类非遗项目线上传承传播力度，实现非遗的"活动性保护"。

二是促进技艺类和美术类非遗项目的"生产性保护"，搭建文旅融合平台。首先鼓励社会机构参与番禺非遗的文创产品研发，鼓励非遗传承人设立非遗传承工作室，探讨设立非遗旅游线路产品。其次联合番禺区沙湾古镇、大岭古村、余荫山房、紫泥堂等历史文化村镇、街区、文保单位旅游景区开展非遗传承传播活动。同时，联合区相关部门、结合三旧改造，发展包括非遗展示展销在内的各种旅游景区和特色小镇，使其成为文商旅有效融合的平台，同时也间接解决经费和人员不足的问题。最后在美食节、旅游文化节等大型活动中加入非遗展示的元素。

2．探索非遗在青少年中传播的长效机制，健全学校非遗传承基地网络体系

结合社会主义核心价值观教育和《番禺文化德育读本》的推广，在具备一定条件的项目保护单位中设立番禺文化德育基地，同时参照少儿粤曲传承基地的做法，选取有一定基础的学校建立非遗传承基地。上述双措并举，大力开展非遗传承传播活动，建立非遗进校园的基本平台，从而逐步构建番禺区非遗传播活动的长效机制。

3．不断完善区、镇（街）两级非遗展示场馆体系

一是建设区级的综合性非遗展示馆。二是扶持和鼓励镇（街）、相关学校、村（居）根据自身的特色和优势，建立非遗项目的专题展示场馆、传习所或完善现有的非遗传承基地。

四、结语

作为岭南广府文化重要组成部分的番禺，有着两千多年的悠久历史，不但留下丰富的物质文化遗产，还蕴藏着多姿多彩的非物质文化遗产资源。党的十九大以来，番禺区非遗保护工作任重而道远。

在充分利用已有成果的基础上，近几年，我们全面了解和掌握番禺区非物质文化遗产资源的类型、数量、空间分布、生存环境、传承现状及存在问题，通过开展一系列的非遗传承保护和宣传推广工作，有效加强了传承载体的建设，拓展了社会各界参与非遗保护的渠道，提高了文化自信，特别是加强了非遗在青少年的传承和传播，在原有的基础上形成了一批年轻的受众，使番禺在城市化及经济社会高速发展、融入广州大都市和粤港澳大湾区的进程中，仍能保持和延续岭南文化的根脉和神韵，使番禺市民能留住社区记忆、记住乡愁。

Ⅲ 热点分析

广州非物质文化遗产传承人能力建设发展报告

金 姚 孔庆夫[*]

摘 要： "十三五"以来，广州市非物质文化遗产代表性项目代表性传承人的传承能力得到了普遍提高。在传承方式上，家族传承、师徒传承、院校传承的多元化传承趋向进一步加强。在传承实践上，传承人进入大中专院校或中小学建立传承基地、开设传承课程或担任传承导师情况更为普遍。在传播活动上，传承人在节庆假日、文化遗产日等所开展的各类公益性展演和普及性展览等，进一步彰显了非物质文化遗产的共有性、共享性和人民性价值。在传播创新上，传承人运用网络直播、公众号、个人媒体平台等方式开展相关技艺技能传播的趋向更加明显。同时，传承人结合"抗疫"主题，在个人艺术创作中深刻体现了伟大的时代精神和家国情怀。

关键词： 非物质文化遗产传承人 传承方式 传承实践 传播活动 传播创新

截至2020年底，通过对广州市表演艺术类、雕刻彩瓷类、体育竞技类、传统舞蹈类、传统中医药类、传统手工技艺类等70余位市级非物质文化遗产（以下简称"非遗"）代表性项目代表性传承人（以下简称"传承人"）的抽样研究发现，在"十三五"期间，广州市市级非遗传承人在传承方式、传承实践、传播活动、传播创新等四个方面的"传承能力"得到了较大提高，传承人的技艺技能出现了良好的创造性转化与创新性发展趋向。

───────────

* 金姚：澳门理工学院博士研究生；孔庆夫：博士（非物质文化遗产学），中山大学艺术学院教师，兼任中山大学中国非物质文化遗产研究中心研究人员。本文为国家社科基金重大项目"非遗代表性项目名录和代表性传承人制度改进设计研究"（17ZDA168）；国家民委民族研究项目"粤剧海外传播与海外粤籍华侨中华民族共同体意识研究"（2021GMC035）；广东省社科规划项目《粤剧曲体结构及其声腔形态研究》（GD20LN21）；广东省教科规划项目《粤剧红色文化传承与铸牢粤港澳大湾区青少年中华民族共同体意识研究》（DSYJ002）；广东省高等教育教学改革项目《粤剧传统文化融入岭南高校思政教育课程体系建设的实践路径研究》中期研究成果。

一、传承方式：家族传承、师徒传承、院校传承的多元化发展

从传承方式上看，传统的"家族传承"虽然继续发挥着重要的传承作用，但非家族、非姓氏、非血缘关系的师徒传承、院校传承等正成为同等重要的传承途径，传承方式开始向公开化、社会化、民众化等多元化方向发展。总体来看，广州市非遗传承人在"十三五"期间的传承实践活动主要有以下五种传承方式。

（一）"家承+家传"传承方式

"家承"与"家传"，是传统"家族传承"的核心。非遗传承人作为非遗技艺技能的承接者和传授者，其在承接和传授该项技艺技能时的对象均来自本家庭或本家族。在广州市非遗项目的传承过程中，"家承+家传"模式具有较为深厚的基础，且现仍有广东醒狮、黄阁麒麟舞等多个项目，以"家族传承"为主要传承方式。

表1 非遗项目传承人情况：家承+家传

项目 \ 传承人情况	传承人	代别	家承对象	家传对象
广东醒狮	赵伟斌	第五代	父亲赵继红	子女赵子瑜等
黄阁麒麟舞	张炽垣	第三代	父亲张国权	子女张明亮、张梓康等
鳌鱼舞	幸泽良	第三代	族兄幸大九	子女江宏伟、江仔等
广东木偶戏	叶寿春	第三代	祖父叶文芳	子女叶世有等
咏春拳	黄念怡	第五代	父亲黄沪芳	子女黄冬薇、黄琪烙等
象牙雕刻	翁耀祥	第五代	父亲翁荣标	子女翁湛轩等
象牙微雕	冯惠盈	第三代	父亲冯少侠	子女周伟楠、冯智珺等
灰塑	邵成村	第三代	父亲邵耀波	子女邵煜海、邵煜醒等
广州榄雕	吴明南	第三代	父亲吴云光	子女吴俊凯等
广彩瓷烧制技艺	欧兆祺	第三代	父亲王兆庭	子女欧健等
广彩瓷烧制技艺	赵艺明	第四代	父亲赵国垣	子女赵志健、赵咏等
广式硬木家具制作技艺	胡敏强	第二代	父亲胡枝	子女胡宏驱、胡宏焰等
广式硬木家具制作技艺	杨虾	第四代	父亲杨毓	子女杨耀辉、杨智彪等
广州箫笛制作技艺	郭大强	第三代	父亲郭汝灼	子女郭俊贤等
广式红木宫灯制作技艺	罗昭亮	第二代	父亲罗启湘	子女罗敏欣、罗国键等
广州饼印制作技艺	余兆基	第五代	父亲余富	子女余凌云等

（续上表）

项目 / 传承人情况	传承人	代别	家承对象	家传对象
罗氏妇科诊法	罗颂平	第三代	父亲罗元恺	子女罗颂慧、罗曼茵等
掷彩门	邝健洪	第五代	族亲邝锦洪	子女邝振华、邝树彬等
广东音乐	何智强	第二代	族亲何锡芹	子女何智忠、何均律等
象牙雕刻	李定宁	第三代	父亲李党安	子女李坚成、李斌成等

（二）"他承+家传"传承方式

根据传承人受艺途径的不同，产生了"他承+家传"的传承方式。即传承人作为承接者，其技艺技能的获得来自非本家庭或本家族的"他处"，而传承人作为传授者，其技艺技能的承接者则主要以来自本家庭或本家族的成员为主。综合广州市非遗项目的历时性起源和发展来看，现有岭南古琴、广州榄雕等项目以"他承+家传"为主要传承方式。

表2 非遗项目传承人情况：他承+家传

项目 / 传承人情况	传承人	代别	师承方式／对象	再传方式／对象
岭南古琴	区君虹	第三代	师徒相承／杨新伦	家族再传／子女区宏山等
岭南古琴	谢东笑	第四代	师徒相承／谢导秀	家族再传／侄女谢梦媞等
广州榄雕	曾昭鸿	第三代	师徒相承／欧宇仁	家族再传／子女曾宪鹏等
灰塑	刘志威	第四代	师徒相承／邵成村	家族再传／子女邵煜醒等
广彩瓷烧制技艺	许恩福	第五代	师徒相承／欧立勤	家族再传／子女许珺茹等
西关打铜工艺	苏广伟	第二代	师徒相承／梁耀权	家族再传／子女苏英敏等
沙湾飘色	何达权	第三代	师徒相承／黎汉明	家族再传／子女何志彬等

（三）"家承+他传"传承方式

根据传承人传艺方式的不同，产生了"家承+他传"的传承方式。即传承人作为承接者，其技艺技能的获得来自本家庭或本家族。但当传承人作为传授者时，其技艺技能的承接者主要以来自本家庭或本家族之外的成员为主。综合来看，广东醒狮、舞貔貅、从化猫头狮等项目均有"家承+他传"的传承方式。而且，需要特别强调的是：随着传承方式的多元化发展，类似广东醒狮、广东木偶戏等多个非遗项目，其在注重"家族传承"的同时，也极其注重公开化和社会化的"他传"方式的传承。

表3 非遗项目传承人情况：家承+他传

项目＼传承人情况	传承人	代别	师承方式／对象	再传方式／对象
广东醒狮	周镇隆	第四代	家族相承／族亲周德秋	师徒再传／周伟强等30余人[1]
广东醒狮	赵伟斌	第五代	家族相承／父亲赵继红	师徒再传／郭志盛、梁志雄等
舞貔狮	张永木	第四代	家族相承／父亲张育泉	师徒再传／钟伟宏、张敬彬等
从化猫头狮	李水木	第三代	家族相承／父亲李秀珠	师徒再传／邓金松等
广东木偶戏	叶寿春	第三代	家族相承／祖父叶文芳	师徒再传／何伟超等6人
咏春拳	黄念怡	第五代	家族相承／父亲黄沪芳	师徒再传／入室弟子50余人
广绣	梁桂开	第三代	家族相承／母亲卢燕宽	师徒再传／刘秋丽等4人
广绣	伍洁仪	第三代	家族相承／母亲陈珍	师徒再传／刘旭霞、伍桂贤等
广绣	许炽光	第四代	家族相承／父亲许松	师徒再传／伍洁仪、梁淑萍等
灰塑	邵成村	第三代	家族相承／父亲邵耀波	师徒再传／甘东阳等
广彩瓷烧制技艺	欧兆祺	第三代	家族相承／父亲王兆庭	师徒再传／谭广辉、易丽萍等
广彩瓷烧制技艺	赵艺明	第四代	家族相承／父亲赵国垣	师徒再传／冯茹婧等
广式硬木家具制作技艺	胡敏强	第二代	家族相承／父亲胡枝	师徒再传／何世良、周应全等
广州箫笛制作技艺	郭大强	第三代	家族相承／父亲郭汝灼	师徒再传／徐恩溢等
岭南盆景艺术	陆志伟	第四代	家族相承／父亲陆学明	师徒再传／为广东、湖南、广西等地培养了众多传承人
广式红木宫灯制作技艺	罗昭亮	第二代	家族相承／父亲罗启湘	师徒再传／卢杞佳、袁敏、卢碧瑶等
广州饼印制作技艺	余兆基	第五代	家族相承／父亲余富	师徒再传／李俊明等8人
罗氏妇科诊法	罗颂平	第三代	家族相承／父亲罗元恺	师徒再传／曾诚、朱玲等

---

[1] 包括：周锐东、周伟强、王房金、梁康财、梁其高、梁其海、刘昌新、陈宏天、陈宏健、陈冠全、陈展项、吴国潮、吴国敏、何嘉伟、蔡朝和、陈永基、梁小龙、梁嘉文、林达华、劳德洪、劳水清、劳春凤、劳其美、劳建裕、王伙强、王金桂、欧梓瑛、龚毅俊、龚伟杰、曾锦威等30余人。

（四）"师承+师传"传承方式

如果说"家承"与"家传"是传统"家族传承"的核心，那么"师承"与"师传"就是"社会传承"的核心。即传承人作为承接者和传授者，其技艺技能的承接和传授均来自社会性的"师徒传承"。师徒传承方式在粤剧、粤曲、广东音乐等表演艺术类非遗项目的传承中体现得尤为明显。

表4　非遗项目传承人情况：师承+师传

传承人情况 项目	传承人	代别	师承对象	再传对象
粤剧	欧小胡	第二代	红线女	李湛平、卢文斌、陈振江等
	倪惠英	第二代	谭佩仪、红线女	吴非凡、林颖施、赵丽芳等
	孙业鸿	第二代	陆云飞	吴少冠、邹明智、尤桂华等
粤曲	谭佩仪	第二代	谭雨初	陈丽英等
	何　萍	第三代	李少芳	李蕙雯、陈桂兰、杨蔓等
	黄少梅	第三代	李少芳	莫少鹰、赵志申、梁玉嵘等
	梁玉嵘	第四代	黄少梅	林婷婷等
	陈玲玉	第四代	李丹红	黄秀冰、萧诗琳、莫倩雯等
广东音乐	何克宁	第二代	李以六	卢虾二等
	潘千芊	第二代	何干	麦毅、舒佩琪等
岭南古琴	区君虹	第三代	杨新伦	谌武、吴刚、周绍川等
	谢东笑	第四代	谢导秀	岭南古琴研习课数千余学生
鳌鱼舞	江炳贤	第三代	幸大九	江宏伟、江仔等50余人
广东木偶戏	崔克勤	第三代	李新	吕敬贤等22人[①]
粤语讲古	颜志图	第三代	侯佩玉	彭嘉志、陈周起等10人
南派花键	邓永生	第三代	邓贵明	刘研科、李翠环等4人
七星螳螂拳	陈俭安	第三代	郭华威	卢仁杰等13人[②]

[①]　包括：吕敬贤、钟琴、陈云仙、李宽、陈丽清、李欢欢、敖卓献、王则昕、卢杰、欧小菊、陈静、吴婷、王智伟、蔡晓玲、杨旭迎、李文青、刘伟宇、宋旻靓、张旭、黄华东、李小娜、张小芬等22人。

[②]　包括：卢仁杰、李世杰、廖世恒、夏浩然、曾圣生、张祖铭、陈玄斌、蔡好强（东莞）、陈栩琦、陈宇洋、陈嘉富、简炜如、苏钲锆等13人。

（续上表）

项目 \ 传承人情况	传承人	代别	师承对象	再传对象
广绣	谭展鹏	第三代	陈少芳	谭曦旻、谭靖榆等
象牙雕刻	叶汉盛	第二代	潘楚钜	欧阳健威等
象牙雕刻	张民辉	第四代	李定荣	广州市工艺美术大师等4人
灰塑	刘志威	第四代	邵成村	邵煜醒、曾庆洋等
广州砖雕	何世良	第二代	胡枝	高平、丁军允、黎庆林等
广州榄雕	曾昭鸿	第三代	欧宇仁	欧志平等
广州木雕	唐锦全	第二代	杨广海	刘会新、朱能军、李小丽等
广彩瓷烧制技艺	谭广辉	第三代	欧兆祺等	盘长培、李韦琪、冯艳等等
广彩瓷烧制技艺	许恩福	第五代	欧立勤	舒智敏、梁丽芳、何海威等
广式硬木家具制作	招赞惠	第二代	胡枝、梁权	邵建强、严章明、陈海棠等
广州戏服制作技艺	董惠兰	第三代	谭权、庞成	何凤婷、梁彩虹、叶仔奇等
岭南盆景艺术	周炳鉴	第三代	孔锡华	甄学荣、饶广荣、陈卓宜等
西关打铜工艺	苏广伟	第二代	梁耀权	苏英敏等
潘高寿中药文化	卢其福	第五代	区煜光等	朱爱梅、彭惠炫、谭德广等
西关正骨	李主江	第六代	何应华	孙振全、卓士雄等
岭南传统天灸疗法	符文彬	第四代	司徒铃	振华、刘健华、李滋等51人
岭南火针疗法	林国华	第五代	张家维	赵兰凤、李茜、林诗雨等

（五）多元化传承方式

多元化传承方式的发展是"十三五"期间广州市非遗项目传承的突出亮点，其主要表现为非遗传承人综合运用家族传承、师徒传承、院校培养等方式对其技艺技能进行再度传授。

表5　非遗项目传承人情况：多元化传承

项目 \ 传承人情况	传承人	代别	师承方式	再传方式
广东醒狮	赵伟斌	第五代	家族传承	家族传承+师徒传承
广东木偶戏	叶寿春	第三代	家族传承	家族传承+师徒传承

（续上表）

项目 \ 传承人情况	传承人	代别	师承方式	再传方式
咏春拳	黄念怡	第五代	家族传承	家族传承+师徒传承
灰塑	邵成村	第三代	家族传承	家族传承+师徒传承
灰塑	刘志威	第四代	师徒传承	家族传承+师徒传承
广州榄雕	曾 昭	第三代	师徒传承	家族传承+师徒传承
广彩瓷烧制技艺	欧兆祺	第三代	家族传承	家族传承+师徒传承
广彩瓷烧制技艺	赵艺明	第四代	家族传承	家族传承+师徒传承
广彩瓷烧制技艺	许恩福	第五代	师徒传承	家族传承+师徒传承
广式硬木家具制作技艺	胡敏强	第二代	家族传承	家族传承+师徒传承
广式硬木家具制作技艺	招赞惠	第二代	师徒传承	家族传承+师徒传承
广州箫笛制作技艺	郭大强	第三代	家族传承	家族传承+师徒传承
广式红木宫灯制作技艺	罗昭亮	第二代	家族传承	家族传承+师徒传承
广州饼印制作技艺	余兆基	第五代	家族传承	家族传承+师徒传承
岭南火针疗法	林国华	第五代	师徒传承	院校培养+师徒传承
岭南传统天灸疗法	符文彬	第四代	院校培养+师徒传承	院校培养+师徒传承
罗氏妇科诊法	罗颂平	第三代	家族传承	家族传承+院校培养+师徒传承

综合以上数据分析可知，"家族传承"在广州市非遗项目的传承过程中虽仍然为重要的传承方式，但各类传承人在保留"家族传承"的基础上，也逐渐倾向于选择更加社会化的师徒传承、院校传承等方式。传承方式的多元化发展是广州市非遗传承人"传承能力"增强和提升的重要体现。

二、传承实践：基地化建设、课程化教学与导师化趋向更为明显

"十三五"期间，随着广州市非遗保护工作的持续深入和深化，以及非遗保护进社区、进学校、进课堂等活动的持续开展，各类非遗传承人在保持其行业特征传承模式的同时，开始深入广州市高等学校、大中专院校和中小学等开展非遗项目的基地化建设和课程化教学，并通过亲自担任非遗导师等方式促进非遗项目在各级各类校园中的保护与传承。

（一）传承实践的基地化建设

传承基地的建设，不仅是广州市非遗传承人深入校园进行非遗项目传承的重要平台，同时也是广州市地方非遗建设、高校非遗人才培养、青少年非遗普及的重要途径。

从国家教育部的"全国普通高校中华优秀传统文化传承基地"在广州市的建设情况来看，"十三五"期间，广州市分别有华南理工大学（粤剧）、星海音乐学院（粤剧）、华南师范大学（岭南传统舞蹈）三个国家级的非遗传基地获批建设。

从广州市的非遗基地建设情况来看，2018年10月，广州市文化广电新闻出版局以《中华人民共和国非物质文化遗产法》和《广东省非物质文化遗产条例》为基础，公布了《广州市非物质文化遗产传承基地（2018—2020）名单》，在全市粤剧艺术博物馆、荔湾区西关实验小学、广州市第三十七中学、广州美术学院建筑艺术设计学院等单位，挂牌建设了47个非遗传承基地。

从非遗传承人的基地建设情况来看，粤剧传承人倪惠英于2017年3月在广州大学建设了"广州大学音乐舞蹈学院倪惠英艺术中心"，将粤剧非遗的传承与研究引入到了该校。粤剧传承人欧小胡在"十三五"期间积极推进广州粤剧院与华南理工大学、广东第二师范学院、广东舞蹈戏剧职业学院等高校共建了多所粤剧教学实习基地。广州榄雕传承人吴明南自2019年起在增城区广播电视大学建立"广州市非物质文化遗产传承基地"，传承榄雕知识和培养新一代榄雕接班人，并与其子吴俊凯创办"铁笔斋"榄雕工作室，多次接待大中小学和幼儿园学生团队，为学生们免费讲解榄雕文化和传承榄雕技艺等。广彩瓷烧制技艺传承人许恩福近年来协助广州大学美术与设计学院等5所大学、培正中学等6所中学、东风东路小学等3所小学、西关幼儿园等4所幼儿园建设了"广彩非遗传承保护基地"。广彩瓷烧制技艺传承人赵艺明成立了"兰桂堂广彩艺术研究院"传承基地，已完成授课及体验活动等接近200场次，总参加人数已突破2500人。螳螂拳传承人陈俭安远赴贵州万峰林设立了"广州螳螂拳国际传播基地"，将"螳螂拳"的非遗技艺传承到外省。太虚拳传承人邹强在从化建设了"太虚拳训练基地"，进行推手、八卦养生功、太虚棍法、传统套路等武术理论和技艺传授活动。广州珐琅制作技艺传承人杨志峰创建了"承峰珐琅艺术工作室"传承基地，进行"珐琅制作技艺"的社会传承。西关打铜工艺传承人苏广伟将自己的工作室建设成为了西关培正小学的"非遗教育基地"，定期为学生讲授"西关打铜工艺"课程。灰塑技艺传承人邵成村、刘志威先后在广州大学、华南理工大学、华南农业大学、花都实验中学等大中专院校开设"灰塑特色班"，传承灰塑技艺。广州珐琅制作技艺传承人杨志峰先后在花都区实验中学、育才中学、六十五中学、三元里小学等举办"广州珐琅传承班"的校园第二课堂，累计指导学生200余名。掷彩门传承人邝健洪自2017

年以来，每年都在江埔村"掷彩门传习所"举办掷彩门制作技艺培训班，将扎制技艺、火药配置、不同花筒的制作技艺等传授给学员。

此外，还有广州饼印制作技艺传承人余兆基在永庆坊设立工作室，教授饼印图样设计、饼印雕刻制作、饼印艺术风格、饼印文化等技艺内容，近年来平均每年开展传承活动超过100场，受惠人群超过2000人，累计服务在校学生6000多人次，社区居民2万人次。

（二）传承实践的课程化教学

课程化教学，不仅是广州市非遗传承人在"十三五"期间深入学校进行系统性非遗传承的直接体现，而且是广州市非遗项目在实现了"进校园"之后，进一步实现"进课堂""进教材"的重要举措。

如粤剧传承人倪惠英在广东工业大学、广州大学、星海音乐学院、广州职业技术学校、广雅中学、真光中学等30余所大中小学教授由其创作的《粤韵操》，并在香港、澳门、深圳、佛山等地积极推动"粤剧进校园"活动，覆盖到了粤港澳大湾区的所有城市。粤剧传承人孙业鸿在广东舞蹈戏剧职业学院、东莞轻工业职业学院等多所院校教授粤剧课程。粤曲传承人陈玲玉担任香港公开大学粤曲课程顾问。岭南古琴传承人谢东笑通过"岭南古琴研习课""大学生古琴公益班"等模式在中山大学、星海音乐学院等多所高校开设古琴课程，已培养了数千余名学生。岭南古琴斫制技艺传承人陈一民在广州、顺德、番禺设立了三个教学点传授斫琴技艺。广东音乐传承人何克宁受中华民族文化基金会（广东）的委派，在顺德、番禺等20多所中小学开办传承班，普及和传承"广东音乐"。粤语讲古传承人颜志图与弟子及再传弟子在广东省内20多所中小学、8所幼儿园讲授"粤语讲古"课程近300场。咸水歌传承人谢棣英担任了"非遗少年说——校园推广大使"，在省内各大中专院校进行咸水歌的课程讲座，累计服务学生已经超过2000人次。广州玉雕传承人尹志强在华南理工大学珠宝学院、广东省外语艺术职业学院等十余所学校开设"广州玉雕"的玉器理论知识、玉雕设计制作、玉文化普及、玉雕工艺普及、岭南玉雕艺术等课程已达1000余次。广彩瓷烧制技艺传承人谭广辉自2017年起与广州市轻工职业学校开展校企合作，开设广彩瓷烧制技艺相关课程，培养三年制"广彩瓷烧制技艺"学徒，目前已有两届毕业生走向社会从事广彩工作，并在2018年资助贵州山区15名贫困生到广州轻工职业学校学习广彩技艺课程。广彩瓷烧制技艺传承人欧兆祺自2018年起先后在陈家祠、荔湾区博物馆、粤剧艺术博物馆、广州市文物总店等地开办"广彩体验课"，累计为100余人进行授课。广绣传承人许炽光参与了《广绣教程》的编写，并对"广州十三行"博物馆收藏的数百件广绣文物中蕴含的传统针法进行鉴赏、研究、整理和归档。广绣传承人陆柳卿在陈家祠开办了"广绣培训班课程"，吸引了100余所大中专院校及一批中小学美术老师参加。广绣传承人谭展鹏在广州市轻工技师学院、广州市第十七中学等开设了5期25次"非遗广绣课"课程。舞貔貅传承人张永木在增城区派潭中心小学、派潭中学等定期举办"舞貔貅培训班"课程。从化猫头狮传承人在民乐小学、希贤小学等讲授"从化猫头狮"课程，并主编了《从化猫头狮》等课外教材。广州戏服制作技艺传承人董惠兰在大南路小学、长堤真光中学开设了"粤彩学堂粤缤纷"传承课程等。

此外，岭南传统天灸疗法传承人符文彬现为广州中医药大学教授、博士生导师，在本硕博课程体系的讲授中，已培养了6名博士后、20余名博士和40余名硕士。岭南火针疗法传承人林国华、李丽霞夫妇现分别为广州中医药大学、广州市中医医院的博士生导师和硕士生导师，近三年共培养了2名博士后、10名博士和15名硕士，并出版了《火针疗法》等论著。罗氏妇科诊法传承人罗颂平现为广州中医药大学教授、博士生导师，近三年培养了20名博士和10余名硕士，并主编了《罗元恺妇科经验集》等论著，为岭南"罗氏妇科诊法"的传承、发展与创新打下了坚实的基础。

（三）传承实践的导师化趋向

"十三五"期间，除了符文彬、罗颂平、林国华、李丽霞等4人本为广州中医药大学教授、博士生导师和广州中医医院的硕士生导师以外，广州市还有多位非遗传承人被国内、省内各大中专院校聘为特聘教授、硕士生导师、博士生导师或行业文化导师等。

如广彩瓷烧制技艺传承人许恩福受聘为华南理工大学、广州美术学院、广州市轻工技师学院客座教授，并受聘为广州大学硕士生导师、湖南农业大学博士生导师。象牙雕刻传承人张民辉受聘为中山大学、五邑大学、上海行健职业学院、广州市技师学院等校的客座教授，并受聘为广州大学美术与设计学院的校外硕士生导师。广绣传承人伍洁仪受聘为广州市技师学院客座教授，并受聘担任广州大学硕士生导师。西关正骨传承人李主江受聘为广州中医药大学客座教授。醒狮传承人赵伟斌受聘为华南师范大学音乐学院客座教授。广州砖雕传承人何世良受聘为广东建设职业技术学院客座教授。咏春拳传承人黄念怡受聘为广州市文化馆"非遗学堂"的咏春拳教师。鳌鱼舞传承人江炳贤受聘为沙涌小学"鳌鱼文化传承"导师。潘高寿传统中药文化传承人卢其福受聘为广州"周末非遗课堂"、北城小学、南洲小学"送非遗入校园""本草校园"的文化导师，等等。

综上可见，"十三五"期间，在广州市非遗管理部门的科学施策下，广州市非遗传承人的传承实践活动在非遗基地建设、非遗课程开设，或直接以非遗导师身份，将自己的技艺技能进行社会性公开传承的"传承能力"方面，均得到了进一步提高。

三、传播活动：注重公益性、强调普及性、侧重推广性

"十三五"期间，广州市各类传承人通过文化馆、博物馆、图书馆、节庆假日、文化遗产日等途径开展了一系列的非遗、非遗技能、非遗艺能的传播，在充分彰显广州市非遗项目的共有性、共享性和人民性的同时形成了注重公益性、强调普及性、侧重推广性的特点。

（一）注重公益性

"十三五"期间，广州市各类非遗传承人在非遗传播过程中，极其重视非遗和艺能技能的公益性传播。如粤剧传承人欧小胡作为广州红豆粤剧团团长，多次参加由广州市文化广电旅游局主办的"文艺名家进基层"演出活动，并多次在红线女艺术中心、粤剧艺术博物馆等地为广大市民进行粤剧公益演出。粤曲传承人梁玉嵘多次参加"庆祝新中国成立70周年曲艺惠民展演"的公益演出。岭南古琴传承人区君虹每两个月举办一次公益古琴雅集，并在历年的广府庙会、文化和自然遗产日期间举办公益讲座50余场，累计观演民众超过了5000人。象牙雕刻传承人张民辉先后担任了"新时代红色文化讲习所"和"工匠精神大讲堂"的宣讲员，致力于象牙雕刻文化的公益宣讲。广州玉雕传承人刘钜华多次在至善社会服务中心、海珠区实验学校、荔湾区总工会、市妇联举办玉雕技艺的公益宣讲活动。广州木雕传承人唐锦全自2019年起先后担任了"芳村花鸟鱼虫新世界非遗大使""荔湾区非物质文化遗产宣传大使"等，不遗余力地进行广州木雕文化的公益宣传。广州榄雕传承人曾昭鸿自2019年起累计开展了"榄雕公益体验课"30余次，先后吸引了500余人参加，并在2019年7月应台盟广东省委员会邀请，为来自中国台湾多所高校的游学团举办了榄雕技艺的公益讲座。广州榄雕传承人吴明南自2018年起多次参加增城区"小楼菜心节"的慈善展览等。

另一方面，广彩瓷烧制技艺传承人谭广辉自2017起先后在天津博物馆、侨鑫博物馆、广州市轻工职业学校等处开设了《如何鉴赏广彩》《广彩的历史与技艺》等公益性学术讲座。广绣传承人陈少芳参加了"第八届结善缘救病童义拍义卖慈善会"，并捐出了其作品《挂绿飘香》，筹到3万元慈善款。咏春拳传承人黄念怡多次参加广府庙会民俗文化巡演、端午公益汇演、中秋节公益汇演、重阳节敬老公益汇演等。南派花毽传承人邓永生与广州电视台合作拍摄了"花毽达人秀"特辑节目，其开展的"非遗进公园 体验更多元"的"南派花毽进公园"公益活动，不仅得到了市民群众的广泛欢迎，而且得到了《人民日报》（2020年7月14日）的专门报道。灰塑传承人邵成村近年在广州市10余所学校、部队、企业等举办公益灰塑巡展20余场次，参观人数累计已经突破了10万人。

此外，罗氏妇科诊法传承人罗颂平在2019年非遗日举办了以"百年流派，薪火相

传"为主题的"岭南罗氏妇科"大型公众健康讲座和义诊活动，进一步促进了"岭南罗氏妇科诊法"的推广和普及。小柴胡制剂方法传承人马蓉自2017年来，先后举办了"走近草堂·共享小柴胡千年非遗"等公益活动，为广大民众现场讲解、示范了传承超过1800年的古法制药工艺。

（二）强调普及性

"十三五"期间，为了进一步促进非遗项目的保护与传承，并提升非遗在市民中的享用度和影响力等，广州市各类非遗传承人在突出公益性宣传的基础上，也同时强调非遗和艺能技能的普及性传播。如粤剧传承人欧小胡在"十三五"期间率领广州红豆粤剧团演出接近1000场，观众累计人数已达数百万，并在清华大学、中山大学等院校进行文化普及性演出近200场。岭南古琴传承人谢东笑在广州大剧院、星海音乐厅、武汉琴台大剧院、北京正乙祠戏楼、澳门等地多次开展古琴文化的普及性演出活动。古琴斫制技艺传承人陈一民自2017年以来在中山图书馆、粤剧博物馆、广州国际艺博会、岭南活力非遗馆等地举办了"太古遗音古琴文化展""九德可徵——岭南斫琴技艺展"等普及性宣传活动，既分享斫琴心得，也展示斫琴器具、斫制技艺、工艺过程和古琴作品等。广东音乐传承人何克宁自2018年以来在广州大学、中央戏曲学院多次举办《广东音乐与粤曲的关系》等普及性讲座，反应热烈。广彩瓷烧制技艺传承人赵艺明自2017年以来多次在广州少年儿童图书馆举办"醉阅心壶——赵艺明冯瑞华伉俪广彩茶壶展""承·传——首届广府传统民俗文化广彩师生作品展"等广彩瓷的普及性展览。

另一方面，广州玉雕传承人尹志强自2018年起先后接受了中央人民广播电台《韵味岭南》、南方影视频道《高弟街·访》等栏目的专题报道，进行有关广州玉雕技艺的普及性宣传。广绣传承人谭展鹏多次参加《花开广州，盛放世界》广州新城市形象片、中央人民广播电台《韵味岭南》、《寻找"广州匠"口述历史纪录片》等多部专题片的拍摄工作。广州砖雕传承人何世良自2017年起先后参加了中央人民广播电台《砖雕大国工匠·何世良》、广东卫视《高第街·访——砖雕世家何世良》、深圳卫视《温暖在身边——岭南砖雕》、番禺电台《砖雕传承项目》等多个专题栏目的录制，并多次受邀在广东民间工艺博物馆、徽州砖雕传承与发展座谈会、安徽徽州砖雕传统技艺大赛、广州历史建筑论坛等通过专题演讲进行砖雕技艺的普及。广绣传承人陆柳卿参加了广州市城市形象宣传片《这！就是广式幸福》、黄埔区城市宣传片《黄埔之约》、白云国际机场形象宣传片《云广府》的拍摄等，致力于广绣文化的宣传和普及。

此外，西关打铜工艺传承人苏广伟近年来先后接受了中央电视台、广东电视台、香港亚洲电视台等超过60个国内外知名媒体的采访，并通过网站、杂志、报纸、电台、电视台等渠道对"西关打铜工艺"进行普及和宣传，效果突出。

（三）侧重推广性

广州市作为广东省对外交流的重要窗口，随着"十三五"期间对外文化交流事业的迅速发展，非遗在对外交流过程中也发挥了重要的桥梁作用。其中，针对海外的推广性传播，是"十三五"期间广州市非遗传播的重要特点。如粤剧传承人倪惠英多年来在美国、加拿大、英国、法国、荷兰、日本、澳大利亚、新西兰、马来西亚、新加坡等国家进行粤剧文化交流、演出达600余场次，在世界舞台上不遗余力地推广粤剧文化。粤曲传承人陈玲玉先后在纽约、洛杉矶、苏格兰、爱丁堡城、温哥华、奥克兰等地进行粤曲的演出、推广和交流活动。岭南古琴传承人谢东笑随广东文艺职业学院国乐团出访印度，在孟买、印多尔、那格浦尔等城市交流、演出，推广岭南派古琴艺术。广州萧笛制作技艺传承人郭大强受文化部门委派参加印度尼西亚国庆日演出，把广州萧笛制作技艺推广到了国际舞台。

另一方面，在舞台表演艺术侧重国际推广的同时，广州市螳螂拳传承人陈俭安也多次带队参加中德青年交流活动、世界传统武术锦标赛等，在国际上推广螳螂拳。醒狮传承人赵伟斌多次出访美国，在中国大使馆、肯尼迪中心等地展示醒狮，并应邀前往意大利帕多瓦大学孔子学院为当地学生传授狮艺、组建龙狮团等。近年来，赵伟斌累计为海外3000多人次传授、传播和讲解了醒狮技艺，有效促进了醒狮文化在海外的推广和传播。

与此同时，广州戏服制作技艺传承人董惠兰在2019中国驻美使馆新春晚宴、华盛顿肯尼迪中心"中国家庭新年日"手工艺展示等展览、展示活动中进行了广州戏服文化的展示、介绍与推广。广绣传承人伍洁仪2019年受邀参加在乌兰巴托国家美术馆举行的"感知中国"纪念中蒙建交70周年系列文化活动中，向到场嘉宾展示和推广了广绣传统技艺之美。广彩瓷烧制技艺传承人赵艺明多次接待来自澳洲、英国、韩国、日本等国家的友人进行广彩体验活动，并多次参加了中央电视台"一带一路，广府名片"等栏目的录制，向海外推广广彩瓷烧制技艺。罗氏妇科诊法传承人罗颂平在新加坡中医学院举办"岭南医学与岭南中医妇科""健康有道广东名医大讲堂"等讲座，推广和宣传罗氏妇科诊法。

此外，广州市还注重对兄弟省市的推广与宣传。如广州饼印制作技艺传承人余兆基近年来策划、参与了湖南卫视"花好月圆　中秋之夜"等非遗宣传推广活动30余场，观看人数累计已超过200万人。咸水歌传承人谢棣英自2017年来通过参加"中国（新余）七夕文化高峰论坛"等活动向外进行咸水歌宣传，并担任湘粤"非遗大使"，以"多彩湘粤 非遗相约"传承活动为契机，促进了广东咸水歌与湖南劳动号子之间的文化交流。

综上可见，"十三五"期间广州市的非遗传播在注重公益性、体现人民性的同时，也极其强调对于社会民众的普及性宣传，实现了非遗的共有性。并且，在对外文化推广和交流中，也发挥了重要的文化桥梁作用。

四、创新方式：学术化、网络化与实时性紧密结合

"十三五"期间，广州市的文化发展、科技创新进入了新时期，非遗领域中的"文化研究+科技创新"尤为明显，其既注重传统非遗及其技艺技能的学术研究，也注重利用新兴网络平台进行非遗项目的创新、宣传与转化。而且，在2020年以来的"抗疫"过程中，广州市非遗的创作与传播也呈现出了贴合时代的特点。

（一）学术研究的进一步深入

学术研究既是厘清非遗对象本质规律、总结非遗对象文化精髓的必要方式，也是非遗能够得到良好保护、传承和发展的基础。"十三五"期间，广州市各类非遗传承人在对非遗技艺技能进行传统模式的传承、传播、传授、创新的同时，更加注重理论总结和学术研究，学术化思维得到了进一步加强。

如粤剧传承人倪惠英2017年起受聘于广州市委宣传部，担任《粤剧表演艺术大全》的编委会副主任和主编，截至2020年已经编撰出版了两部大型学术丛书，进一步提升了粤剧非遗的学术水平。粤剧传承人欧小胡与华南理工大学联合编撰了《粤剧常用传统锣鼓集》等教材，编写了针对少年儿童的全国首套非遗专题教育教材《走进粤剧》，并担任红线女艺术工程编委会成员，推动了《红线女艺术研究》等系列期刊的出版。岭南古琴传承人谢东笑创编了《我的祖国》《七子之歌——澳门》等20余首新曲，创作了《江雪》《春日》等10余首弦歌，并为《流觞》《寄隐者》等10余首作品打谱。岭南古琴传承人区君虹在2019年发行了《区君虹中国古琴名曲》唱片，并整理了《风宣玄品琴谱》《神奇秘谱》等明代古谱，创演《泛沧浪》《梅梢月》等新曲。咸水歌传承人谢棣英编著的《广州咸水歌》被中共中央宣传部学习强国平台推荐学习，其参与编著的《广府童谣氹氹转》被广东省教育厅推荐为"广东中小学暑假重点推介图书"。

学术研究也进一步提高了广州市非遗对象创造性转化和创新性发展的能力。这在传统中医药类别的非遗项目中体现得尤为明显。如岭南传统天灸疗法传承人符文彬通过学术研究，对天灸疗法进行了高质量的创新。近年来已经牵头制定了行业标准1项，获得国家发明专利4项，获得国家科技进步奖二等奖1项、教育部科学技术奖一等

奖2项、广东省科技进步奖二等奖2项、中国针灸学会科学技术奖二等奖3项等多项国家级、省部级科技奖励。潘高寿传统中药文化传承人卢其福主持的"对川贝母新基原太白贝母列入《中国药典》的研究与应用""基于新食品原料枇杷叶的川贝枇杷糖质量安全控制及产业化应用"等学术研究课题,先后获得中华中医药学会科学技术奖三等奖、广东省食品行业科学技术奖一等奖等。罗氏妇科诊法传承人罗颂平研发的"助孕丸"等获国家发明专利2项,获广东省科学技术二等奖2项,获全国妇幼健康科技二等奖1项。其研发的"岭南妇科四季膏方"等10余种新品临床效果突出,被省内外大量患者应用。采芝林传统中药文化传承人周路山近年来荣获广东省科学技术奖一等奖,并获得国家发明专利2项,其个人的创新技术已经在21家企业中推广和应用,取得了显著的经济效益、社会效益和文化效益。

(二)网络平台的广泛使用

"十三五"期间,随着广州市电子网络平台发展的逐步深化,各类非遗传承人也开始运用网络平台进行传承、传播和创造性转化。

如罗氏妇科诊法传承人罗颂平创建了"罗颂平教授工作室"微信公众号,通过推介中医妇科常识、岭南药膳、学术经验等方式,宣传和推广岭南罗氏妇科诊法。小柴胡制剂方法传承人马蓉通过"直播+健康带货"等多平台线上直播方式展示了小柴胡的制作技艺,使得"小柴胡颗粒"的销售额逐年攀升,不但生产性保护得到了落实,而且还获得了"健康中国·品牌榜""CCTV国家品牌计划"领跑品牌等荣誉。象牙雕刻传承人李定宁自"2017 IEBE(广州)国际电子商务博览会"起,开始与电商平台合作,探寻了牙雕保护、传承与传播的新模式、新概念。象牙雕刻传承人翁耀祥创建了自己工作室的公众号,定期撰写有关牙雕技艺和牙雕文化的文章,并开创了自己的微信商城,让更多人更加直接方便地接触到牙雕产品和牙雕文化。广绣传承人伍洁仪自2018年起参与"遇见广绣"线上慕课活动,并在国家数字文化网、国家公共文化云"在线培训"等栏目,通过线上慕课讲授广绣的工艺特色、针法运用等传统技艺。

此外,广绣传承人谭展鹏自2018年起,先后在YY直播平台、TVS2《城市特搜》、"骆骆声"公众号等进行广绣的网络直播,并于2020年8月起联合广东电视台《粤听》栏目对广绣进行直播,两类在线直播累计观看人数已经突破了550万人次。网络平台的广泛使用极大促进了以广绣为代表的广州市非遗的保护、传承、传播、创造性转化和创新性发展。

(三)家国情怀的实时性非遗创作

自2020年"抗疫"以来,广州市非遗传承人的艺术创作也呈现出了"抗疫"的主题和家国情怀的时事特点。

在2020年的抗疫过程中，小柴胡制剂方法传承人马蓉等多位广州传统医药类非遗项目传承人，都参加了"悬壶济世——广州传统医药类非遗项目抗击新冠肺炎疫情主题展览"。广彩瓷烧制技艺传承人谭广辉创作了瓷扇《抗疫英雄》、瓷盘《暂别》以及200个欢迎白衣战士凯旋的《英雄回家》瓷杯等抗疫主题作品。广彩瓷烧制技艺传承人许恩福创作了抗疫题材广彩作品《团结一心》，捐赠给了广东省博物馆。粤曲传承人陈玲玉创作的短视频，获得2020年中国力量战"疫"短视频一等奖。咸水歌传承人谢棣英创作了《中国加油！顶硬上》等20余首抗疫咸水歌，其不仅投身到抗疫前线，而且还建立了"病毒无情，人间有爱——你来唱，我来说"咸水歌课堂微信平台，将抗疫知识与咸水歌相结合，辐射到了广东省内的100余所学校。打金制作技艺传承人王永清创作的《致敬抗疫英雄》获得"抗疫宣传手艺人"称号。醒狮传承人赵伟斌在疫情期间，录制了醒狮微课、慕课等网络视频，吸引了60余万人次在线观看。

此外，自2018年起，赵伟斌帮扶河源市和平县林寨镇楼镇村成立了福楼醒狮扎作厂，近年来实现营收1200万元，为村民集体增收120万元，成为了和平县"扶贫攻坚"的典型事例和"一村一品"的示范工程等，成为传统非遗促进乡村振兴的典型代表。

综上可见，"十三五"期间广州市非遗传承人的创新方式，不仅在非遗对象的学术性研究、研发性创作、科技型发明等方面更加的深入、精化和全面。同时也契合网络时代特点，在传承、传播和推广方式上更加的网络化和平台化。而且在全民抗疫的实时背景下，通过创作将自己的技艺技能与时代大背景紧紧结合在一起，展现出了广州市传承人浓烈的家国情怀和民族情怀。

五、结语

总体而言，"十三五"期间，广州市市级非遗传承人的"传承能力"在总体上得到了普遍提高。尤其在传承方式的多元化发展、传承实践的基地化与课程化建设、传播活动的公益性与普及性发展、传播创新的学术研究与平台运用等方面表现突出，深刻体现出了广州市非遗工作"见人见物见生活"的保护理念和"以人民为中心"的保护宗旨。

随着"十四五"的到来，文化和旅游部、中共中央办公厅、国务院办公厅先后出台了《"十四五"非物质文化遗产保护规划》《关于进一步加强非物质文化遗产保护工作的意见》等我国在"十四五"期间的非遗保护总体规划。在未来的非遗保护中，广州市该如何贯彻落实国家的系列性非遗保护政策，并能够因地制宜地做到活化和活用，进一步推动广州市非遗传承人"传承能力"的全面深化和进一步提高，则是我们需要面对的全新问题。

广州粤剧保护体系建设发展报告

张　霖[*]

摘　要： 粤剧是人类非物质文化遗产代表作，是中华优秀传统文化的重要代表。经过多年的发展，广州建立了完整的粤剧保护体系，在顶层设计、基础建设和协同机制等方面采取措施，取得了一系列具有广州特色的经验模式，确保了粤剧的生命力。

关键词： 广州　粤剧保护　探索　经验

一、粤剧保护的广州问题

习近平总书记给中国戏曲学院师生回信时指出："坚定文化自信，弘扬优良传统，坚持守正创新。" 2018年习近平总书记在广州考察时指出，要传承好、发扬好粤剧。

如何贯彻落实好习近平总书记重要讲话和指示，结合广州城市发展的特点，传承好、发扬好粤剧，赋能"老城市新活力"和"四个出新出彩"，是广州要认真回答的一个时代问题。

粤剧是中华优秀传统戏剧和岭南文化的典型代表。又称本地班、广东大戏，形成于广佛地区，主要流行于广东全省、广西壮族自治区南部和香港特别行政区、澳门特别行政区等使用粤方言地区的城乡，并传播到东南亚、美洲、大洋洲、欧洲等华人华侨聚居地。

粤剧传统剧目主要有"江湖十八本""新江湖十八本"和"大排场十八本"，此外还有《白金龙》《火烧阿房宫》《平贵别窑》《宝莲灯》《罗成写书》《凤仪亭》等。基本声腔为梆子、二簧，兼有高腔、昆腔及广东民间说唱、小曲杂调等。乐队最初由二弦、月琴、三弦、竹提琴、箫等"五架头"组成，后又陆续吸收了其他一些新式乐器。原有末、生、旦、净、丑、外、小、夫、贴、杂十大行当，后精简为文武生、小生、正印花旦、二帮花旦、丑生、武生六类，俗称"六柱制"。表演质朴粗

---

*　张霖，广州文学艺术创作研究院三级文学创作、粤剧中国保护中心办公室主任。

犷，有单脚、滑索、运眼、小跳、拗腰等绝技。武打以南派武功为基础，靶子、手桥、少林拳及高难度的椅子功和高台功都十分出色。化妆简练，色彩浓艳，服装多采用广绣，精美华丽，富有浓郁的地方特色。粤剧广泛吸收广东音乐、南音等地方艺术形式，充分体现了广府民系群落的地域文化传统，辐射范围遍及全球各地，在世界华人中具有极强的文化凝聚力。

2006年，粤剧入选第一批国家级非遗代表性项目名录。2009年，粤港澳三地联合申报的粤剧入选"人类非物质文化遗产代表作名录"。

广州是粤剧发源、传承、发展的重要地区之一。长期以来，粤剧一直被广州人视为自己的文化遗产而世代传承。但是，随着时代的发展变化，广州粤剧生态出现一些新问题。实践场所不足，传承人队伍不完整，编剧短缺，青少年观众较少等问题，正严重影响到粤剧生态发展。

二、粤剧保护的广州探索

过去五年，广州市委、市政府积极贯彻落实习近平总书记关于中华优秀传统文化传承发展的重要讲话和指示精神，高度重视粤剧保护工作，坚持"政府主导、社会参与"的工作方针，采取了一系列行之有效的措施，构建起了多方协同的立体的保护体系。

（一）加强顶层设计，谋定而动

粤剧是岭南文化的典型代表，保护粤剧是国家"粤港澳大湾区建设"战略和广州市文化强市建设的重要内容。历届广州市委、市政府高度重视粤剧保护工作，除了把其纳入广州市国民经济社会发展总体规划和文化建设专项规划外，还专门制定了《广州市进一步振兴粤剧事业总体工作方案》和《广州市进一步振兴粤剧事业工作方案（2019—2021）》，且都由市政府主要领导担任领导小组组长，详细规划了粤剧发展的7大工程和15项重点工作，为规范和有序开展粤剧保护工作打下了坚实的基础。

（二）加大基础建设，补足短板

为拓展粤剧文化传承发展空间，广州市先后投入资金8亿多元，建设粤剧艺术博物馆和广州粤剧院新址。占地1.7万平方米的粤剧艺术博物馆于2015年12月落成。2018年10月，习近平总书记在广州考察期间，专门走进了粤剧艺术博物馆，叮嘱要把粤剧传承好发扬好。

广州粤剧院新址项目坐落在广州最为繁华的珠江新城，建筑面积约4万平方米，包括一个1200座的大剧场和一个500座的小剧场以及电影院、专业工作用房、排练用房、培训用房、展览用房、配套设施等。广州粤剧院新址的建成并投入使用，将会成为粤剧发展的重要基地和世界粤剧文化中心。

（三）重视部门协同，构建保护共同体

1．广州文学艺术创作研究院

广州文学艺术创作研究院（以下简称"文研院"）是粤剧项目保护单位，也是粤剧中国保护中心所在单位，多年来一直致力于粤剧保护工作，工作内容主要有粤剧创作、粤剧研究、粤剧古剧本整理、粤剧传承与传播等。

因历史机缘，文研院收藏粤剧剧本两千余个，其中许多是新中国成立前的粤剧古剧本，拥有极为丰富的研究价值。经过此前数年的努力，文研院已经将这批剧本全部扫描，实现数字化保存，完成剧本数据库建设。近年来，文研院启动更深层次的剧本发掘工作。2016年、2020年以及2021年，先后在院藏剧本的基础上不断补充完善，与粤剧表演院团以及传承人合作复排粤剧经典剧目《审死官》《马福龙卖箭》以及《罗通扫北》，发掘粤剧传统以及在舞台还原粤剧传统表演艺术。除此以外，从2018年起文研院开始启动古剧本识别项目，聘请专业人士对古剧本进行分批识别录入，以便于以后的进一步研究。

在粤剧创作方面，文研院聚集了广东省内大部分粤剧编剧力量，近年来创作并上演了粤剧大型剧目《碉楼》《梦·红船》《还金记》《初心》《风起南粤》等，多部作品先后获得文化和旅游部文华剧目奖、全国舞台艺术重点创作剧目等奖项和荣誉。同时，文研院自2016年起借助广州市戏剧孵化计划，创作并孵化上演粤剧《杨翠喜》《歇马秀才》《如姬与信陵君》《鹅潭映月》《三生》《清水河畔》等近20个新创粤剧剧目。这些剧目的上演不但为年轻编剧人才创造机会，打造平台，更是借助剧目的上演给了一大批的粤剧新晋演员、舞台美术、音乐设计、青年导演大量的实践机会，促使他们快速成长，传承粤剧艺术。

文研院有悠久的粤剧研究历史，牵头完成《粤剧大辞典》的编撰工作，编辑发行的《南国红豆》杂志已经成为粤剧研究和传播的重要刊物，近五年来出版各种粤剧研究书籍十余本，创办粤剧学者沙龙搭建粤剧界与学术界沟通的桥梁，秉承"传播就是最好的保护"理念组织粤剧记忆访谈，负责全球最大规模的粤剧网站"中国粤剧网"的日常运营维护，积极开展粤剧进校园进基层工作，开设粤剧课程讲座，设立粤剧推广基地，不断加大粤剧传承保护工作的力度以及覆盖面。

2．红线女艺术中心

红线女艺术中心作为粤剧传承、推广的专业单位，立足自身资源，开展保护工作。

2016—2020年，投入998万开展"红线女艺术工程"，作为广州市振兴粤剧事业

方案的重要组成部分，由广州市文化广电旅游局监制，红线女艺术中心出品，该工程以粤剧红派艺术和红线女精神为抓手，围绕艺术工程积极开展研究、影像、展览等方面的工作，五年期间共出版研究书籍17本，制作人文艺术纪录片10集、沙画艺术片1部、微电影1部，全面、立体地还原了红线女杰出艺术生命与粤剧艺术融为一体走向永恒的过程，在国内戏剧界、海内外媒体和华人华侨中均产生巨大反响。

红线女艺术中心创新传承机制，将传承人及其徒弟借调至以艺术生产、人才培养等为重心的粤剧院团（企业单位）中，力求在舞台剧目创作、人才培养、艺术传承等方面最大限度地发挥传承人和其徒弟的作用，使其无论在表演艺术还是剧目作品上，经历市场和时间检验，呈现出"大浪淘沙始见金"的艺术精髓。成效一：传承人苏春梅已经成为行业内外一致公认的红线女先生红派艺术的代表性传人，在国内外具有一定影响力和票房号召力，是当今活跃在粤剧舞台上为数不多的粤剧艺术流派的传人之一，肩负红派艺术的传承和发展。2017年，其大胆探索、创新排演了恩师红线女先生的代表作《搜书院》，一举夺得中国戏剧最高奖"梅花奖"。数年来多次与香港机构和艺人合作创作舞台剧，在全国多地进行艺术巡演，多渠道、广范围地弘扬了粤剧和红派艺术，得到专家和观众的一致好评。成效二：传承人的徒弟们分别在广州粤剧院、湛江粤剧团和广西南宁市粤剧团工作，她们每人都担纲主演了多部粤剧长短剧目，凭借舞台上较为扎实的唱念做打基本功，成长为粤剧青年一辈中的佼佼者，为观众熟知和喜爱。

继2015年成功举办了首届粤剧红派大赛后，自2017年起，每年由红线女艺术中心参与执行承办粤剧红派艺术大赛，至今一共成功开展五届。该赛事成为了中国—东盟（南宁）戏剧周的活动版块之一，也成了中国—东盟具较大影响力的戏曲赛事活动。该赛事由南宁市人民政府、广西壮族自治区文化厅主办，链接起桂粤港澳大湾区及东南亚粤剧艺术的爱好者，起到了推动粤剧人才阶梯性成长的作用。其中2020年，首次吸引到来自越南、柬埔寨、泰国、马来西亚、新加坡等东盟国家的选手积极报名参赛，虽受疫情影响，他们不能亲自来赛场参加赛事，但均在本国录制好参赛视频，以线上参与的方式和国内选手一起竞赛，丝毫不影响参赛热情。

3. 广州粤剧院有限公司

广州粤剧院于2009年6月改制为国有企业，目前有广州粤剧团和红豆粤剧团两个团，现有演职人员220人，拥有南方剧院、江南大戏院两个演出基地，是集粤剧艺术表演、创作、培训、研发制作和剧场经营为一体的国有剧团。该院目前有10位中国戏剧梅花奖获得者，其中，1人为国家级非遗传承人，6人为市级非遗传承人。

从2014年至今，在传承传统艺术的基础上创新创造，不断丰富粤剧发展内涵，广州粤剧院有限公司相继打造了近40部粤剧剧目，通过巡演到全国各地传播岭南文化，深受百姓喜爱，常演不衰。其中实施国家艺术基金2016年度传播交流推广资助项目"粤剧艺术中国行"，该项目旨在国家艺术基金扶持下将粤剧艺术"推出去"、吸引观众"走进来"，突破粤剧作为地方戏曲的地域局限，让国内如广东、北京、南京、上海、浙江、海口、广西等地更多观众领略到粤剧艺术及岭南文化的独特魅力，展示粤剧在现今社会发展中的创新成果，参演传承人：欧凯明、黎骏声、陈韵红、崔玉梅；"2019粤戏越精彩——粤剧'世遗'十周年"系列活动，在北京演出粤剧《刑场上的婚礼》《搜书院》，取得良好反响。

与此同时，广州粤剧院坚持开拓海外主流市场，2016—2019年共组织粤剧出境出访176批、3423人次、296场。

广州粤剧院联合中国戏曲学院、华南理工大学、广东第二师范学院、星海音乐学院及广东舞蹈戏剧职业学院等共建教学实习基地；与国家京剧院互设人才基地，搭建交流平台，联合培养优秀青年演员，助推非遗剧种发展；开设粤剧艺术培训中心，设有"粤剧锣鼓初级班""粤剧唱腔演唱班""舞台表演身段班"，主要以惠民为主，培养热爱粤剧的社会人士，旨在普及和传播粤剧舞台艺术，并从培训中发掘人才，为粤剧的传承提供新鲜血液；与廉江粤剧团、梧州粤剧团、云浮粤剧团、罗定粤剧团等基层院团、戏剧曲艺协会结对帮扶，打造《抉择》《罗门英烈传》《苏兆征》《长岗坡》等粤剧作品。

自2018年9月启动"广州市粤剧电影精品工程"，广州粤剧院便开始启动摄制十部剧目：《睿王与庄妃》《黄飞虎反五关》《刑场上的婚礼》《搜书院》《刁蛮公主憨驸马》《范蠡献西施》《三家巷》《花笺记》《鸳鸯剑》《南越宫词》。目前已完成《刑场上的婚礼》《南越宫词》《睿王与庄妃》《范蠡献西施》4K高清电影拍摄。粤剧电影《刑场上的婚礼》荣获2020第十六届中美电影节年度最佳戏曲电影奖，入围第33届中国电影金鸡奖最佳戏曲片提名，并在第三届中国戏曲电影展摘得"优秀戏曲电影"荣誉奖项。

4．广州粤艺发展中心

从2002年开始，广州粤艺发展中心一直致力于粤剧传统文化、岭南文化资源的开发整理及研究工作，2016年至2020年，已出版发行了《此物最相思——粤剧史料文萃》《龙虎武师三百载》、粤艺访谈录《岭海风流》《旧雨琼花》《氍毹轶趣》《粤剧传统表演排场集》、青少年粤剧艺术读物《粤剧阅乐》《喜闻粤剧》《漫话粤剧》、少儿地域文化绘本《粤忆记》等书籍及《古韵新声·贰》《粤俗好歌》等音像制品。2019年开始，运用新媒体传播粤剧传统文化、岭南文化成为广州粤艺发展中心工作重点之一。"粤艺文化"公众号及抖音号先后上线，为相关爱好者了解学习粤剧传统文化、岭南文化，提供了更便捷有效的途径。2019—2020年，由广州粤艺发展中心主办、一级演员郑丽品主持的粤剧进校园系列活动在阳春市全面启动，迄今已完成30场，提升粤剧传承及粤剧艺术方面的社会影响力。

广州粤艺发展中心运用"非遗+动漫"的形式，2016—2020年完成《粤剧阅乐》《喜闻粤剧》《漫话粤剧》以及少儿地域文化绘本《粤忆记》，重视粤剧传统文化、岭南文化时代气质的开掘，结合富于新意的形式，激发青少年的兴趣，为传承积淀有生力量，取得了良好的效果。

（四）发挥基金会作用，鼓励社会参与

非遗保护离不开民间力量的参与和支持。成立于1992年的广州市振兴粤剧基金会积极动员社会力量，支持和参与到粤剧保护工作。基金会的宗旨是"弘扬民族文化、振兴粤剧艺术"，动员社会各界支持和关心粤剧事业，多渠道筹集资金，帮助粤剧界应对和化解财政经费紧缺、演出市场萎缩、人才大量流失等危机，为政府职能的顺利完成起到补充作用。

基金会成立以来，一直得到广州市委、市政府和社会各界的关心支持和慷慨资助，通过募集资金和开展日常经营运筹，目前已拥有逾亿元资产，成为国内较有影响力的地方艺术基金会，为振兴和繁荣粤剧艺术、为基金会的长远发展打下了坚实基础。

三十年来，基金会已发展成支持粤剧发展的重要社会力量。目前，基金会主办或参与了许多重大的粤剧艺术活动。如羊城粤剧节，汪明荃暨香港福升粤剧团两次赴粤巡回展演，羊城群众粤剧大联展等；重点资助了一批粤剧剧目，如新编古装剧《睿王与庄妃》《骄后武则天》《金陵残梦》《王子与蛇仙》等。这些剧目先后获得国家级、省级文艺大奖，在粤剧界乃至全国戏剧界都有较大影响。基金会在联系港澳、海外粤剧同仁方面更是发挥了不可替代的作用，成为海内外粤剧界沟通的重要平台。

三、粤剧保护的广州经验

（一）强化传承人梯队，确保粤剧传承能力

广州拥有从国家级到市级的完整粤剧代表性传承人梯队。早期，以粤剧艺术大师红线女为代表的粤剧项目代表性传承人队伍一直致力于粤剧传统艺术的传承和保护。2018年，欧小胡（即欧凯明）入选第5批国家级非物质文化遗产代表性项目代表性传承人名单，填补了自2013年粤剧艺术大师红线女去世后广州粤剧项目国家级代表性传承人的空白。

广州市现有粤剧代表性传承人13位，分别是国家级代表性传承人欧小胡，省级代表性传承人倪惠英、孙业鸿，市级代表性传承人黎向阳、崔玉梅、黄健、罗巧

华、张平、郭凤女、陆敏渭、欧阳靖、苏春梅、吴非凡。各位传承人分别属于多个粤剧行当，有丰富的代表性，传承人队伍充实、完整，为粤剧的传承工作打下良好的基础。

近年来，各位传承人积极收徒传授粤剧传统技艺，如国家级传承人欧小胡一直注重建设培养青年队伍，对徒弟卢文斌、陈镇江（艺名陈振江）、梁文超、吴浩剑、陈小特（艺名陈骏旻）从唱做念打等多方面进行技术性指导，根据徒弟自身实际制定针对性提升计划，培养粤剧接班人，切实促进了粤剧艺术传承的教学研究、人才培养以及推广传播。2020年，欧小胡指导复排粤剧经典剧目《红鬃烈马》，由徒弟陈镇江担任男主演，指导创排新编粤剧《董生与李氏》，徒弟卢文斌饰演董四畏，自己主演的经典粤剧南派传统剧目《马福龙卖箭》则指导徒弟梁文超饰演男主角。他说："现在是我演，同时我也交给徒弟们，把优秀作品传承下去。"省级传承人倪惠英负责编纂《粤剧表演艺术大全》，继2019年完成"做打卷"后，2020年完成了"唱念卷"。在此期间还向徒弟林颖施、赵丽芳、林彩霞等人传授《白蛇传》《六月雪》《游园惊梦》等粤剧剧目。省级传承人孙业鸿参与广东舞蹈戏剧职业学院戏剧系教授剧目课工作，在东莞麻涌小英雄少儿粤剧团基地以及东莞轻工业职业学院担任粤剧戏曲教导老师，执导的粤剧节目获得"中国少儿戏曲小梅花荟萃"大赛金奖。各位市级传承人也积极传承，在推广宣传等方面做出不俗的成绩。

总体而言，广州市粤剧代表性传承人队伍构成合理、层次分明、传承有序，积极参加传承人培训以及各类型粤剧推广传承工作，极大地促进了粤剧保护工作的开展。

（二）发展民间班社，营造良好生态

目前在广州市区的街头巷尾、社区公园，活跃着1300多个民间粤剧私伙局，他们定期或不定期地开展粤剧演唱，平均一年奉献了近8万场表演活动。位于老市区永庆坊的粤剧艺术博物馆广福台惠民演出团队已累计近150支，惠及群众逾69万人次。羊城粤剧节、粤剧私伙局大赛、少儿粤剧粤曲大赛等品牌活动吸引了众多粤剧爱好者。连续十年举办的"华光师傅巡游庆典活动"极具广府特色，同时也是民间一项粤剧文化的保护和传承活动。广州市属的广州粤剧团、红豆粤剧团每年举办不少于100场的惠民演出，优秀剧目以免费或低票价的形式进校园、进社区、进剧场，10年来已累计开展惠民演出1200多场，惠及观众超过100万人次。2002年至今，广州已经连续举办了18届高雅艺术进校园暨学生进剧场活动，着力于培育年轻的粤剧观众。位于广州市文化公园内的粤剧文化广场多年来提供粤剧演出场地，仅2019年，该场地共演出场次105场，观众约65000人次，随着新冠疫情的逐步稳定，文化广场已于2021年4月起重新向社会提供演出场地，持续助力粤剧的推广和传播。

（三）坚持守正创新，创新传播方式

广州较早探索粤剧与旅游融合发展的模式，于2016年打造了粤剧红船流动旅游剧场，粤剧红船在珠江上持续上演旅游剧目《船说》。

粤剧的未来在年轻人身上。广州起用青年艺术家创排"青春版粤剧"，举办"大学生进剧场暨粤剧演出季"以及"红豆杯"大学生粤剧粤曲网络大赛等活动，让粤剧在年轻人中火起来。同时，利用多媒体手段加强粤剧推广，启动"广州市粤剧电影精品工程"，运用4K技术，投入巨资拍摄制作十部经典粤剧电影，以及《一代天娇——红线女》纪录片和同名电影。其中粤剧电影《刑场上的婚礼》2019年12月在全国上映，作为广州市"不忘初心、牢记使命"主题教育重点观影剧目，票房已达160万，成为戏曲电影票房之首，荣获2020第十六届中美电影节年度最佳戏曲电影奖，入围第33届中国电影金鸡奖最佳戏曲片提名并在第三届中国戏曲电影展摘得"优秀戏曲电影"荣誉奖项。

（四）加强内功建设，夯实传承根基

广州市文化广电旅游局于2017年9月正式启动了《粤剧表演艺术大全》的编纂工程。该工程投入资金2000万元，汇集广州、佛山、深圳、港澳地区的20多名资深粤剧专家组成编纂核心团队。目前已完成了"做打卷"和"唱念卷"的出版。《粤剧表演艺术大全》的编纂和出版，对粤剧表演艺术进行了较为完整的溯源和梳理，为粤剧的传承与发展提供基础支撑。

（五）加强正规教育，推动传承发展

广州市出台《广州市进一步振兴粤剧事业总体工作方案》后，结合《广州市中长期教育改革和发展规划纲要（2010—2020）》，出台了《广州市粤剧进校园工作方案》。

广州市教育局将全市20余家粤剧推广工作基础较好的学校设立为粤剧特色学校，拨付专项资金，开展粤剧课程等系列进校园活动。2018年，华南理工大学、星海音乐学院入选首批"中华优秀传统文化（粤剧）传承基地"，在大学校园内掀起了学粤剧、赏粤剧的风尚。

与此同时，粤剧保护各相关机构纷纷开展校园活动，覆盖面从幼儿园到大学各个年龄段。

广州文学艺术创作研究院与星海音乐学院签订战略合作协议，在校园内开设专题课程《粤剧十五讲》，与此同时将粤剧讲座送到广州市从化区新城幼儿园、海珠区万松园小学等十余间学校。

红线女艺术中心联合广东理工职业学院举办《银海艳影——红线女电影艺术赏

析》专题讲座、《中国戏曲的共性与粤剧的特性》专题讲座，联合浙江金融职业学院等单位举办《银海艳影——红线女电影艺术赏析》专题讲座，联合宁波大学等单位举办《南国红豆　粤韵流芳——粤剧知识介绍》专题讲座，在华南理工大学举办《粉墨青红　涂心于面——粤剧面谱知识漫谈》专题讲座，举办"粤剧红派艺术进校园"活动22场。

广州粤剧院有限公司在星海音乐学院举办《对话：粤剧艺术与当代大学生》，在广东第二师范学院举办粤剧普及讲座，在暨南大学举办"粤港澳大学生'岭南文化'高级研修班"，在粤剧艺术博物馆、南方剧院、江南大戏院等粤剧传承基地以及广佛两地多所中小学举办粤剧艺术普及教育活动，在多所高校、中小学及幼儿园开展20多场"学生进剧场、戏曲进校园"系列公益活动，在清澜山学校举行《粤剧艺术进课堂》，在北京清华大学新清华学堂举行"2019粤戏越精彩——粤剧'世遗'十周年系列活动　北京"粤剧展演，在广州市多所幼儿园、小学、中学、大学举行"高雅艺术进校园——学生走进剧场"活动。

粤艺发展中心于2016—2019年在广州少儿图书馆举行"阅粤精彩——广府知识讲座"活动，于2016—2019年广东文艺职业学院、执信中学、同和小学、广州电子信息学校等、西关培正小学、广州市番禺区图书馆等举行"粤剧艺术、广府文化进校园"活动，于2019—2020年在阳春市中等职业技术学校、阳春市春州小学、阳春市春湾中学、兴华小学、阳春市第一中学、阳春市陂面镇中心小学等阳春市20多间中小学校举办粤剧进校园系列活动。

（六）擦亮活动品牌，提升可见度

1．羊城粤剧节

1990年，首届羊城国际粤剧节（后改名为"羊城粤剧节"）在广州举行，除了1996年第二届因故推迟了两年举行外，每隔四年举办一次，规模之大，参与人数之多，被外界称之为"粤剧奥运会"。羊城粤剧节作为粤港澳在粤剧合作、交流、保护工作中最响亮的名片，目前已成功在广州市连续举办了八届。第八届羊城粤剧节于2020年11月在广州举行。来自广东、广西两省（区）的15个专业院团带来21台优秀剧目，来自全球38个社团的158个节目组成21台华人华侨粤剧粤曲晚会，在羊城汇演。超过3000名海内外粤剧工作者及爱好者齐聚广州进行粤剧艺术的交流、切磋。新增粤剧电影展映板块，20部影片共计上映32场，另一新增的大热板块"云赏粤剧节"，网络直播观看量超过1800万人次。此外，粤剧研讨会、名师主题讲座、艺术沙龙、图片展等外延板块也开展得如火如荼，掀起了新一股观看粤剧、探讨粤剧传承、关注粤剧发展的热潮。经过多年努力，羊城粤剧节已经成为目前国内规模最大、规格最高、影响最广、最具权威性的大型国际知名粤剧文化交流品牌活动。

2. 粤港澳粤剧日

粤港澳三地政府由2003年开始，将每年11月最后的一个星期日定为"粤剧日"，借以扩阔观众层面，达到推广及保存粤剧的目的。广州作为粤剧发源、生长、传承、繁荣的核心地区，在每一年的粤剧日都由广州文学艺术创作研究院、红线女艺术中心、广州粤剧院有限公司等粤剧保护相关机构推出专题演出、推广、展览等活动，并在荔湾区等粤剧传统深厚的地区举办粤剧专题活动。该活动已经成为一年一度广州本地的粤剧重点活动。

3. 其他推广活动

广州文学艺术创作研究院、红线女艺术中心、广州粤剧院有限公司、广州粤艺发展中心等4家粤剧保护相关机构不定期推出专题展览、讲座等，推动粤剧的推广和普及。如"红线女艺术图片展""大型艺术性纪录片《一代天娇——红线女》欣赏会暨'师恩难忘、红腔传唱'粤剧晚会""红派流芳　岁月留痕——5.18国际博物馆日特别直播""'红线绕梅·京粤同台'展览""永恒的艺术——纪念粤剧艺术大师马师曾、红线女专题晚会""2019粤戏越精彩——粤剧'世遗'十周年系列活动之'粤剧名家名剧折子戏专场'"等。这些活动从各个角度、各个层面加大了粤剧推广普及的覆盖面，取得了良好的效果。

四、粤剧保护的广州展望

近年来，广州市政府投入了大量的财力、物力、人力，加上各专业单位以及民间的努力，使得粤剧的整体生存状态相较于前有显著改善，整体成绩突出。

但在整个粤剧行业中，仍然存在一些不足之处，其中粤剧流派艺术传承整体情况不佳以及行当缺失问题尤为突出。

曾几何时，以"薛马桂廖白"为代表的粤剧流派艺术深受观众喜爱，各流派均有其独特的唱腔以及表演特色。但目前，除了粤剧红派、马派艺术得到较成体系的传承以外，其他大部分流派都面临着后继无人、艺术特色丧失的困境，给粤剧的多样性带来冲击。

另一方面，粤剧在面对激烈的市场竞争时，不断根据城市观众审美需求发展演变。随之而来，粤剧也产生了从"十柱制"到"六柱制"进而发展到如今以"生旦戏"为主的演变。部分行当日趋边缘化，大量行当经典剧目已经多年无缘舞台，部分行当人才匮乏。以丑生为例，丑生在传统粤剧戏班中有着重要地位，戏谚有云"无丑不成戏"，但如今丑生行当人才紧缺，无论是男丑还是彩旦都十分稀缺，而且随着老一辈的丑生先后退出粤剧舞台，新生力量难以为继。类似情况也发生在其他行当中。

如果任由其发展，将对粤剧传统艺术的传承带来重大打击，急需改善。

近年来，民间开始陆续汇集力量对粤剧"虾腔""风腔"等粤剧流派艺术进行整理保护，粤剧各专业单位也有意识地加强流派艺术经典剧目以及行当经典剧目的复排工作。

接下来，由广州市政府牵头出台具体措施、加大资金投入，向流派艺术传承和行当振兴倾斜，加强各行当优秀演员的传承人申报工作，培养新的传承人群，加大各流派经典剧目、行当经典剧目的复排工作力度，促成流派艺术和行当的逐步复兴，从而传承保护粤剧艺术的多样性。

其一，继续积极开展粤剧文献资料整理和传统剧目复排工作。下一步将继续做好《粤剧表演艺术大全》的"音乐卷""舞美卷"和"剧目卷"等分卷的编纂，继续抢救、挖掘、整理传统粤剧技艺。各粤剧保护单位将复排《罗通扫北》《春草闯堂》等多个粤剧经典剧目，通过复排传统剧目，再现和活化传统技艺。

其二，继续加强与高校的战略合作，推进粤剧专业课程进高校。在继续做好粤剧中国保护中心与星海音乐学院"中华优秀传统文化传承（粤剧）基地"等项目的同时，不断拓展合作院校，不断加强校园粤剧基地的设立和推广，全面提升和丰富"粤剧进校"的形式、内容和质量。

其三，打造一批高质量剧目，继续推进"广州市粤剧电影精品工程"，促进粤剧的活化传承。广州粤剧院将发挥国有大团的优势，在继续创排舞台剧目的同时，继续完成《三家巷》《搜书院》《鸳鸯剑》等剧目4K高清粤剧电影的筹备拍摄工作。

其四，继续巩固粤剧的民间基础，形成粤剧传承发展新格局。继续大力开展粤剧进校园活动，继续发挥广州全市1300余家粤剧私伙局的在民间活跃、推动粤剧发展的作用，继续支持各类型的私伙局大赛，巩固粤剧的民间基础。

广东醒狮创新发展报告

林　瀚　赵伟斌*

摘　要： 在推动中华优秀传统文化创造性转化与创新性发展的"两创"方针指引下，广东醒狮项目在创新上进行了有益探索，主要表现在文创产品开发，实施非遗产品与新科技跨界融合、社会传承人培养等方面，在非遗内涵挖掘、"非遗＋科技"体验、打造文化IP等方面积累了经验。

关键词： 广东醒狮　非物质文化遗产　创新　经验

一、引言

进入新时代，我国社会的主要矛盾已经转化为"人民日益增长的美好生活需要和不平衡不充分的发展之间的矛盾"①，非物质文化遗产（以下简称"非遗"）是中华传统文化的重要组成部分，是中华民族生生不息的"根"与"魂"。"努力实现传统文化的创造性转化、创新性发展，使之与现实文化相融相通，共同服务以文化人的时代任务"②是我国新时代的重要发展战略。习近平总书记在2020年9月22日教育文化卫生体育领域专家代表座谈会上再次强调："要坚定文化自信，推动中华优秀传统文化创造性转化、创新性发展……不断铸就中华文化新辉煌，建设社会主义文化强国"。③故此，推动非遗的创造性转化和创新性发展，是顺应时代潮流，满足民众美好生活需求的必然选择，也是科学保护非遗，推动非遗走进当代，实现可持续发展的重要机遇。

广东醒狮属于中国狮舞中的南狮，历史上由唐代宫廷狮子舞脱胎而来，五代十国

---

* 林瀚：广州大学人文学院讲师，广州大学岭南文化艺术研究院研究员；赵伟斌：国家级非遗（广东醒狮）省级代表性传承人，华南师范大学音乐学院客座教授。

① 习近平：《决胜全面建成小康社会　夺取新时代中国特色社会主义伟大胜利——在中国共产党第十九次全国代表大会上的报告》，《人民日报》2017年10月28日，第01版。

② 《习近平在纪念孔子诞辰2565周年国际学术研讨会上的讲话》，人民网，发布日期：2014年9月24日；访问日期：2023年3月29日。

③ 《习近平在教育文化卫生体育领域专家代表座谈会上的讲话》，中国政府网，发布日期：2020年9月22日；访问日期：2023年3月29日。

之后，随着中原移民的南迁，舞狮文化传入岭南地区。明代时，醒狮在广东出现，起源于南海县（即今天的广州），是融舞蹈、音乐、体育等为一体的民间艺术，也是岭南地区较具代表性的民俗活动。广东醒狮是驱邪纳福的瑞物，象征吉祥、喜庆，以其观赏性、艺术性和竞技性深受民众喜爱，代代相传。现流传于广东、广西、港澳地区及海外华人社区，成为海外同胞认祖归宗的文化桥梁。

2006年，经文化部确定、国务院批准，广东醒狮入选第一批国家级"非遗"名录，属于"民间舞蹈类"。随之，又进行了广东醒狮项目的代表性传承人认定。目前，"广东醒狮"项目的代表性传承人共有9人（不包括已去世1人）。其中，省级代表性传承人2人，市级代表性传承人7人，分布于广州越秀区、海珠区、番禺区、花都区和从化区。广东醒狮入选"非遗"代表性项目名录，并认定了代表性传承人，一方面确定了这一项文化活动的历史人文价值，另一方面对醒狮的传承与发展也起到极大的促进作用。2009年，与广东醒狮项目保护传承发展密不可分的"醒狮扎作"被列入广州市第二批市级非遗名录，分属"传统技艺类"，这为广东醒狮的保护传承发展提供了物质保障，也为广东醒狮项目的文化遗产转化为文化资源，推动其创造性转化与创新性发展提供了更充分的条件，拓展了其可持续发展的空间。

多年来，在政府有关部门的大力支持和项目保护单位的努力下，广东醒狮项目完成了大量的保护传承基本工作：完成了历史资料的普查、搜集、挖掘和整理工作；完善了传承谱系和档案资料；建立了培训机制，走进了校园；利用各种媒介开展多途径的有效宣传，以参加各类文艺活动、经贸活动和狮舞赛事来展示、推介醒狮；还通过商业演出和发展文创产业等方式融入市场，探索市场化良性发展道路。从国家层面自上而下的非遗保护给广东醒狮这一传统民间艺术带来新的勃发，并促其成为中外交流的文化使者，发挥了非遗活态传承的历史文化价值和促进社会和谐、经济发展的人文价值与经济价值。

但是，随着全球化的持续深入与现代化进程的不断加快，人们生活习惯与习俗的变迁以及传统文化教育在国际化语境中的弱化，世代传承的民间技艺赖以存续的文化生态受到极大冲击。广东醒狮在保护和传承发展中亦面临困境，亟待传承人、项目保护单位、政府相关部门和社会各界共同关注，合力促进广东醒狮文化遗产的创造性转化与创新性发展。

二、广东醒狮创新发展的机遇与挑战

2014年，习近平同志在纪念孔子诞辰2526周年国际学术研讨会上的讲话中，对中华优秀传统文化的创造性转化和创新性发展（以下除引文外，均简称"两创"）理念的提出，成为新时代文化领域工作的重要指引，也是对非遗保护工作纵深发展的新要求。在这样的时代语境中，广东醒狮项目的保护与创新发展迎来新机遇，也面临极大的挑战。

（一）广东醒狮保护与创新发展的新机遇

其一，非遗保护的深化为广东醒狮存续与创新发展奠定基础。非遗作为中华优秀传统文化的重要组成部分，是提高全民文化自信，实现中华民族伟大复兴的重要基础。多年来的非遗保护宣传推广，使"非遗保护，人人有责"的观念逐步成为社会共识。广东醒狮以其轻灵敏捷，刚柔并济，勇武威猛的艺术风格在民间广为流传，其辟邪纳福的瑞物形象，吉祥、喜庆的文化符号亦深入民心，这为广东醒狮项目开发文创产品，开展跨界融合提供了良好的市场形象。同时，传承人机制的建立，政府补贴的发放，各项狮舞比赛的开展，广东醒狮进校园活动的深入，都为广东醒狮的存续与创新发展奠定了良好的社会基础。

其二，非遗研究的深入为醒狮文化遗产转化为文化资源创造条件。非遗是一种文化遗产，"活态性"是其主要特征，并且随着时代的发展产生流变，寄托着人们的精神追求与审美意趣，隐藏着珍贵的文化记忆。随着非遗研究的深入，学者们意识到非遗蕴含着丰富的历史内涵，对其进行透彻的文化解读，将文化遗产转化为文化资源，为文创产品的开发设计创造条件，实现非遗的创造性转化。多年来，学者们对广东醒狮文化的深入研究，梳理、建立了醒狮在狮头造型、人员道具配置和舞法、套路上独具一格的艺术体系以及具有浓厚地域文化特色的醒狮礼仪，为醒狮项目开发文创产品提供了独特的传统文化资源。"艺术设计中融入良好的传统文化，能够对整个艺术的艺术创新设计提供良好的发展条件，所以说传统文化的融入将会带动艺术设计进入到崭新的发展阶段中"[1]，非遗助推文化创意产业的同时，文化创意产业也为非遗项目创造了新的经济价值，带动了非遗与文化创意产业的双向赋能。

其三，科学技术的发展为广东醒狮的保护与创新发展提供手段。高新技术的发展，为我们搜集、整合、呈现传统文化资源提供新工具；数字技术在交互领域的发展，给非遗保护和两创提供崭新思路和可行的操作手段。比如VR的全景交互，AR的现实感大大提升人们对广东醒狮谐趣、惊险、威猛又高雅之精神气韵的体验；3D打印、AI智能等技术则为醒狮保护与跨界融合发展提供操作手段。

其四，法律法规的逐步健全为广东醒狮的保护与创新发展保驾护航。继《中华人民共和国非物质文化遗产法》和《广东省非物质文化遗产条例》颁布之后，2019年11

---

① 张思鸣：《传统文化在艺术设计中的融合与体现》，载中国教育发展战略学会教育教学创新专业委员会：《2019全国教育教学创新与发展高端论坛会议论文集（卷十二）》，中国教育发展战略学会教育教学创新专业委员会，2019年2月，第122页。

月13日，广州市政府第15届90次常务会议审议通过了《广州市非物质文化遗产保护办法》，自2020年5月1日起施行。这为广东醒狮开发文创产品提供了切实可行的知识产权保护指引，为广东醒狮与其他行业融合发展提供可操作的法律依据，保障传承人后顾无忧地推进广东醒狮的两创实践。

其五，粤港澳大湾区建设为广东醒狮的保护与创新发展开辟广阔前景。"坚定文化自信，共同推进中华优秀传统文化传承发展，发挥粤港澳地域相近、文脉相亲的优势……支持弘扬以粤剧、龙舟、武术、醒狮等为代表的岭南文化，彰显独特文化魅力。"[1] 粤港澳大湾区文化同根同源、人缘相亲、民俗相近，自古以来就是优势互补，共同发展。新时代中，粤港澳合作不断深化，必然给该地区非遗的保护与发展带来新契机。大湾区发展规划纲要中明确提出将着重支持弘扬以醒狮等非遗项目为代表的岭南文化，这无疑将有利于社会各界与醒狮项目搭建开放的交流平台，实现资源互补，互惠共赢，大力推动醒狮两创发展。

（二）广东醒狮保护与创新发展的挑战

国家政策层面的指引，多年非遗保护工作的积淀，粤港澳大湾区的建设都给广东醒狮保护与发展带来前所未有的利好。但也要关注广东醒狮发展的内在不足，以前瞻性的眼光看到面临的挑战，及早采取积极措施。

首先是年轻力量不足，传承任务依然艰巨。广东醒狮是一种集武术、舞蹈、音乐、杂技等为一体的民间艺术，通常是两人舞一头狮子，两者都要经过长期训练，才能达到合作的默契无间。这其中训练的艰苦，岁月的煎熬让年轻人望而却步。虽然历史上醒狮作为驱邪避害的吉祥瑞兽，每逢节庆，或有重大活动，必有醒狮助兴，历代相传至今，但随着现代社会的发展，人们观念的变迁，醒狮的市场需求变得极不稳定，甚至衰减，以醒狮为职业的可行性削弱。尽管多年的醒狮进校园活动培养了一大批醒狮爱好者，但是把醒狮作为职业选择的年轻人极少，这势必给醒狮的存续发展带来压力。

其次是醒狮文化市场不完善，难以形成合力。商业演出是狮队赖以生存的基础，但醒狮市场一直缺少有效的统一管理，"目前醒狮文化市场并不完善，良莠不齐，表演套路根据狮队实力随意增删，表演质量不稳定，进一步加剧了广州醒狮传统礼俗的流失"，[2] 故此也存在恶性竞争导致的行业内耗。同时，历史上的武术门派意识也限制了不同狮队的交流学习，难以形成合力，影响了项目传承，不利于醒狮的可持续

---

① 中共中央　国务院印发《粤港澳大湾区发展规划纲要》，新华网，发布日期：2019年2月18日；访问日期：2023年3月29日。

② 董帅、刘秋英、谭钦允、徐沛仪、黄禹铭、谢程程：《广州市醒狮调研报告》，第50页。

发展。

再次是醒狮项目发展资金受限，缺乏固定训练场所。醒狮是一项集体性合作完成的民间艺术，狮队规模由几人到几百人不等。维持狮队运作的资金主要来自社会捐助和商业演出收入，传承人有一定的政府补贴。其中社会资助经费来源不稳定，额度也有限，商业演出也是时有时无。然而狮队的日常管理、维护需要一定的资金。可以说长期以来，绝大部分狮队都缺乏稳定的、充足的经费支持。同时，狮队需要规范的日常训练和科学管理才能保证演出的质量，才能形成稳定的队伍。过往，狮队较多使用村落的祠堂或球场等公共活动空间进行训练，这些场所一方面容易与村民的日常使用形成冲突，另一方面是露天常受到天气的制约，影响训练的正常开展。这些客观困难长期困扰着狮队的发展和壮大，直接影响项目的传承发展。

三、广东醒狮创新发展的实践探索

新时代赋予非遗保护发展新使命，顺应时代发展趋势，广东醒狮项目以两创理念为引领，立足本土，面向国际，活化广东醒狮文化资源，创设醒狮保护传承新场景，跨界融合开辟醒狮发展新方向，改良传统技艺助力乡村振兴，进行了多方位多层次的保护与创新发展实践，让古老的醒狮走入现代生活，实现非遗保护发展"见人见物见生活"的理念。

（一）立足本土，挖掘醒狮文化内涵，全方位传承广东醒狮

1．开展项目深度调研，完善档案资料，挖掘醒狮文化内涵

2017年7月至12月，广州市非遗保护中心组织了专项调研组，对全市醒狮队伍的存续状况展开了全面深入的调研，以问卷和实地访谈等方式摸查各队伍的基本情况、传承和发展状况，对所拥有的资源情况进行数据统计、归档，全面完善档案资料。调研组还梳理了醒狮的发展流变过程，总结其表演套路、表演内容和步法鼓点，以及行业规定、仪式程式等。醒狮项目保护单位广州工人醒狮协会还对一些濒临失传的传统表演套路进行图文并茂的记录，组织重演并拍摄视频归档保存，并在保护实践与传承推广活动中逐步确立广东醒狮喜庆吉祥，威武勇猛，兴旺进步的文化内涵，提炼出醒狮蕴含的追求美好生活的普世价值观。

2．致力呈现广东醒狮的地域特征与文化内涵

一方面是改良扎作技艺，强化狮头形象的文化特征。省级非遗项目狮头扎作技艺的代表性传承人陈金明亦身兼醒狮传承人，在熟练掌握全套狮头扎作技艺的基础上，利用现代原材料的多样性和先进性进行提升，形成独特的"穗装狮"工艺。"穗装狮"狮头图纹更加灵动多变，构图更加严谨丰满，色彩上由传统的黑、白、黄、红、

绿五彩，增加了青、蓝、紫、粉、灰、橙、咖啡等七彩，达到12种基本色，让色彩更加丰富。陈金明还在颜料中添加环氧树脂胶水（一种独特的工业材料），让狮头色彩更加鲜艳夺目，即使遭受雨淋也不会掉色。他还选用更加轻便的眼镜、镜片、绒球配饰，用山羊毛替代羽绒毛，让醒狮威风之余更萌动可爱。特别设计的"自动眨眼"装置，让舞狮人操作变得更方便。这些技艺改良使"穗装狮"形象更加鲜明，更适用于岭南的多雨季，进一步展示了醒狮喜庆吉祥，兴旺进步的文化内涵，展现岭南人们热热闹闹，欢欢喜喜迎接美好生活的普世追求。

另一方面是在表演技艺上提升广东醒狮的敏捷灵动，勇猛威武。陈金明对狮头扎作技艺的改良，不仅赋予狮头更鲜明的岭南文化特征，而且因材料的改良降低狮头的重量，为醒狮表演技艺和艺术层面上的提升带来更多可能。醒狮代表性传承人赵伟斌在传承醒狮的传统采青套路（阵式）中，着重探索其技艺上的提升。"高青"包括龙门阵、叠罗汉、高台莲花青、一柱擎天高杆采青等，难度较大，尤其是梅花桩阵，它是当今世界最高难度的采青表演。表演者在高桩上表演各种高难度技巧动作，包括飞桩、转体等，动作细腻、扣人心弦。梅花桩阵不但表现了高难度的技巧与独特的武功，还充分显示了舞狮者的勇敢与机智。广州工人醒狮协会以此高难度的技艺，让醒狮享誉海内外，展现了敏捷灵巧、勇猛威武的广东醒狮和不断开拓创新的岭南人精神。

3．积极探索培养传承人的路径

一是走进企业，服务生产，弘扬醒狮文化，培养传承人。多年来，广州工人醒狮协会在广州市总工会的领导下，在政府有关职能部门的大力支持下，整合社会各界醒狮优质特色资源，前往广重、广汽、广船、广钢、广纸、纺织、建筑、轻工机等40多个基层单位为5000多名一线工人义务培训狮艺，成立企业醒狮队，培养醒狮传承人。广州交运三汽醒狮队将企业文化与醒狮文化巧妙融合，寄托出入平安、勇猛奋进的愿望。狮队还"开设有醒狮绘画、醒狮文学、醒狮故事等醒狮文化特色课程，并利用周末、寒暑假期间在职工之家开展面向企业内部职工子女的醒狮亲子体验课程"。[①] 这些举措既增强企业活力与凝聚力，服务于企业的文化建设和经济发展，也让醒狮文化深入人心，在企业狮队的建设中培养传承人。

二是走进大中小学校园，开发醒狮课程，培养传承人。首先活化醒狮文化资源，开发醒狮课程。"据统计，醒狮文化特色课程方面，创新有醒狮操的狮队有36支，占比20.34%；创新有醒狮绘画的狮队有5支，占比2.82%；创新有醒狮游戏的狮队有11支，占比6.21%；创新有醒狮扎作的狮队有6支，占比3.39%；创新有醒狮音乐课的狮

---

① 董帅、刘秋英、谭钦允、徐沛仪、黄禹铭、谢程程：《广州市醒狮调研报告》，第38页。

队有15支，占比8.47%；创新有醒狮文学课的狮队有21支，占比11.86%；创新有醒狮刺绣的狮队有1支，占比0.56%；创新有醒狮故事的狮队有27支，占比15.25%；创新有其他醒狮文化课程的狮队有5支，占比2.82%，特色课程的开展情况较为乐观。"[①] 有些小学还编制了配套的校本醒狮教材。其次，组织青少年醒狮表演赛，打造学校品牌，走出国门，传播醒狮文化，提升国际影响力。"署前路小学的龙狮队在2016年12月应邀登上中央电视台《文化之约》栏目，该栏目面向全世界27个国家，让署前路小学醒狮队的风采走上了世界舞台。"[②]再次，将醒狮文化与当下素质锻炼相结合，在大中小学开设醒狮训练班，首创少年醒狮操。广州工人醒狮协会各级传承人及教练团队相继在署前路小学、文德路小学、第17中学、第66中学、华南师范大学等68间大中小学开设醒狮训练班，着重对青少年进行醒狮技艺培训和文化普及。省级传承人赵伟斌更首创少年醒狮操，向全校学生普及，在大课间展示，这种将传统文化与素质锻炼相结合的方式，受到教育部最高督导的肯定，并向全国推广。

三是走入社区，培养醒狮传承人。社区是社会有机体最基本的内容，是宏观社会的缩影，是非遗赖以存续的土壤，也是非遗在当下的传承与创新发展的基础。醒狮辟邪纳福的吉祥形象，舞狮的热闹喜庆是民间活跃节日气氛，凝聚社区合力的有效载体。调研结果显示，"在调研组调查的177支狮队中，共有村镇及合作社集体所有的狮队65支，宗族所有的狮队22支，合计占比51%，显示出社区传承在广州醒狮传承中的重要作用"。

（二）面向国际，弘扬广东醒狮的民族精神

广东醒狮是一项具有浓厚岭南地域特色和传统民俗色彩的艺术、体育项目。广州工人醒狮协会自20世纪80年代起就致力于将醒狮文化推向世界各地，"是国内第一个走出国门，将醒狮文化推向世界各地的社会团体，成为世界龙狮总会的创会会员，为龙狮运动的全球化作出巨大的贡献"。[③]已故广州工人醒狮协会首任主席赵继红于2016年被评为国家级非遗传承人，曾任世界龙狮总会副主席，他"开创百头醒狮表演统一动作、统一鼓点，多次率醒狮队代表政府前往世界各地表演、交流和比赛，名闻中外，享有'南狮王'美誉"。[④]

广州工人醒狮协会现任会长兼总教练，省级代表性传承人赵伟斌，每年受邀前往欧美等发达国家教授狮艺，努力传播醒狮文化，至今授徒近万人，桃李满天下。他创

---

① 董帅、刘秋英、谭钦允、徐沛仪、黄禹铭、谢程程：《广州市醒狮调研报告》，第30页。

② 董帅、刘秋英、谭钦允、徐沛仪、黄禹铭、谢程程：《广州市醒狮调研报告》，第37页。

③ 广东省志编纂委员会编：《广东省志》（体育卷），方志出版社，2014年，第92页。

④ 董帅、刘秋英、谭钦允、徐沛仪、黄禹铭、谢程程：《广州市醒狮调研报告》，第42页。

立全国第一个"夜光龙"表演队伍，多次代表中国前往世界各地参加"夜光龙"国际赛事和表演交流，获奖无数，仅冠军或金奖就有100多个。向世界展示了广东醒狮的勇猛威武与瑞气吉祥，展现了兼容并蓄，开拓创新的岭南文化。

近年来，醒狮助力"一带一路"，促进中外友好交流。南国醒狮先后应邀在2017年《财富》全球论坛、2018世界航线发展大会、巴新总理访问中国等重大外事活动中演出，深受外国元首及国际友人喜爱。2018年5月举办了"一带一路"广州国际醒狮艺术交流季，2018年7月赴香港参加庆回归暨粤港澳大湾区醒狮嘉年华，2019年春节前后赴印度和美国等地展演，吸引了当地近万名观众现场近距离接触醒狮文化，美国商务部部长罗斯到场参观时还举起狮头助兴，当地媒体做了广泛报道。广东醒狮被誉为中外文化交流的使者，向世界展示中国之"醒狮"形象。

（三）开发醒狮文创产品，实现传统非遗回归现代生活

非遗源自先辈的智慧，也必将回归当下的生活。非遗文创产品是借助现代科技手段与创意设计，对非遗所具有的文化元素或所承载的文化资源进行提升与创造，开发出的高附加值产品。这些产品因符合当下的生活需求与审美标准，比非遗本身更容易走入民众的生活。开发非遗文创产品，是活化非遗资源，实现传统文化创造性转化的重要路径。

近些年来，广州醒狮传承人和保护单位，致力于活化醒狮文化资源，开发醒狮文创产品，产品类型涵盖了日常生活用品、家居摆设、办公文具、玩偶玩具、旅游纪念品等多种类型，形式多样，功能丰富。"据统计，文创产品方面，广州有醒狮挂饰的狮队有7支，占比3.95%；有醒狮摆件的狮队有10支，占比5.65%；有醒狮工艺品的狮队有6支，占比3.39%；有醒狮书签的狮队有1支，占比0.56%；有醒狮绘画的狮队有3支，占比1.699%。"[①]

在当前经营或参与文创产品设计与生产的狮队中，广东醒狮省级代表性传承人赵伟斌凭借其对醒狮文化内涵的深度解读，在醒狮文创市场中独树一帜。目前，该团队已拥有微型醒狮、首饰、挂件、服饰、工艺品、生活用品、玩具、电动产品、养生医疗用品九大类120多款的文创产品，其中28款已获版权登记。为更好体现非遗"见人见物见生活"理念，赵伟斌团队在广州首个非遗街区永庆坊设立"赵家狮非遗生活馆"，打造小而精的醒狮博物馆展示、销售醒狮文创精品，开设醒狮体验课堂和醒狮主题特色餐饮，让游客体验醒狮文化与现实生活的无缝对接。开业当天，赵家狮生活馆便以其个性鲜明的门店形象，精准的市场定位，丰富多样的醒狮文创产品成为永庆坊的热点非遗工作室，文创产品的销售非常火爆。经统计，赵家狮非遗生活馆开业3

---

① 董帅、刘秋英、谭钦允、徐沛仪、黄禹铭、谢程程：《广州市醒狮调研报告》，第27页。

个月，客流达28万人次，文创日销售额破万。如今，赵家狮非遗生活馆已经成为社会各界人士在广州西关永庆坊4A旅游景区内的网红打卡点。广东醒狮以成功的文创产品开发，走进大众的现代生活。

（四）借助高新技术，拓宽非遗传承发展新场景

"非遗＋科技"是非遗探索两创的重要手段，包括对新技术和新材料的运用。广东醒狮借助3D打印和AI智能等新技术解锁非遗体验与传播新模式，以新形象、新场景、新体验助力醒狮传承发展。

一是利用3D技术打印狮头。赵伟斌团队对"赵家狮"所使用和制作的狮头进行了解构，在电脑上建模、完善其形象，再充分考虑性价比等因素，运用3D技术打印一个拳头般大小的"赵家狮"狮头。3D技术打印的狮头是白胎，纹路清晰，将此狮头放置在赵家狮非遗体验馆销售，让体验者可在狮头上着色，彩绘出属于自己的独特狮头并将其带回家，作为瑞物摆设在家中。这具有辟邪纳福象征意义的醒狮狮头，自投入市场以来备受顾客喜爱。

二是引入全景交互技术，建构VR醒狮。体验者通过一个连接电脑和显示屏幕的头戴式设备就可进入到醒狮表演现场，在沉浸式虚拟场景里，化身舞狮高手在梅花桩上行走、跳跃，感受醒狮的威武勇猛，其乐无穷。

三是以增强现实技术的AR实现与醒狮的即时交互。即把虚幻的醒狮跳梅花桩场景引入到手机拍摄到的即时真实画面中，所看到的背景、画面都是真实的环境，但醒狮跳梅花桩却是虚幻的。这样，手机录屏的现实世界与高难度跳梅花桩的虚拟世界无缝对接，非常奇幻有趣，大大增强了醒狮对年轻受众的吸引力。

四是醒狮体感机器人的体验。赵伟斌团队开发研制了全球首款拥有人机一体操作技术的醒狮机器人，其毫秒级的快速反应实现了操作者与机器人的实时同步，不仅可以打鼓、舞狮，还可以操作上演"狮王争霸"，人人都可以在此体验全能的醒狮能手，感受醒狮威风凛凛的阳刚之美。

这些新科技手段的运用固然不能代替广东醒狮的传承，但可以为广东醒狮的宣传、推广赋能。从实践情况来看，VR、AR醒狮和醒狮体感机器人吸引了大量年轻人驻足体验，并在其中感受醒狮的乐趣与魅力。这为广东醒狮文创产品营销，开展跨界合作巩固了市场基础，助力醒狮两创发展。

（五）跨界共融，拓展非遗传承发展新模式

随着新时代的发展，非遗的两创需探求跨界融合方式，推进非遗资源的现代转变和产业合作，拓展非遗的保护与传承视野。近年来，醒狮项目进行了多行业的跨界实践，有效推进了醒狮这一传统民间艺术在当代多元生活中的创新性发展。

首先是"醒狮+舞台艺术"的融合方式。广东醒狮是融舞蹈、音乐、武术、技巧等为一体的民间艺术和民俗传统，活跃于普罗大众的日常生活场域，也以其家喻户晓的影响力成为不少优秀文艺作品的题材。但醒狮艺人向来认为舞台的特定空间与氛围无法表现醒狮粗犷威猛的艺术风格，难免画地为牢、故步自封。舞台艺术又因醒狮传承人的缺失，只能借助醒狮道具或醒狮形象元素呈现醒狮艺术，其结果是徒有其形，缺乏神韵。2017年，广东醒狮省级代表性传承人赵伟斌突破这一意识藩篱，以醒狮指导的身份加入了广州歌舞剧院主创团队中，参与创作以广东醒狮为题材的小舞剧《醒》。在长达半年的创作时间里，他与主创团队成员不断磨合，亲自传授并让演员们掌握醒狮的基本技艺，理解醒狮的文化内涵与精神实质，引导演员们通过独特的肢体语言实现情感表达。小舞剧《醒》一经推出，便广受欢迎，在2017年10月的第五届岭南舞蹈大赛中，包揽了专业组全部金奖，惊动了舞蹈界。

在开创了传统醒狮与现代舞蹈完美融合的成功探索之后，2018年9月，由中共广州市委宣传部、广州市文化广电旅游局出品、广州歌舞剧院创演的以广东醒狮为题材的大型原创民族舞剧《醒·狮》正式公演，获得热烈的反响。之后，该剧荣获中国舞蹈最高奖——第十一届中国舞蹈"荷花奖"舞剧奖，在全国掀起醒狮热潮。赵伟斌仍然担任该剧的醒狮指导，全程参与创作，将醒狮与武术、岭南舞蹈艺术相结合，打造了《醒·狮》别具一格的舞蹈语汇，讲述了广州故事，塑造了广州精神，表达了广东人民面对外辱时团结一致、英勇无畏的民族精神。

从小舞剧《醒》到大型原创民族舞剧《醒·狮》的实践，使醒狮这一民间舞蹈回归到艺术殿堂。"醒狮+舞台艺术"的跨界融合是对醒狮的创造性转化和创新性发展的成功实践。

其次是"醒狮+旅游+商场"的融合方式。亚洲最大的商业中心正佳广场是国家AAAA级旅游景区，致力于将其广正街打造成集吃喝玩乐文娱购物于一体的广府文化旅游街区。虽然正佳广场以其超大型文商旅综合体和优越的地理位置，吸引了成千上万的本地人和年轻游客前往游购，但广正街独特商业氛围的营造一直缺乏具号召力和文化底蕴的文化产品。赵伟斌带领广州龙狮会将醒狮文化引入广正街，创建非遗工作站，通过节假日的醒狮专场展演，图文并茂的醒狮文化展览和行进式醒狮实物场景秀，还有常规性的醒狮文化讲座、醒狮文化体验课与亲子醒狮活动以及醒狮文创产品的销售，提升街区的文化品位，吸引游客。据正佳大数据统计，2018年中秋及国庆节期间，进场游客日均4万多人次；2019年五一假期单日人流量突破25万人次，五一假期总客流量超过50万人次，创历史新高。非遗醒狮也备受广大游客喜爱，尤其是醒狮文创产品，日最高销售额突破万元，醒狮的商业价值初步体现，实现合作双方的互利共赢。

在醒狮与商旅融合发展模式初见成效的同时，广正街的非遗工作站也扩大了广州非遗的传播推广。该非遗工作站先后举办了广州乞巧赛巧会、端午龙舟文化展、咏春拳体验课等活动，活动期间免费增设广绣、榄雕、广彩、饼印等文创销售展位，全力支持非遗创新性发展。同时通过直播方式进行宣传，传播传统文化。据统计，非遗工作站挂牌10个月共吸引685万人流到广正街，在线直播非遗活动58场，观看量达823万人次。

再次是"醒狮+餐饮"的融合方式。肯德基和必胜客均隶属于世界著名的百胜餐饮集团，分据烹鸡与比萨风味食品连锁餐饮市场，是年轻人热捧的餐饮品牌。2020年，故宫博物院与肯德基携手，将紫禁城里六大瑞兽"请"出宫门，在全国超过百家肯德基门店呈现中华祥瑞文化符号。广州肯德基联合广东醒狮省级代表性传承人赵伟斌，在光明广场的肯德基餐厅里，与瑞兽"醒狮"一起，为餐厅消费者打造"祥瑞兆中华"的中国年。赵伟斌分享了广东醒狮起源故事及其文化习俗，并指导现场嘉宾体验醒狮"舔毛、瞭望、小碎步，狮头尽量向下，下巴不停上下动，眼睛有规律的眨一眨"的狮舞动作，受到热捧。

2021年，广州必胜客联合荔湾区非遗协会，特邀广州龙狮会会长赵伟斌开展广东醒狮IP跨界合作，共同打造以广东醒狮为主题的餐厅，吸引了大量市民在西餐厅里感受本土传统艺术之美。

广东醒狮IP与肯德基和必胜客的跨界合作，是"醒狮+餐饮"融合发展模式的有益探索，在吸引消费者的同时，用创新的方式为消费者带来传统与现代交织的文化体验，让年轻受众更加亲切直观地感受广东醒狮的源远流长和吉祥喜庆的文化内涵，体验广东醒狮融舞蹈、音乐、武术于一体的艺术魅力，传承民俗传统。

（六）改良醒狮狮头扎作技艺，助力精准扶贫，推动乡村振兴

党的十九大提出实施乡村振兴战略，顺应亿万农民对美好生活的向往，是决胜全面建成小康社会、全面建设社会主义现代化国家的重大历史任务。如何科学利用"非遗"资源，助力乡村振兴，广东醒狮传承人赵伟斌积极探索，思考广东醒狮和精准扶贫的结合点。

醒狮的狮头扎作技艺是一项传统手工技艺，分为扎（扎作）、朴（裱贴）、写（彩绘）、装（装配）四道工序。赵伟斌联合师弟，醒狮扎作项目的市级代表性传承人陈金明，经过多年的技艺研究和改良，独创"拆分式制作工艺"，把原来复杂的狮头扎作技艺拆分成21个工序，每个工序对应一个狮头部位零件，对学徒进行分组技艺培训，每组只对应一个工序，变得简单易学，人人可以参与，制作者即使在完全没有技术基础的情况下经过7～10天的培训也可以达到合格上岗的技术要求，并实行了全

手工艺流水作业式生产，既简化了扎作工序，又大大提高了工作效率，更重要的是，采用"拆分式制作工艺"扎作出来的狮头质量稳定，工艺传承可持续性强，而且可以走产业化发展道路。

醒狮扎作技艺的这一技术革新，为非遗助力精准扶贫带来契机。广东省河源市和平县林寨镇楼镇村是一个省定贫困村，建档立卡贫困户有61户共190人。中国城市化进程吸引了大批农村青年劳动力，村里的劳动力以老年人和妇女居多。在赵伟斌牵桥搭线和帮扶下，楼镇村于2018年12月成立了福楼醒狮文化传播股份有限公司，其中，政府扶贫资金出资600万占40%股份，全村672户村民，包括醒狮扎作代表性传承人陈金明家族共同出资900万占60%股份。公司运用改良后的扎作技术，对村民进行了专业培训后，村民可以选择从事较为擅长的制作步骤，按件计算工资，还能将材料带回家中制作，不受场地和时间限制。据统计，2019年，福楼醒狮公司共销售醒狮近15000头，营业额1140万元，实现盈利247万元，其中村集体获得分红41万元，为全村61户贫困户分红36万元。该年全村居民人均可支配收入达到16459元，61户贫困户人均可支配收入也达到1.2万元以上。[①] 彻底解决楼镇村贫困家庭就业问题，将昔日贫困村建设成为"中国醒狮专业制作第一村"。

四、广东醒狮创新发展的特色经验

新时代，新使命，新趋势，非遗的创造性转化和创新性发展是一个历时性的系统化工程[②]，广东醒狮传承人以初心和使命迎接新时代的机遇与挑战，积极探索，在非遗两创实践中取得一定经验。

（一）扩大传承人培养范围，完善传承体系

非遗的活化与创新发展，传承是基础，人是传承的核心，因此各级政府文化部门向来重视传承人的培养工作。广东醒狮项目的传承工作走入基层，走进大中小学校园，走进社区，面向社会公众。在企业、学校和社会团体中建立醒狮队，成立醒狮协会，大力培养传承人，壮大醒狮传承人群，基本建立了全社会参与的传承体系，保障了广东醒狮项目的可持续发展。

---

① 《河源和平县楼镇村：特色醒狮扶贫　诞生隐形冠军》，金羊网，发布日期：2020年5月15日；访问日期：2023年3月29日。

② 晏振宇、孙熙国：《传统文化创造性转化路径的思考》，《中国特色社会主义研究》，2015年第6期，第58—61页。

（二）挖掘非遗内涵，提炼非遗蕴含的价值观

非遗之魅力在于体现独特的地域文化，记载着前人的智慧。其与时俱进的发展流变有着时代的烙印，也蕴含着源远流长的价值观。挖掘非遗内涵，筛选、凝练非遗背后的价值观，是非遗创新发展的灵魂引领。

广东醒狮传承人搜集、整理醒狮的相关文献资料，追溯其历史发展流变过程，凝练出醒狮喜庆吉祥，威武勇猛，兴旺进步的文化内涵以及追求美好生活的价值观。在开展保护与传播推广醒狮的活动中，无论是醒狮课堂，还是醒狮展演，或者醒狮文创开发与销售以及对外文化交流与跨界融合，都着意呈现醒狮这特有的文化气质，为醒狮IP赋能，引领其不断创新发展。

（三）运用现代科技，提升非遗保护开发与传承发展

现代科技的日新月异为非遗的保护、传承与发展带来更多可能，非遗中的物质与非物质的形态都得以更全面的记录、保存与快速、广阔地传播。

广东醒狮项目高度重视现代科技在非遗创新发展中的利用：一方面是利用新技术更全面地保存了有关书面与口头文字记录、静态与动态的影像记录，完善项目数据库，为醒狮文化资源的不断开发与后续利用奠定了基础；另一方面是运用科技，通过VR醒狮、AR醒狮与醒狮体感机器人，为大众提供丰富深刻的醒狮体验，为广东醒狮的宣传推广赋能，也为醒狮的传承与创新发展打造更深广的社会基础。同时，还利用新技术新材料，改良醒狮狮头扎作，为醒狮项目跨界融合与助力精准扶贫提供条件。

（四）打造非遗IP，促进非遗跨界融合发展

立足非遗资源，通过文化创意开发，打造独一无二的文化IP，实现与不同业态的跨界合作，彼此赋能，互促互进，是让传统文化焕发生机，让非遗创新发展有动力。

广东醒狮项目着力深化醒狮的文化内涵，以家喻户晓的吉祥喜庆的瑞物形象，威武勇猛、兴旺进步的文化象征，打造了振奋人心的醒狮IP。这一形象在"醒狮+舞台艺术"中为现代舞和民族舞蹈带来全新的素材，塑造了从民间走上艺术殿堂的新醒狮，舞台醒狮的光芒与瑞气又为醒狮的发展开辟了全新领域。在"醒狮+旅游+商场"的融合模式中，醒狮让文化与商旅彼此赋能，互利共赢，产生1+1>2的经济与社会价值。在"醒狮+餐饮"的跨界合作中，醒狮不仅为市场赋能，也为中西文化交流作出贡献。广东醒狮的这些跨界合作，已然为其创新发展提供了强大动力。

五、结语

广东醒狮作为一项集舞蹈、音乐、武术和技艺于一体的民间艺术和传统习俗，

在日新月异的新时代，面临传统文化创造性转化与创新性发展的机遇与挑战。醒狮传承人联合社会各界力量，立足本土，面向国际进行了积极探索，融入创意开发文创产品，运用新兴科技拓展体验新场域，大胆跨界开辟非遗发展全新领域，为广东醒狮的传承发展带来了勃勃生机，并为社会主义的乡村振兴作出贡献。未来，广东醒狮将面向新时代，传承广东醒狮艺术，弘扬醒狮文化，与科技携手，与多业态合作共赢，推进非遗两创的进一步深化。

青少年非遗美育的体系化建设

——以广州市"非遗进校园"为例

董 帅*

摘 要： "青少年非遗美育"是指依托非遗资源开展面向青少年的美育。在我国，非遗自古与美育有着"你中有我"的密切关系，从先秦时已形成的"礼乐教化"到近代的"美育救国"再到当代的"以美育人"，从三个历史阶段的演变可见当代的青少年非遗美育具有全域性、体系性、连续性的特征，因而实施体系化建设尤为重要。当前学界针对青少年非遗美育的学术研究，以个案研究为主，欠缺整体上的体制机制研究，但实践中"非遗进校园"存在的多处瓶颈问题，如缺乏规范和长远规划、各层次教育未能有效衔接、师资问题突出、校本教材缺乏、资金缺乏等，都是亟待通过体系化建设而非一人一校之力来解决的。广州是全国最早且最有成效开展"非遗进校园"的城市之一，其青少年非遗美育呈现"全覆盖""多品牌"和"各美其美"的整体特色，这不是简单的一蹴而就或自发形成，而是有着体系化的建设路径。在广州，文化主管部门采用强化顶层设计、推出示范样板、建设支点网络的"一体两翼"工作格局，积极推出适应性策略，引导全市青少年非遗美育实现体系化。这一工作模式虽非臻于完善，但对于其他地区开展青少年非遗美育的体系化建设有着一定的启示意义。

关键词： 青少年非遗美育 体系化 广州 非遗进校园 "一体两翼"

一、从"礼乐教化"到"以美育人"：青少年非遗美育的三个历史阶段分析

"美育"一词可概括为培养人的审美能力、塑造美好人格的教育活动。一般认为1795年德国古典美学家席勒发表《审美教育书简》第一次提出"美育"的概念并进行系统阐释，但在中国古代，美育早在先秦就已形成系统化的理论体系，且一直与当今

---

* 董帅：广州市文化馆（广州市非物质文化遗产保护中心）非遗保护部办公室副主任。

所称的"非遗"（古代无"非遗"一词，活态传统文化与之同义）有着"你中有我"的密切关系。首先从概念上看，非遗作为"各族人民世代相传并视为其文化遗产组成部分的各种传统文化表现形式"，许多非遗本身就是作为美育资源而世代相传并被视为文化遗产组成部分，如传统美术、传统音乐、传统戏剧的传承过程实质上就是传统审美教化过程；其次从价值上看，从《中华人民共和国非物质文化遗产法》所明确提出的非遗四大价值"历史、文学、艺术、科学价值"看，其中的文学和艺术价值都具有明显的美育属性；其三，从实践上看，非遗在自古至今绵延数千年的中华美育实践中都发挥着重要作用，因为非遗本身就是一类活态实践行为，只是根据不同历史阶段的美育需求呈现不同的实践内容。

青少年非遗美育即依托非遗资源开展面向青少年的美育。在我国，青少年非遗美育可分为三个历史阶段，即从古代的"礼乐教化"，到近代的"美育救国"，再到当代的"以美育人"。换言之，从强调非遗的道德教化作用，到强调其革命教育作用，再到强调其培养时代新人的作用。

先秦时期，我国古代先哲们提出建立在"天人合一"哲学基础之上的"中和论"的美育思想，孔子《论语》中的"兴于诗、立于礼、成于乐"强调美育对道德教化、人才培养的重要作用。比如，先秦的"采诗观风"制度就是如今非遗中民间歌谣采集的雏形，这一制度显示了民间歌谣的美育教化作用；古琴艺术如今已被列入联合国教科文组织人类非遗代表作名录，韶乐被列入国家级非遗代表性项目名录，它们作为先秦已诞生的文人音乐和宫廷雅乐，都是"礼乐教化"的美育产物。可以说，自先秦至清代，许多非遗都是因审美的道德教化作用而诞生和传承下来的。

到了近代社会，最早在现代意义上使用"美育"一词的是王国维，他于20世纪初吸收了西方的美学思想，在《论教育之宗旨》中将美育与智育、德育并举。同一时期，蔡元培将席勒的《美育书简》从德语翻译为中文后引入国内，并提出"以美育代替宗教"的著名美育命题，将美育最终归结为以提升国民精神素养为目的。此时美育被用作立"完美之人"以救国济民的手段，非遗成为这一手段的载体。比较典型的如国家级非遗代表性项目广东音乐，它就是第一次鸦片战争后爱国救亡、民主自由的进步思想所唤醒的音乐结晶，《旱天雷》《步步高》等曲目热烈昂扬、催人奋进；再如国家级非遗代表性项目醒狮本来为传统舞狮中的南狮，但在广东的近代革命中被赋予"中国睡狮已醒"之意，遂将南狮称为"醒狮"，表示呼唤民众、警醒中国。

从新中国成立初期的"三好"到改革开放初期的"五讲四美"，虽然都为美育赋予新内涵，但受到历史条件的局限，非遗在其中发挥的作用微乎其微。到了21世纪，非遗保护事业在我国形成热潮，时至2015年，国务院办公厅《关于全面加强和改进学校美育工作的意见》强调"开发利用当地的民族民间美育资源";2020年，中共中央办公厅、国务院办公厅《关于全面加强和改进新时代学校美育工作的意见》强调大力推广惠及全体学生的非遗展示传习场所体验学习，让陈列在大地上的文化艺术遗产成为学校美育的丰厚资源；2021年中共中央办公厅、国务院办公厅《关于进一步加强非物质文化遗产保护工作的意见》强调"将非物质文化遗产内容贯穿国民教育始终，构建非物质文化遗产课程体系和教材体系，出版非物质文化遗产通识教育读本……鼓励非物质文化遗产进校园"。目前，全国"非遗进校园"已成为一项广泛而深入的美育运动，它旨在"以美育人、以美化人、以美培元"，充满活力的青少年非遗美育新格局正在形成。

从这三个历史阶段的演变，可见当代的青少年非遗美育与古代、近代两个阶段相比，具有鲜明的新特性：全域性（可见于前文"大力推广惠及全体学生的非遗展示传习场所体验学习"等）、体系性（可见于前文"构建非物质文化遗产课程体系和教材体系"等）、连续性（可见于前文"将非物质文化遗产内容贯穿国民教育始终"等），这三个特性决定了在当前历史时期，开展青少年非遗美育的体系化建设尤其重要。

所谓青少年非遗美育的体系化建设，就是站在国家或区域全局的视角，探究青少年非遗美育的整体实施架构、实施路径和实施特色。这与《关于全面加强和改进新时代学校美育工作的意见》的主要目标"到2035年，基本形成全覆盖、多样化、高质量的具有中国特色的现代化学校美育体系"和《关于进一步加强非物质文化遗产保护工作的意见》的主要目标"到2035年，非物质文化遗产得到全面有效保护，传承活力明显增强，工作制度更加完善，传承体系更加健全"是一致的。

二、青少年非遗美育研究综述与瓶颈问题分析

之所以探究青少年非遗美育的体系化建设，除了前文所述历史发展阶段的必然要求和中央文件精神的要求外，还在于现实中面临的两方面短板：一是学术上针对这一议题多是个案研究，缺乏体系研究；二是实践上"非遗进校园"存在多处瓶颈问题，亟待通过体系化建设来破解。

当前，针对青少年非遗美育研究，比较集中的研究方向是非遗个案研究和针对个别教学层次的研究，对于从整体上的体制机制研究较少。非遗个案研究方面，如朱黎兵以《"住"——寻味闽南民居建筑》专题教学为例开展美育视域下的非遗课程与教学创新研究；孙雨佳以青山区初中剪纸美育教学为例，对包头市初中"非遗进校园"剪纸美育教学现状展开调查研究；朱高峰以苏南农民画和灶画为例，进行县级非遗项目立美育人课程的研究综述，等等。

个别教学层次研究方面，包括幼儿教育、小学教育、中学教育、职业教育、高等教育等层次。其中，幼儿教育方面，如李岳、薛巍《青岛地区非遗民间传统音乐教育对幼儿审美教育的应用与研究》提出应当看到音乐活动在儿童美育课程中的传承功能，并将其加入到课程设计中去。中小学方面，如赵蓉《中小学"非遗"舞蹈区域性传承的美育价值研究》提出传统舞蹈类非遗在中小学美育中有三大价值，即"身心合一"的文化价值、"同心向美"的艺术价值、"以舞启真"的精神价值，并据此总结出中小学传统舞蹈类非遗美育的多条实施路径；章丹青《小学非遗美术课堂"以美育德"教学四要略》提出"赏非遗之形质，以美养童心；探非遗之工艺，以艺育匠心；悟非遗之内涵，以文载乡心；创非遗之新作，以用长慧心"的"以美育德"教学四要略。职业院校方面，如金心亦《新时代交融共生视域下"非遗"传承纳入高职美育体系实践路径研究》提出从课程设计、教学实施、技能训练、研教互动四个方面探索非遗引领下的高职美育体系。高校方面，如周强《非物质文化遗产在高校美育中的价值及其实现路径》提出非遗在高校美育中的四条价值实现路径，即推进非遗与高校美育课程融合、加强非遗教育的师资队伍建设、推进非遗与高校美育实践活动的融合、推进非遗与校园文化建设的融合。

而对于青少年非遗美育的整体体制机制研究，相关的论述则较少，且基本都是站在高校研究机构的视角来分析，而站在非遗主管部门或教育主管部门的视角则几乎空白。如张俊杰、屈健《非遗美术与西部美育的协同创新——以关中地区的国家级非遗美术为中心》在探究专业美育与学校美育、社会美育如何精准对接时提出，要整合校地、校企、校校的相关优势，打造区域内的非遗美育协同创新的共享机制；金江波《引领与融合：新文科建设语境下的"新美育"建构思考》在PICC（上海公共艺术协同创新中心）的非遗美育实践基础上提出，要以非遗激发创造力，在"全球一本土"中创造性地运用传统美学智慧，转化成国际间对话的日常生活话语体系，重塑当代非遗美学，为非遗活态传承和公共美育搭建平台。

此外，还有不少论文都指出了青少年非遗美育的现存困境，如杨茜在《非遗在沧州小学美育课程中的校本化实施》一文中指出非遗教学师资力量不足、非遗资源开发利用不充分、学校教师对非遗研究不深入、课程保障机制不健全等问题；夏小玲在《鄂南非遗进校园的实施途径研究》一文中指出教师教育理念上认识不够、部分教师的非遗专业知识不够、学校课程设置仅限于选修课且缺乏非遗教材、对非遗进校园工作的管理不到位等问题。对这些困境的反思，对探究青少年非遗美育的体系化建设带来一定的思辨价值。

根据各研究论述，结合笔者在"非遗进校园"实际工作中的总结，当前青少年非遗美育面临五大瓶颈问题：

第一，缺乏规范和长远规划。由于缺乏全局性的整体规范和长远规划，缺少政策、经费、场地等方面的保障，特别是许多地区教育主管部门和文化主管部门在推进这一工作时呈现各自为政的局面，导致许多学校开展非遗美育只是临时性和局部性的。

第二，各层次教育未能有效衔接。从学前教育、小学教育、中学教育、职业教育到高等教育，由于各层次学校教育理念不同、教学方式不同，因而从纵向的时间维度看，各层次的非遗美育相互脱节，使得青少年难以持续学习，某种非遗往往只接触一两年就戛然而止。

第三，师资问题突出。在"非遗进校园"中，学校聘请教学的传承人往往未接受过正规教学培训，而且非遗项目的代表性传承人数量稀少、精力有限，很难高效且长期投身学校教学。同时，学校老师很难短时间了解非遗的历史文化内涵并掌握其技艺，对于非遗中蕴含的美学价值领悟程度也有限。传承人和学校教师双方的短板共同造成了师资匮乏的状况。

第四，校本教材缺乏。目前，进入学校推广的非遗项目多数没有系统规范的教材，没有明确的针对青少年美育的教学目标和教学方法，基本都是靠经验传授或靠简单的内印资料来教学，使非遗美育难以全面推广和深入开展。

第五，资金缺乏。青少年非遗美育重在活态体验，大都需要符合条件的场地、道具、原材料，这些往往花费不菲，再加上传承人进校园的授课费、举办成果展览展演活动费等，往往需要上级政府额外予以专项补贴，否则容易出现教学中断的现象。

这五大瓶颈问题，都非各学校、各传承人以一己之力可解决，亟待通过体系化建设寻找出路。

三、广州市依托"非遗进校园"开展美育的整体状况和特色

广州是岭南文化中心和广府文化发祥地，拥有丰富的非遗美育资源，比如我国四大名绣之一的广绣、我国传统家具三大流派之一的广式家具制作技艺、我国盆景艺术五大流派之一的岭南盆景、我国外销瓷主要品种的广彩、有"国乐"之称的广东音乐、粤方言区最具影响力的剧种粤剧、我国古琴艺术主要流派之一的岭南琴派等。

广州市非常重视发掘作为中华优秀传统文化重要组成部分的非遗资源，成为全国最早且最有成效开展"非遗进校园"的城市之一。具体而言，广州的青少年非遗美育呈现"全覆盖""多品牌"和"各美其美"的特色。

第一，"全覆盖"。即实现了各区、各学段和各项目类别的全覆盖。根据2020年底由广州市非物质文化遗产保护中心开展的全市"非遗进校园"专题调查显示，"非遗进校园"遍及全市11区，至少有500余所学校长期开展非遗活动，涵盖幼儿园、小

学、中学、职业技校、特殊教育学校、高等院校等多个层次，至少开设86000课时；全市共有130余名市级以上代表性传承人参与了"非遗进校园"实践，占市级以上代表性传承人总数的2/3；共有51项市级以上代表性项目进入校园，占项目总数的将近一半。

第二，"多品牌"。即各级政府、学校、传承人巧妙地将非遗融入美育活动中，诞生了许多别出心裁的非遗美育品牌。广州是全国唯一在"非遗进校园"优秀实践案例评选中连续两年"双入选"（即2019年、2020年连续两年均入选全国"非遗进校园"十大优秀实践案例和十佳创新实践案例）的城市。其中2020年获十佳创新实践案例的广州市执信中学琶洲实验学校以木版年画为特色，以一年当中最为重要的中国传统节日为轴，将知识性、故事性较强的传统木版年画作品导入课程，并通过建立社团、工作坊、举办学科嘉年华等措施，深度挖掘学生对非遗的学习兴趣和潜能。2020年获十大优秀实践案例的越秀区教师进修学校把广府非遗资源作为学校美术课程实施的有效拓展内容，以广府文化为创作表现主题举办越秀区学校美术节，成为越秀区师生最认可的、最亮丽的美育活动品牌。不仅如此，在一些知名度较低的村小，也形成了非常典型的非遗美育品牌，如番禺区沙涌小学以鳌鱼文化为特色，自编鳌鱼操在全校推广，还根据鳌鱼形状推出了编扎、泥塑、板雕等各式鳌鱼文创，让非遗扎根村小美育。

第三，"各美其美"。即各教学层次、各学校有着不同的非遗美育特色。学前教育是儿童的非遗启蒙阶段，可以启迪德育、美育并使儿童健康快乐成长，例如海珠区前进路幼儿园的儿童刺绣教学、广州市幼儿师范学校附属幼儿园的寓传统文化于幼儿游戏探索等。小学教育是"非遗进校园"最广泛的层次，往往结合小学所在的地域文化建设特色课程进行美育教学，较典型的包括海珠区瑞宝小学的醒狮特色教学、海珠区培红小学的岭南盆景教学、天河区珠村小学的乞巧节教学等。中学教育中已开始课堂教学与学术活动、艺术设计相结合，如美术特色学校岭南画派纪念中学的广彩教学、广州市第二十六中学的广绣教学等。职业院校多以培养传承梯队为目标开展非遗美育，如广州市轻工技师学院设置有工艺美术专业，广州市轻工职业学校开展广彩、玉雕、木雕专业人才培养等。高等教育侧重于创意设计人才的培养，如广州美术学院工业设计学院的广绣创新设计课程，广州大学美术与设计学院的岭南传统工艺美术创新转化人才培养等。

四、广州市青少年非遗美育的体系化建设路径分析及启示

广州市蔚为大观的"全覆盖""多品牌""各美其美"的青少年非遗美育体系，不是简单的一蹴而就或自发形成，而是有着体系化的建设路径。在广州，文化主管部

门采用强化顶层设计、推出示范样板、建设支点网络的"一体两翼"工作格局，积极推出适应性策略，引导全市青少年非遗美育实现体系化。

第一，强化顶层设计。制定一系列政策文件，协调政府各职能部门，共同推动青少年非遗美育制度化。如2016年出台的《广州市培养非物质文化遗产保护人才工作方案》就明确提出："大力支持在校学生学习非物质文化遗产技能"和"支持在中小学开展'非遗进校园'活动"。2020年出台的《广州市非物质文化遗产保护办法》规定："鼓励、引导中小学校将非物质文化遗产教育纳入素质教育体系。"同年出台的《广州市发展振兴非物质文化遗产三年行动方案（2020—2022年）》指出："推动非遗深度融入国民教育体系，推进非遗进校园、在校园，提高青少年对优秀岭南文化的认同感、自豪感。支持中小学开设具有地方特色的乡土课程，各区结合特点，将粤剧、古琴、广东音乐等纳入音乐课，将广东醒狮等纳入舞蹈课，将广绣、广彩等纳入美术课，将传统武术纳入体育课。支持使用5G等信息技术，推广非遗空中课堂。"

第二，推出示范样板。通过优秀学校、优秀案例、优质教材的品牌示范作用，推动青少年非遗美育规范化。例如，2013年起广州市非物质文化遗产保护中心和广州少年儿童图书馆合作的"立体阅读"，成为各优秀学校前来举办非遗展览、实践非遗美育的重要平台；2015年在广州图书馆举办广州市"非遗进校园"成果展，推广优秀非遗美育案例；2015年与中山大学中国非遗研究中心合办"非遗进校园暨非遗传承生态学术研讨会"，总结全市非遗美育先进经验；广州市非物质文化遗产保护中心的"非遗课来了"于2015年起开设广绣、广彩、广东醒狮等非遗师资培训班，培养出一批可以自主在学校开展教学的老师，为解决非遗美育师资力量匮乏的问题提供官方示范；2018年举办"绣美校园——广绣进校园"系列活动，以广绣美育为个案，为全市非遗美育的一线实践提供操作范本；2020年举办广州市"非遗进校园"交流会，4个入选全国"非遗进校园"优秀案例的单位现场进行课例展示和经验推广；2020年出版《羊咩带你"叹"非遗——广州非物质文化遗产校园读本》，让青少年在卡通形象"羊咩"的引领下走入广州非遗园地，成为非遗美育教材方面的一项示范举措。

第三，建设支点网络。将与美育相关的学校、博物馆、旅游点、传承人工作室等打造成非遗传承基地，并给予资金、平台、师资等方面的支持，搭建起遍布全城的非遗美育支点网络。在广州，目前已认定了4批市级传承基地，涉及多种行业类型，其中学校成为主要支点——共有5所学校入选2012—2014年度市级非遗传承基地；21所学校入选2015—2017年度市级非遗传承基地；31所学校入选2018—2020年度市级非遗传承基地；68所学校入选2021—2023年度市级非遗传承基地。特别需要提及的是，在2021—2023年度市级非遗传承基地中，除了常规学校教育外，还新增了特殊教育、非遗扶贫等特殊形式的美育层次，比如广州市启聪学校将广彩、广绣、剪纸、灰塑引进学校，广彩代表性传承人谭广辉开展帮扶贵州省毕节市的广彩教学等，充分发挥非遗美育服务国家重大战略的作用。除了学校，2021—2023年度市级非遗传承基地中还有广彩、玉雕、牙雕、广绣、古琴等传承人工作室，粤剧艺术博物馆、锦纶会馆、余荫山房等文博单位，岭南印象园、罗洞工匠小镇等旅游地，龙狮协会、龙舟文化促进会、舞貔貅文化协会等民间协会，这些社会行业资源为青少年非遗美育的社会实践化提供了有益平台，正如学者金江波对于新时代新美育的构想"与社会实践相结合，打破传统美育'谱系化'的学科教育"。

以上三大板块可以说是广州市青少年非遗美育的"一体两翼"。顶层设计是基础和支柱，是其中的"一体"，它奠定青少年非遗美育整体实施架构；样板示范和支点网络则是"两翼"，其中样板示范重在内容建设，确保开展青少年非遗美育的规范性和引导性；支点网络重在参与主体建设，确保在全域有一批青少年非遗美育的实施主体和实施平台。

广州市的"一体两翼"工作模式虽然尚未臻于完善，但对于其他地区开展青少年非遗美育的体系化建设有着一定的启示意义。

首先，应构筑使政府各部门形成合力的顶层设计。青少年非遗美育是一项跨领域的事业，其主要涉及的政府部门，除了美育主管部门的教育部门和非遗主管部门的文旅部门外，还应有统筹青少年精神文明建设的各级共青团组织领导部门以及发改部门、财政部门、人社部门、网信部门等，共同在"学校美育工作部门联席会议制度"和"非遗保护工作联席会议制度"这两大协调机制的统筹下，各方合力，充分协调教育资源、非遗资源、青少年资源、财政资金、教学师资资源、网络资源等，切实提升青少年非遗美育的体系化水平。

其次，应通过示范样板来统全局、抓重点、补短板。这涉及政府在青少年非遗美育事业中的角色定位——政府应当是统筹者，不应替代学校成为实施主体。特别是在当前轰轰烈烈"非遗进校园"热潮中，一些地方的文化主管部门自己"大包大揽"成为实施者，为各学校安排非遗巡回展览、展演、讲座，这实际走入一种越俎代庖的误区。因为各学校教学层次和地域属性不同，每所学校的培养目标、教学特色、学生类型、美育需求等情况各有不同，政府千篇一律的"非遗进校园"巡回活动往往无法适用每个学校。因而，政府应当推动让学校成为实施主体，积极为学校搭建提升和展示平台，推动优秀学校成为示范样板，并针对各学校所遇到的困境帮助其补足短板，这样才能形成良好的非遗美育生态。

再次，应建设起全域性的非遗美育支点网络。《关于全面加强和改进新时代学校美育工作的意见》强调"有条件的地方和学校每年组织学生现场参观1次美术馆、书法馆、博物馆，让收藏在馆所里的文物、陈列在大地上的文化艺术遗产成为学校美育的丰厚资源"。在一个地区，将全域的学校、美术馆、书法馆、博物馆、非遗馆、传承人工作室、旅游点等统合起来，形成一张跨行业的参与主体网络，为青少年非遗美育提供落地的抓手，并形成各方互补的格局，即"在教育资源上，要整合校地、校企、校校的相关优势，打造区域内的非遗美育协同创新的共享机制"。这样才能突破场地、师资、教材等短缺的瓶颈，让青少年非遗美育更为广泛而深入。

Ⅳ 附录

大事记①

卢　真*

2016年

全市

1月22日，广州市非物质文化遗产保护中心组织举办的第五批市级非遗代表性传承人申报工作交流会在广州市文化馆举行，11家市属非遗项目保护单位相关人员参加了此次会议。

1月18—27日，广州市非物质文化遗产保护中心组织专家对全市的26个项目开展"2015年度非遗项目保护专项补助经费绩效评估考核工作"。

1月8日，广州牙雕传承人张民辉的骨雕作品《五福临门》荣获2016中国工艺美术金榕奖金奖。广州榄雕传承人曾宪鹏的作品《七郎八虎镇三关》荣获银奖。这一奖项由中国工艺美术协会组织评审，本次已是第二届国家级"金榕奖"评审活动。

3月4日，由广东省文化厅、香港特别行政区政府民政事务局、澳门特别行政区政府文化局、广州市文化广电新闻出版局主办，广东音乐曲艺团承办的"粤港澳南音粤乐薪传欣赏会"在彩虹曲苑上演。这是继2016年2月在香港高山剧场成功举行后的又一次由粤港澳政府携手合办的南音粤乐盛会。

3月9—10日，由广州市非物质文化遗产保护中心组织举办的第五批市级非遗代表性传承人专家评审会在广州市文化馆举行。

3月21日，广州市文化广电新闻出版局下发《关于广州市第五批市级非物质文化遗产项目代表性传承人推荐名单的公示》，共有33名传承人进入公示名单。

4月14—15日，广州市文化广电新闻出版局在江悦酒店组织举办了2016年度非遗项目补助经费评审会。

4月15日，广州市文化广电新闻出版局公布了第五批市级非遗代表性项目代表性

---

*　卢真：中山大学中国非物质文化遗产研究中心、中文系硕士研究生。

①　除市文旅局和非遗中心活动外按区分类。

传承人名单，共33位入选，至此广州市共有非遗代表性传承人151位。

4月25—28日，中国工艺美术协会主办的"深圳·金凤凰"工艺品创新设计奖评选活动在深圳会展中心举办，广州市陈永锵工艺品有限公司的参赛作品《递钟式古琴》荣获金奖，广州玉雕传承人高兆华的玉雕作品《吕祖》荣获银奖。"金凤凰"工艺品创新设计奖是于2004年开展于"全国工艺品旅游纪念品暨家居用品交易会"的一项活动，是由中国工艺美术协会主办的在工艺美术行业内重要的奖项。

5月，第十二届文博会颁奖大会在深圳会展中心举行，广彩传承人谭广辉、翟惠玲，广州榄雕传承人曾昭鸿、曾宪鹏父子，广绣传承人许炽光等获"中国工艺美术文化创意奖"。

5月23日，"2016海上丝绸之路沿岸国家主流媒体看广东"首站活动走进416年历史的广药陈李济，15个海丝沿岸国家的19家主流媒体以及国内30多家媒体对"全球最长寿药厂"进行参观访谈。陈李济是我国中药行业历史最悠久的老字号，承载着源远流长的中医文化底蕴和岭南特色文化。

6月11日，西关正骨、鳌鱼舞、广州珐琅和潘高寿中药文化等非遗项目参加在连南主会场举办的广东省第11个中国文化遗产日活动。"中国文化遗产日"目前已成为广东省宣传、展示文化遗产保护成果的重头戏和品牌活动，每年举办的系列活动，目的在于让更多的人民群众认知文化遗产，感知文化遗产，了解文化遗产，参与文化遗产保护，真正做到"文化遗产，全民共享"。

6月11日，由中共广州市委宣传部、广州市文化广电新闻出版局主办，广州市非物质文化遗产保护中心、广州市文化馆、广州新电视塔建设有限公司承办的中国第十一个文化遗产日活动在广州塔举行。围绕"加强文化遗产保护，振兴传统工艺"的主题，此次活动致敬传统并弘扬创意，内容包括第五批市级非遗项目代表传承人证书颁发仪式、"绣美花城——广州非遗创意赛·广绣风"启动仪式和云集近30个单位的创意赛资源对接会，会场亮点纷呈。

6月16日，广州玉雕传承人高兆华的作品《反弹琵琶》《蝶恋花》、广绣传承人梁桂开的作品《码头旁的小舟》、广绣传承人梁雪珍的作品《老海珠桥》、广州市陈永锵工艺品有限公司的参赛作品《绿绮式古琴》等在第三届珠三角工艺美术作品邀请展上，荣获2016珠三角工艺美术精品评比"工美金匠奖"金奖。珠三角工艺美术作品邀请展每年举办一次，今年是第三届并首次设立"工美金匠奖"，展览由广东中华民族文化促进会主办。

6月27日，由广州市人民政府主办的达沃斯论坛"广州之夜"在天津皇冠假日酒店举行，广州"三雕一彩一绣"精品展《千载一瞬　守艺广府》作为"广州之夜"上"广府文化"的重要版块登场，中外嘉宾在活动中欣赏广州特色文化，领略岭南文化精髓。

6月，广州砖雕传承人何世良等人获评第四届广东省工艺美术大师。何世良三十多年如一日，潜心于传统砖木雕刻艺术并加以创新，成绩显著。

6月，广州白云山陈李济药厂有限公司被正式确定为全国中医药文化宣传教育基地，成为广东省七家国家级医药文化宣传教育基地之一。陈李济创立于明朝万历二十八年（1600年），四百年来陈李济致力于广泛地普及和弘扬源远流长的中医药文化，在传承中创新，为传播推广中药文化贡献力量。

7月，岭南传统天灸疗法传承人符文彬主编、徐振华等参与编写的《针灸临床特色技术教程》由科学出版社出版，对岭南天灸的主治病种、操作标准、注意事项等均做了详细阐述。本书为首次系统、全面的介绍目前针灸临床的各类特色技术，详尽全面的总结操作技术特点及临床应用情况，强调提高读者的实操性，作为针灸操作类技术指导培训教程为首创。

7月7日，广州市非物质文化遗产保护中心参加了由广东省非遗中心在东山宾馆组织举办的"国家级非遗代表性传承人抢救性记录工作规范"培训班。

7月21—22日，广州市文化广电新闻出版局组织的第五批省级代表性传承人推荐申报专家评审会议在江悦酒店举行。

9月1日，由中国文化馆协会主办、广州市文化馆承办、福建省艺术馆和宁波市文化馆协办的中国文化馆年会分论坛《非遗故事——文化馆与民族民间文化保护》在银川国际交流中心举办。

9月9日，"守望精神家园——第三届两岸非物质文化遗产月"在台北拉开帷幕，此次活动由中华文化联谊会、广东省文化厅主办，广东省非物质文化遗产保护中心承办。岭南古琴艺术传承人谢东笑赴台参加活动，广东木偶戏在活动中献演。

10月11—23日，2016广东工艺美术精品大展在岭南会展览馆举行，广绣传承人许炽光作品《秋树聚禽图》获金奖，梁桂开作品《幽居拙养图》、伍洁仪作品《远山秋寺图》获银奖。"广东工艺美术精品大展"由广东省工艺美术协会主办，每年举办一次，集中展示省内工艺美术技艺人员创作的工艺美术精品，其目的在于弘扬工匠精神，加强对传统工艺文化的保护和传承。

11月27日，广州、香港、澳门三地共同举办"穗港澳粤剧日"，广州城内上演多场粤剧活动，活动由广州市文化广电新闻出版局、荔湾区人民政府主办，荔湾区文广新局承办。为加强穗港澳文化合作，弘扬粤剧艺术，自2003年起，穗港澳三地政府确定每年11月的最后一个周日为"穗港澳粤剧日"。每年的"粤剧日"都成为穗港澳三地粤剧艺术家、爱好者交流的盛会。

12月，广州皇上皇集团股份有限公司肉食制品厂应邀参加了天猫平台举办的首届腊味节，活动联合皇上皇等四家国内腌腊制品行业龙头企业共同参与，是中国四大腊味派系代表品牌首次合作。

12月2—5日，由广州市文化广电新闻出版局主办、广州市非物质文化遗产保护中心承办的以"非遗——以生活方式呈现"为主题的广州非遗展参加了21届广州国际艺术博览会，主打生活化的非遗体验。本次非遗展以岭南民居的形式，呈现出一个活态的生活空间，包容各种非遗类型。通过展览的形式，观众在观赏和互动中增加了对非遗的知晓度。

12月27日，由广州市文化广电新闻出版局与中山大学中国非遗研究中心共同主办的《广州市非物质文化遗产保护发展报告（2016）》新书发布暨非遗保护研讨会在中山大学中文堂举行。该书是广州市第一本非遗蓝皮书，由中山大学中国非物质文化遗产研究中心主任宋俊华主编，汇集非遗领域众多专家、学者编撰而成。该书结构上分为总报告、热点问题、专题研究、国际经验借鉴和广州非遗大事记五个部分，全面展现并深入剖析2006至2015年10年间的广州非遗保护工作。

各区

（按音序排列）

白云区

8月，洪拳传承人冯亦慧带领聚英武馆弟子、竹料第二小学武术队员参加由广东省体育局、广东省社会体育中心主办的"2016年广东省传统武术项目锦标赛"，获得集体拳项目一等奖2个，集体器械项目二等奖2个、39金、32银、53铜的佳绩，展示了洪拳风采，也是"非遗进校园"实践的成效检验。

9月15日，舞火龙民俗活动在白云湖、江高镇、均禾街进行舞火龙原生态巡游活动，白云区共有53条火龙齐聚闹中秋。白云区中秋舞火龙活动起源于清朝咸丰年，数百年来，中秋舞火龙活动代代相传，成为白云区独具特色的民俗活动。

从化区

7月，从化区鳌头镇人和小学醒狮队参加广东省体育局主办、茂名市文广新局承办的"2016年广东省传统龙狮、麒麟锦标赛"，喜获金奖。人和小学醒狮队成立于2014年初，三年来一直坚持参加非遗进校园表演活动获得社会各界和文广新局的好评。

海珠区

3月17日，海珠区土华村举行洪圣诞与洪圣王像"行乡"仪式，"太平清醮"在这里重演。农历二月初九是土华村洪圣诞日，土华村的"洪圣爷"正是波罗诞中"五子朝王"中的第三子，故洪圣诞又被称为"小波罗诞"。

7月12日，滨江地区第37届"羊城之夏"开幕式暨"庆祝建党95周年"咸水歌文艺汇演在海珠区大元帅府小学隆重举行，多家大中小学参加了演出。

11月26日，由广东省非遗保护中心指导，中共海珠区委及海珠区人民政府主办的"2016年广东珠三角咸水歌会"在海珠区周周乐文化广场举行。广东珠三角咸水歌会在海珠区已成功举办了四届，是海珠区群众文化四大活动品牌之一。

12月5—7日，"广绣风创意赛"的优秀作品参加了由中华人民共和国国家新闻出版广电总局主办，市人民政府、省新闻出版广电总局、广东省版权局承办的"第六届中国国际版权博览会"，海珠区非遗保护中心组织举办的"海珠非遗展"在此次博览会上荣获"最佳组织奖"和"优秀创意奖"。中国国际版权博览会是国家新闻出版广电总局、国家版权局按照国际化、专业化、市场化原则举办的唯一常态化国际级版权专业博览会，每两年举办一次。

花都区

9月9日，2016年广州盘古王民俗文化节在花都区盘古王公园开幕。作为花都区贯彻落实创建广东省公共文化服务体系示范区的重点项目之一，此次活动除了跳盘古舞、竞烧盘古王头炷香、拜祭盘古王等祈福活动外，还有民俗风情长廊及非遗项目展、盘古王神话传说大赛等文化活动。在祈福活动上，花都狮岭镇被授予"广东省民间文化艺术之乡"称号。

黄埔区

1月1—3日，"黄埔区第八届萝岗香雪文化旅游节"在黄埔区香雪公园成功举办。本届旅游节由广州市黄埔区文化广电旅游局主办，以"香雪新姿·黄埔秀色"为主题，集中展示了萝岗香雪传说、醒狮舞、貔貅舞、乞巧工艺等非物质文化遗产（以下简称"非遗"）项目。"萝岗香雪文化旅游节"从2008年到2014年已经连续举办了七届，是黄埔区一个非遗旅游品牌活动。

3月2日，"第九届书香文化节（横沙会）"在黄埔区横沙书香街文化广场隆重开幕。本届横沙会由大沙街横沙社区主办，以"翰墨书香蜚声海外，诗歌妙韵赞颂横沙"为主题,集中展示了横沙会、醒狮舞等非遗项目。一年一度的"横沙会"是横沙社区自清朝起传承了300多年的传统节日,到现在已演变成了海内外乡亲共叙乡情、共谋发展的书香文化节。

3月19—21日,"第十二届广州民俗文化节暨黄埔'波罗诞'千年庙会"在南海神庙举行。本届"波罗诞"由广州市委宣传部,广州市文化广电新闻出版局,广州开发区党工委、管委会,黄埔区委、区政府主办,以"海丝长福地·波罗多良缘"为主题,分为9大环节,活动力求保留民俗活动的特点,又增强对海丝文化和历史的展示,映衬凸显南海神庙"波罗诞"的历史地位和内涵。本届民俗文化节是广州新黄埔区挂牌之后首次举办,开幕式突出了"海丝风采"和象征民俗的"瑞兽呈祥"表演,加上来自岭南的瑶鼓舞等文化元素。

5月23日,"第八届长洲'金花诞'民俗文化活动"在黄埔长洲街金花庙广场举行。本届活动由长洲街道主办,活动包含祝礼仪式、文艺表演、长洲家综特色手工布袋义卖等活动。长洲岛上的金花庙建于清代中期,是广州目前唯一保存完整的金花庙,农历四月十七是民间传统民俗"金花诞日"。"金花诞"已经成为黄埔区长洲岛的一项特色民俗文化活动。

8月3日—9月3日,"2016黄埔乞巧文化节"在黄埔区举行。本届文化节由广州市黄埔区文化馆、黄埔区非物质文化遗产保护中心主办,以"体悟乞巧——2016黄埔乞巧文化节"为主题,分为开幕式、乞巧摄影作品巡展、巧艺精品大赛、祠堂摆贡比巧等活动。本届文化节围绕"体悟乞巧文化",开展乞巧文化进校园、进社区系列活动,把乞巧文化、祠堂文化送到市民身边。

12月30日,由黄埔九龙大坦村委主办的"2016年貔貅舞开光大典"在黄埔区九龙镇大坦村委文化广场举行,上演貔貅舞大汇演。近年来,大坦村貔貅舞队在每年春节、波罗诞、香雪公园旅游文化节、重阳节等庆典上,都有固定的演出,大坦村貔貅舞已经成为黄埔文化的一个鲜亮品牌。

荔湾区

5月,荔湾区区政府公布了第二批区级非遗传承人,新增了西关正骨、牙雕等7位区级非遗传承人。

南沙区

4月28日,"第八届广州南沙妈祖文化旅游节"在南沙天后宫拉开帷幕。开幕式进行了海上迎妈祖巡游仪式、大型拜祭歌舞表演、麒麟舞、咸水歌等非遗荟萃秀。南沙妈祖文化节庆向世人展示了南沙独具特色的水乡文化,增强了南沙文化软实力,提高了南沙文化旅游的竞争力和影响力。

11月26日，2016年广州水乡文化节——广东省麒麟舞（南沙·黄阁）邀请赛在南沙区黄阁镇举行，本次邀请赛由省非物质文化遗产促进会、南沙区委宣传部、南沙区文化广电新闻出版局和黄阁镇主办。通过广州水乡文化节暨广东省麒麟舞邀请赛这一平台，黄阁镇深入挖掘历史文化内涵，传承和发展本土特色麒麟文化，加大搭建南沙文化旅游交流平台，提高了黄阁乃至南沙知名度。

番禺区

2月20日，沙涌鳌鱼舞参加了珠海市斗门区第二届民俗文化大巡游，成为活动的精彩看点之一。

3月，番禺沙湾世良工艺美术工作室受中央电视台邀请，配合完成《探索·发现——手艺·沙湾砖雕》特辑的采访摄制工作，并在6月17日于科教频道播出。番禺区沙湾古镇是岭南砖雕的发源地，有着砖雕之乡的美誉。作为唯一省级砖雕传承人的何世良不仅技艺精湛，更在砖雕技艺的文化传承上不断努力。

4月9日，三月初三北帝诞沙湾飘色巡游活动在沙湾古镇核心街道以及中华大道部分路段进行，共有12板色参与巡游。各个板色依序缓缓前进，飘色装置精致巧妙，色仔衣饰艳丽华美，凌空的动作飘逸灵动，表情淡定或兴高采烈。飘色内容既有表现传统民间传说的《天女散花》《独占鳌头》《三田和合》等，也有反映本土文化的《古镇兰芳》《青萝三凤》。

11月30日—12月4日，沙涌鳌鱼舞代表广东省赴澳门特别行政区参加"澳门拉丁城区幻彩大巡游"活动，大巡游成为庆祝澳门回归祖国重头戏。

天河区

8月，天河区第十二届广州乞巧文化节在"中国民间文化艺术之乡"珠村和广州塔同步上演，活动包括"七夕风情展芳华"赛巧会，摆七娘、拜七娘，"广州塔·醉七夕"嘉年华，乞巧游园等内容。开幕式上演的创意文化演出让观众大饱眼福，丰富的嘉年华活动让观众了解了乞巧文化节多元而深刻的内涵。历经十二载精心培育和传承发展，"广州乞巧文化节"已成为广州打造世界文化名城的一张亮丽名片。

8月8—24日，天河区非遗保护中心应俄罗斯叶卡捷琳堡政府邀请，组织天河员村传统醒狮队赴俄罗斯叶卡捷琳堡参加"城庆日"文化交流活动，广东醒狮走出国门，向世人展示雄狮英武的精气神和文化力量。

越秀区

2月22—28日，第六届广府庙会在越秀区北京路核心文化区开展项目70多个、活动280多场,吸引游客超过500万人次。本届庙会以"广府庙会,幸福相约"为主题,在北京路南段、中段设有传统非物质文化遗产展示区,北京路北段设非物质文化遗产创意集市及非遗创意大赛作品展区,共有24个非遗项目参与其中,其中有10个国家级项目、7个省级项目和7个区级项目。非遗传承人亲自坐镇摊位,积极向市民介绍宣传非遗技艺。2016年,广府庙会已是第六届举办,逛广府庙会成为广州人过年的新民俗。

2月24日,广府庙会在越秀区大塘街秉政社区文化广场举办第二届"小巷庙会",广州牙雕传承人李定宁、李斌成等人带作品参加。作为广府庙会的延伸,"小巷庙会"让传承广府文化的意识走进基层社区,市民在自家门口就能够感受到原汁原味的广府文化。

5月22日,由广州市总工会主办、广州工人醒狮协会承办的"2016龙狮群英会暨第八届广州市工人龙狮表演大赛"在文化公园举行,共40支队伍600人参赛。大赛分上午"群狮精英赛"、下午"单狮传统赛"、"鼓王争霸赛"和晚上"夜光龙大赛"四个项目进行。其中,"鼓王争霸赛"和"夜光龙大赛"是首次列入比赛项目,"夜光龙大赛"更是全国首创。

10月15—16日,"广府庙会走进颐和园"活动在北京颐和园举行。本次活动中的广府非遗展以广府文化为主题,围绕广府庙会重头戏"民俗文化大巡游"展开,呈现了岭南独特的欢庆活动、民风民俗及广州市容市貌,提升了广府非遗以及广府文化的知名度和影响力。广府庙会走进颐和园活动的举行,是广府庙会实施"走出去"战略的崭新一步。

10月21日,粤语讲古传承人颜志图、彭嘉志在广州文化公园中心台举办了"粤语说书界,百年师爷诞",恢复了消失百年的粤语说书师爷诞传统仪式及庆祝活动,并举行新门徒拜师仪式。

11月,越秀区文广新局公布了第三批区级非遗项目代表性传承人赵伟斌等7人入选。

11月,广东醒狮传承人赵伟斌在广州文化公园中心台组织举行"第二届广州国际夜光龙醒狮邀请赛暨首届世界少儿龙狮大汇演",本届赛事由广州工人醒狮协会主办。本次大赛的亮点为在保持南狮传统风格上进行套路创新、道具创新、技艺创新,给人耳目一新的艺术享受。

增城区

9月24日—11月11日,由曾昭鸿榄雕艺术工作室与广州二龙山花园共同举办第二届乌榄文化节，并建立了乌榄文化馆。活动期间，市民可以免费入馆欣赏广州榄雕传承人曾昭鸿多达40余件作品，体验打榄、榄雕等亲子活动，还可亲手制作和品尝创意乌榄美食，感受独特的乌榄文化。

2017年

全市

1月14—26日，由广东中华民族文化促进会主办的"'百鸡贺岁'岭南工艺美术迎春作品展"在岭南会展览馆举办。"百鸡贺岁展"由以鸡为题材的陶塑、木雕、玉雕、广彩、油画和国画共一百件作品组成。作者均为佛山石湾及广州市的名家。

3月2日，由广州市非物质文化遗产保护中心组织举办的"文化遗产日活动沟通会议"在广州市文化馆举行，各区领导及非遗工作人员共27人参加了此次会议。

3月28—29日，由广州市文化广电新闻出版局组织举办的第六批市级代表性项目专家评审小组初评会议在江悦酒店举行。

4月，粤剧传承人黎骏声携《睿王与庄妃》等经典粤剧赴美国三藩市和洛杉矶开展交流演出。

4月5日，广东省文化厅公布了第五批省级非遗代表性传承人名单，广州市共有17名传承人入选。至此，广州市共有省级代表性传承人76名。

4月14日，广州市文化广电新闻出版局组织举办的第六批市级代表性项目专家评审委员审议会议在江悦酒店举行。

4月18日，广州市文化广电新闻出版局公示了广州市第六批市级非遗代表性项目推荐名单，共推荐16项列入广州市非遗代表性项目名录，其中新增项目11项，扩展项目5项。

5月4日，广州市推荐第七批省级非遗代表性项目专家评审会在广州市文化馆举行。

5月17日，广州市推荐第七批省级非遗代表性项目专家评审会（复议会）在广州市文化馆举行。

5月20日，广州市非物质文化遗产保护中心组织我市榄雕、西关打铜工艺两个非遗项目赴东莞参加"东莞非遗墟市"活动。主办方通过东莞非遗墟市的影响力，邀请周边9市成立东莞非遗墟市城际联盟，并举行首场城际非遗墟市，让市民在墟市中饱尝非遗大餐。

6月，广州市非物质文化遗产保护中心与广州绣品工艺厂有限公司共同编写的《广州教程》由人民出版社出版。本书结合知识普及和实操教学两方面需要，从历史沿革、工艺特点、历代名作名家、教学推广几方面进行内容编写，辅以教学视频，让读者可以在体验学习中对广绣有比较全面的了解。

6月11—12日，由广州市非物质文化遗产保护中心及各项目保护单位共同主办的广州非遗开放日活动举行，全市范围内工艺美术大师工作室、讲古坛、琴社、武馆等30多个非遗点面向公众开放。本次活动是广州市"走近·共享"非遗资源活化行动的一部分。

6月11日，由广州市宣传部指导，广州市文化广电新闻出版局主办，广州市非物质文化遗产保护中心、广州市文化馆、广州塔旅游文化发展股份有限公司经营管理分公司、广州工人醒狮协会、广州市各区文化馆等单位承办的"2017年'文化和自然遗产日'活动暨广州市青少年醒狮表演赛启动仪式"在广州举办，活动现场举行了广州市第六批市级非遗代表性项目授牌仪式。广州市青少年醒狮表演赛也正式启动，通过搭建全市青少年醒狮表演赛的平台，实践"广东醒狮"项目资源的活化利用，为非遗资源的活化利用做个案探索。

6月14—17日，广州致美斋食品有限公司参加由中国国际贸易促进委员会广州市委员会、上海博华国际展览有限公司联合主办的第六届中国广州国际食品食材展览会。自2012年以来，中国广州国际食品食材展览会每年举办一届，至今已成功举办三届，享有"华南地区国际化程度最高的食品食材展览会"的声誉。

7月3日—11月5日，由广州文学艺术创作研究院、粤剧中国保护中心主办，粤剧艺术博物馆协办的第四届"红豆杯"大学生粤剧粤曲大赛在粤剧艺术博物馆举行。为弘扬民族传统文化，振兴粤剧艺术，落实国家对非物质文化遗产的保护措施，"红豆杯"粤剧粤曲网络大赛已举办过三届，备受业界的关注与好评。

8月10—13日，由中国文联、中国民间文艺家协会、广东省委宣传部、广东省文联、广东省民间文艺家协会联合主办的"2017中国（广东）民间工艺博览会"在琶洲广交会展馆举办。博览会有全国19个省份和广东省内16个地市的200多名民间艺术家和民间工艺传承人参展，展品涵盖了陶瓷、刺绣、蜡染、木雕、牙雕、玉雕、剪纸、广彩、瓶内画、木刻画、手工扎作、红木家具等50个门类的1000多件手工艺精品。

8月18日，广绣传承人梁雪珍受邀参加2017年阿斯塔纳世博会中国馆广东活动周，展示广绣技艺，将广州的文化名片之一带到了世界舞台上。

8月31日，由市人大常委会和市广播电视台联合主办的大型政论性电视公开论坛——《羊城论坛》第201期"传承和发展广府文化大家谈"在市人大常委会机关东楼录制，本次论坛探讨了广州市非物质文化遗产及其他广府文化的传承和发展相关问题，加强了人们对非物质文化遗产的认识和责任感。

11月25日，由广州市人民政府主办，广东中华民族文化促进会、广州市文化广电新闻出版局承办，广东音乐发展委员会、广东音乐曲艺团、广东音乐艺术中心协办的"2017广东音乐演奏大赛"决赛在文化公园中心台举行。本届大赛参赛队伍数量多、范围广、层次多样、演奏形式丰富，曲目以广东音乐经典曲目为主，如《彩云追月》等，也有第一届至第五届广东音乐创作大赛获奖作品和部分参赛者的新创曲目。既是对广东音乐经典的继承，也为传统艺术注入了新活力。

12月1日，由广州市人民政府主办，广东中华民族文化促进会、广州市文化广电新闻出版局承办的第六届"广东音乐创作大赛"决赛在广州大剧院举行。本届广东音乐创作大赛参赛曲目数量较多、内容丰富、主题多样，不乏木棉、珠江、五羊、龙舟、西关等岭南特色元素，不仅涌现出一批优秀的广东音乐原创作品，还发掘出不少广东音乐创作人才。

12月6—8日，广东醒狮传承人赵伟斌带领醒狮团队参加《财富》论坛开幕晚会的暖场表演，将广东醒狮的喜庆和吉祥的元素带上世界舞台。

12月7—14日，由广东省委宣传部支持，中国民协、省文联、民族文化宫、省民协主办，省岭南民间工艺研究院、民族文化宫博物馆承办的广东民间工艺领军人物推广活动之《华章逸彩——翟惠玲广彩艺术作品展》在北京民族文化宫举办。这是广东民间工艺领军人物推介活动首次走出广东，走向全国，也是广彩艺术作品首次以专题形式向首都人民推介。

12月8日，陈李济非遗体验内容受邀在广州《财富》全球论坛期间在广药集团神农草堂展示。体验内容以百年陈皮养生文化体验的形式，向世界来宾展示南药瑰宝的魅力。

12月12日，由广东省文化馆统筹录制，广州市文化馆、广州市非物质文化遗产保护中心主办的"岭南古琴艺术公开课"在谢东笑古琴工作室完成录制，将在"国家公共文化云"平台播放。

12月17日，由国际定向运动联合会、国家体育总局航空无线电模型运动管理中心、中国定向协会、广东省体育局、广东省住建厅主办的南粤古驿道非遗展在黄埔古村举办，让更多国际友人感受古港厚重的"海丝"历史文化。

12月24日，由广东省盆景协会、陈村花卉世界有限公司、顺德区台商投资企业协会和嘉盛园艺联合举办的"第二届粤台南风盆景展"在佛山陈村花卉世界举行,展期至2018年1月5日。本次展览推动了粤港澳台盆景艺术的交流和发展,推展了粤台两地的盆景技术,活跃了粤台两地的盆景市场。

12月21—24日,由广州市文化广电新闻出版局主办,广州市非物质文化遗产保护中心承办的"指尖上的非遗——广州非遗传承人精品展"在第22届广州秋季艺博会亮相。经过22年积淀,如今广州艺博会已成长为中国历史最悠久、规模最大、参观人次最多的国家级、国际性、学术性、交易性的艺术博览会,她讲述着中国文化故事,展现着当代广州风范,成为广州的艺术文化名片。

各区

(按音序排列)

白云区

9月15—23日,由白云山风景名胜区管理局与广东广播电视台珠江经济台、广州名胜文化传媒有限公司联合举办的"2017郑仙诞旅游文化周活动"在白云山山顶举行。本届郑仙诞除了将往届郑仙诞已具规模的赛事、表演、赛会做到极致外,还将新增"打地气祈福夜"等5项活动。

9月29日—10月7日,由白云区委宣传部、白云区文广新局主办的第六届白云火龙民俗文化节在均禾街平和大押举办。本届火龙民俗文化节以"互动性、普及性、参与性、趣味性"为办节理念,立足打造"童趣化、年轻化、趣味化、本土化"的非遗民俗文化节,营造一区一品牌的整体气氛,真正让白云区的一区一品牌活动活在民间,火在民间。

从化区

7月20日,从化麒麟舞项目传承人殷跃松参加由广东省体育局主办的"2017年广东省传统龙狮、麒麟锦标赛",荣获了男子成年组传统麒麟二等奖。"2017年广东省传统龙狮、麒麟锦标赛"吸引了来自全省各单位、专业协会组成的约270多支队伍2000余运动员参赛,是一项具有严格比赛规则且技术水平极高的省级体育竞赛。

8月5日,从化麒麟舞传承人殷跃松参加由广东省体育局主办的"2017广东省传统武术项目锦标赛",荣获一等奖。广东省传统武术项目锦标赛由广东省体育局社会体育中心自2003年开始举办,旨在传播中华武术,推动全民健身。赛事规模大,涉及项目、组别多。此次赛事共吸引了来自广东各个地方的200多支队伍6000多名运动员参赛,本届锦标赛是有史以来报名参赛人数及人次最多、规模最大的一届。

11月7日，从化麒麟舞传承人殷跃松参加由国际武术联合会、中国武术协会在四川省峨眉山市举办的"第七届世界传统武术锦标赛"，荣获二等奖。本次锦标赛共有57个国家，近300支队伍，3800多运动员参加。

海珠区

3月6日，海珠区土华村举办洪圣王诞巡游活动。农历二月初九"洪圣诞"是土华村一年中最重要的日子，当日，村民按照传统习俗举行了盛大的"行乡"仪式，并筵开131席斋宴庆祝。

4月19日，三月二十三是一年一度的娘玛诞（天后诞），海珠区龙潭村举办天后诞巡游活动。巡游活动从明代开始，一直保存至今，巡游队伍中的"肃静""回避"等牌匾为自清代保存至今。

7月，由广东省武术协会和广东省少数民族协会联合主办，广州体育学院武术协会承办的"第十届武术精英大赛"在海珠区全民健身体育中心举行，来自全省301支代表队共6188名运动员以武会友，展开激烈角逐。本次比赛是历届精英赛中规模最大、水平最高的一次赛事，也创造了广东省单项体育项目比赛最新纪录。

7月6日，由海珠区滨江街道党工委、办事处主办的滨江地区第38届"羊城之夏"开幕式暨咸水歌文艺汇演在大元帅府广场举办。作为非物质文化遗产，咸水歌经过滨江街的不断挖掘整理，已日渐成为该街的一大文化品牌。

10月5—7日，第五届岭南祠堂文化节在海珠区黄埔古村举行。本届岭南祠堂文化节将继续深挖黄埔古村"海上丝绸之路"的深刻内涵，以"一带一路"海丝文化等为重要内容，通过主题丰富的展览、别开生面的巡游、种类多样的文艺演出、浸入式互动体验等形式，带领人们领略传统岭南祠堂文化。

花都区

9月27—30日，盘古王诞民俗文化节在花都区狮岭镇盘古王公园举办。本届盘古王民俗文化节突出盘古创世主题，将"拜盘古·祈永昌"祈福仪式作为主场，同时举办"花都狮王争霸赛"2017年花都区醒狮大赛、"全民齐跳盘古舞"花都区狮岭镇盘古舞展演等十项活动。

黄埔区

2016年12月30日—2017年1月5日，"第九届萝岗香雪文化旅游节"在黄埔区萝岗香雪公园举办。本届文化旅游节由开发区党工委、管委会，黄埔区委区政府主办，以"品梅性　歌盛德"为主题，集中展示了萝岗香雪传说、醒狮舞、貔貅舞、乞巧工艺等非遗项目，本次活动内容不仅有赏梅，还有"品雅"与"养生"两大板块。

2月20日，"第十届横沙书香文化节（横沙会）"在黄埔区横沙社区书香街文化广场举办。每年一度的横沙会，是横沙仅次于春节的传统节日。如今横沙会从旧时代的游行祈福，逐渐演变成海内外乡亲共叙乡情、共谋发展的书香文化节。

3月8—10日，"第十三届广州民俗文化节暨黄埔'波罗诞'千年庙会"在南海神庙举办。本届"波罗诞"由广州市文化广电新闻出版局，黄埔区委、区政府，广州开发区党工委、管委会主办，以"海丝长福地·波罗多良缘"为主题，本届活动分为十大环节，新增首届广东省非物质文化遗产展演邀请赛，集中展示了醒狮、貔貅、乞巧、波罗鸡、波罗粽等非遗项目，既保留了"波罗诞"在民俗文化、非物质文化遗产历史方面及地域方面的文化特色，又展示了南海神庙的历史地位和内涵，为"海上丝绸之路"的影响力添光增彩。

5月12日，由长洲街道主办的"第九届长洲'金花诞'民俗文化活动"在黄埔区长洲街金花古庙前举行。每年一次的"金花诞"送子降福庆典在农历四月十七日举办，已成为长洲岛的一项特色民俗文化活动。

6月14日，由萝岗钟氏文化协会主办的"2017年玉岩诞"在黄埔区玉岩书院广场举行。2017年是萝岗钟氏二世祖宋朝议大夫钟玉岩862周年华诞。本次活动通过上祭品、领旗、鸣锣、宣读祭文、持香三拜上香等仪式传颂祖德祖恩，传承"玉岩诞"非遗文化。

8月18—9月28日，2017黄埔乞巧文化节在黄埔区举行。本次活动由黄埔区文化广电新闻出版局主办，以"梦缘乞巧"为主题，由"开幕式""乞巧摄影作品巡展""巧艺精品创作大赛""民俗活动及祠堂摆贡比巧大赛""乞巧文化节巧姐、巧艺进校园、进社区""乞巧作品创作及乞巧民俗特色培训讲座"、组织作品参加"广州乞巧赛艺会"展、赛等七项活动组成。黄埔区乞巧精品佳作层出不穷，有着"广东省乞巧艺术之乡"称号。

荔湾区

11月24—26日，由广州市文化广电新闻出版局、毕节市文化广电新闻出版局主办，广州市非物质文化遗产保护中心、荔湾区文化广电新闻出版局、毕节市非物质文化遗产保护局承办的"展非遗魅力·享文化活力——2017广州毕节非遗交流季"在广州荔湾区荔湾湖公园举行，活动以"展非遗魅力·享文化活力"为主题，以广州毕节非遗体验展和广州毕节非遗实物展两大形式共同演绎广州、毕节非遗之美。

南沙区

4月16—19日，由南沙区文广新局指导，广州南沙资产经营有限公司、广州南沙经济技术开发总公司主办，广州南沙旅游发展有限公司承办的广州南沙妈祖文化旅游节在南沙天后宫举办。今年的活动主题是"妈祖耀千年·福佑新南沙"，本届文化节期间，各类文化活动精彩纷呈，既有展示南沙自贸区两周年发展的文化展览，又有非遗荟萃秀，齐集南沙本土非物质文化遗产麒麟舞、莫家拳、香云纱服饰秀、鳌鱼舞等现场表演。

番禺区

3月28日—4月20日，番禺区沙湾镇举办了广东省北帝民俗文化研讨会暨番禺区第五届民俗（沙湾飘色）文化节。活动中，超过20板飘色参与巡游，并有鳌鱼、舞龙、舞狮、广乐音乐、鱼灯、兰花舞等民间艺术方阵齐助阵。

天河区

8月24—29日，以"七夕天河，和美广州"为主题的广州乞巧文化节在天河珠村、天河商圈、广州塔同步开展。本次广州乞巧文化节包括惠民演出、赛巧会、乞巧体验周、乞巧集市、七夕大型女子成年及笄礼、青年联谊会等多种形式的活动。

越秀区

2月11—17日，由越秀区非遗保护中心组织的第七届广府庙会非遗展区在北京路、北京路北段等铺开，本届广府庙会非遗展区由"南北荟萃"和"岭南精粹"两大主题部分组成，有24个非遗项目参展，其中国家级项目13个，非遗传承人参加展示并现场献艺。广府庙会是华南地区最知名的元宵节庙会活动之一，非遗展示是重要组成内容和形式之一。

增城区

12月29日，由增城区委宣传部、增城区文体旅游局和增城区小楼镇政府指导，广州市仙源旅游景区有限公司主办的"何仙姑文化旅游节"在增城区小楼镇文化广场举行。

2018年

全市

1月17日，由广州市非物质文化遗产保护中心组织举办的市属非遗项目保护单位传承人申报培训会在广州市文化馆举行。

3月16日，广州市非物质文化遗产保护中心为广州市教育研究院组织的全市中小学美术老师开办"非遗通识课"讲座，为"非遗进校园"打好师资基础。

3月31日，由中华全国律师协会知识产权专业委员会、广东省律师协会继续教育工作委员会、广东省律师协会知识产权专业委员会、广州市非物质文化遗产保护中心、广州市版权保护中心和广州市工艺美术总公司联合举办的"律师对话传承人"活动在广州传统工艺美术中心举办，促进"非遗+法律"深度融合的开创性探索，为非遗保护插上了法律保障的翅膀。

4月14日，广州市非物质文化遗产保护中心组织打铜技艺、广彩瓷烧制技艺、广东醒狮、广州饼印制作技艺、广式红木宫灯制作技艺、小凤饼（鸡仔饼）制作技艺等六个非遗项目赴东莞市文化馆参加东莞非遗墟市。

5月4日，广州市文广新局下发《关于公示第六批市级非遗代表性项目代表性传承人推荐名单的公告》，共有35人入选。

5月8日，文化和旅游部下发《关于文化和旅游部关于公布第五批国家级非物质文化遗产代表性项目代表性传承人的通知》，广州市共有7位非遗传承人入选。

5月12日，广东省人民政府下发了《关于批准并公布广东省第七批省级非物质文化遗产代表性项目名录的通知》，广州市共有13项非遗入选。

5月15日，文化和旅游部、工业和信息化部发布《第一批国家传统工艺振兴目录》，广州市有广绣、广州玉雕、广州榄雕、灰塑、广式硬木家具制作技艺、广彩烧制技艺6项非遗代表性项目入选。

5月26—27日，由广州市总工会主办、广州工人醒狮协会承办、广州市交通运输工会协办的2018"一带一路"国际醒狮艺术交流季在广州隆重举行，来自港澳以及法国、荷兰、新加坡、马来西亚、印度尼西亚等国家和地区的龙狮团队和代表将欢聚羊城，展开友好交流。黄埔区文化馆组织了黄埔区弘毅国术会、文冲东约善群堂醒狮队以热烈的舞龙、舞狮等传统狮礼的民俗形式对来宾表示热烈欢迎。本次活动促进了醒狮文化的交流、传承和发展。在展演中，弘毅国术会醒狮团参演的《桃园结义》获得群狮金奖、《鼓乐升平》获得鼓乐金奖；文冲东约善群堂的单狮表演《勇闯美酒居》荣获传统狮金狮奖。

5月29日，广州市非物质文化遗产保护中心参加由市文广新局组织举办的第六批市级代表性传承人公示异议专家委员会。

6月1—10日，广州市非物质文化遗产保护中心组织"广州非遗开放日"，广州非遗开放日是广州市"文化和自然遗产日"非遗专题活动的重头戏，全市共有50多个非遗点参与开放日，举办体验课、展览、演出、雅集、义诊、知识问答、产品折扣售卖等多种类型的活动。

6月9日，广州市非物质文化遗产保护中心组织12个非遗项目及传承人参加由国家文物局、广州市人民政府在南海神庙广场主办的"2018年'文化和自然遗产日'主场城市活动"，主题为"文化遗产的传播与传承"，活动由国家文物局、广州市人民政府主办，广东省文物局协办、广州市文化广电新闻出版局承办。

6月9日，广州市非物质文化遗产保护中心组织广州玉雕、广彩、广州榄雕3个非遗项目及传承人参加由广东省文化厅、汕头市人民政府在汕头市主办的2018"文化和自然遗产日"广东省主场系列活动。"多彩非遗，美好生活"是今年遗产日非遗宣传展示活动的主题，这是广东省首次在粤东举办遗产日主场活动，活动规模堪称历年之最：历时6天，共有20大项、80多场次的集中展示展演。

6月14日，由广州轻工工贸集团有限公司、广东省工艺美术协会、广东省工业设计协会、广州市工艺美术总公司共同主办的第二届"第一福"广府文化创意设计大赛启动仪式在华南师范大学美术学院举行，广州市非物质文化遗产保护中心作为支持单位。本次大赛组委会以"三雕一彩一绣"和文化创意为要素，提出大赛设计主题和要求。

6月24日，由广州市非物质文化遗产保护中心、广州少年儿童图书馆、广州市教育研究院艺术科联合主办的"广绣公开课——遇见广绣"在广州少年儿童图书馆举行，广州市非物质文化遗产保护中心主任黄艳担任主讲人，全市200多名美术老师参与了此次学习。

6月26日，广州市文广新局发布《广州市文化广电新闻出版局关于公布第六批市级非物质文化遗产代表性项目代表性传承人的通知》，共有34人入选。

7月5日，广州市文化广电新闻出版局下发了《关于开展广州市非物质文化遗产传承基地（2018—2020年度）申报工作的通知》

7月27—28日，2018非遗品牌大会在广州召开。此次品牌大会由文化和旅游部非遗司支持，广东省文化厅主办，广州市文广新局、广东省非遗保护中心承办，广州文木文化发展有限公司执行。作为首届非遗品牌大会，本次大会以"传承、发展、创新"为主题，旨在讲述中国非遗品牌故事、挖掘中国非遗品牌潜力、提升中国非遗品牌地位、传播中国非遗品牌魅力。

7月31日，广州非遗法律援助服务队在广州市文化馆举办成立仪式，服务队将在今后为非遗传承人群提供专业的法律援助。

9月11日，由广州市非物质文化遗产保护中心主办的广作新生代传承人群传承实践能力提升季活动在广州市文化馆启动。经遴选的25位新生代参与活动，来自各领域的知名专家为新生代们讲授新时代视域下非遗的传承与发展理念，引导新生代以更广的视角和更长远的眼光思考当下并传承。

9月13—17日，由文化和旅游部、山东省人民政府共同主办的第五届中国非物质文化遗产博览会在山东济南举办。广州市广绣、钉金绣裙褂制作技艺、广彩、广式家具制作技艺、潘高寿传统中药文化、广东醒狮6个非遗项目及传承人参与展示、展演。中国非物质文化遗产博览会采取"政府主导、社会参与、市场运作"的方式，以适合生产性保护的非物质文化遗产项目的展览、销售为重点，促进非物质文化遗产生产性保护，使非物质文化遗产保护和传承融入当代、融入大众、融入生活。

9月19—23日，广州市非物质文化遗产保护中心组织广绣、广彩、玉雕和榄雕4个非遗项目及传承人赴杭州参加第十届浙江·中国非遗博览会。本次博览会以"传统工艺融入现代生活，传承发展促进乡村振兴"为主题，以"走进城市社区，促进国际交流，服务乡村振兴，参与非遗扶贫，推进融入生活，营造社会氛围"为总体目标，立足于杭州主城区，加强省市联动，并邀请中东欧国家参加展览，为非遗提供了传播与交流合作的综合平台。

10月11日，广东省第六批代表性传承人专家推荐申报会议在广州市文化馆二楼会议室举办。

10月20日，广州市非物质文化遗产保护中心组织了广州榄雕、小凤饼（鸡仔饼）制作技艺，二个非遗项目赴东莞市文化馆参加东莞非遗墟市粤港澳大湾区城市专场。东莞非遗墟市自项目启动以来，一直注重培育非遗墟市的销售量、影响力、知名度。本次专场共有10个城市的28个非遗项目参加，是东莞非遗墟市首次尝试牵头邀请粤港澳大湾区城市集中开墟。

10月27日，由广州市文化广电新闻出版局主办、广州工人醒狮协会承办的"第二届广州市青少年醒狮表演赛"在文化公园中心台隆重开锣，选拔自全市11区的22支青少年精英狮队的精彩表演赢得满堂喝彩。

11月1日，广州市人大常委会来广州市非物质文化遗产保护中心调研，参观广州广州市非物质文化遗产保护中心展厅，并召开非遗保护工作座谈会。市人大代表、专家代表、传承人代表参加了此次座谈会。

11月15日，广州市文化广电新闻出版局下发了《关于公布广州市非物质文化遗产传承基地（2018—2020年度）的通知》，广州市47个单位入选。

11月30日，由广东省委宣传部指导，广州市委宣传部、广州市文广新局主办，广州市文化馆、广州市非物质文化遗产保护中心承办的"走进永庆坊，留下城市的记忆——广州非遗展"在广交会展馆举行，展览期间举办了3场主题对话、5场"非遗+创新项目"发布与签约交易、6场非遗节目展演等活动，活动持续至12月3日。展览以沉浸式体验探索文化的力量，挖掘广府文化本质，重构广式生活美学，让人们"看见文化的力量"。

12月18日，由广州市非物质文化遗产保护中心组织的广州非遗动漫创作营座谈会在广州市文化馆举行。广州非遗动漫创作营由广东省本科高校动画、数字媒体专业教学指导委员会、广州动漫行业协会与市非物质文化遗产保护中心共同举办，将围绕广州市非物质文化遗产名录，通过专家讲座、经典赏析、应用研究、民俗调研、创作研习等系列活动，多维度汲取古代非遗智慧，依托前沿动漫技术，创作非遗动漫作品，设计非遗衍生品，助力非遗活态传承，促进非遗与动漫产业融合发展。

7月11日，2019年北京世园会"广东日"活动开幕式在世园会妫汭剧场2号小剧场隆重举行。"广东日"活动以"南粤水岭南风世园情"为主题，旨在推介、宣传广东岭南文化和生态文明建设成果。广东醒狮、粤剧、广东音乐等非遗项目在开幕式文化演出中亮相，向广大观众展示了广东深厚的文化底蕴和岭南文化的独特风采。

各区

（按音序排列）

白云区

7月22日，"2018年海外华裔青少年'中国寻根之旅'夏令营广州白云分营"开营，本次活动由白云区侨外办、教育局、文广新局等单位筹备，为参营的华裔青少年与白云区的中学生开启了一段传统文化与地方风情的四天旅程。行程包括参观三元里历史文化展览馆和神农草堂中医药博物馆、参观红木宫灯厂以及进行宫灯玻璃画绘制体验、中国鼓表演学习等。

9月21日，由白云区委宣传部、白云区文广新局、均禾街共同主办的"喜舞火龙·祥聚白云"第七届广州白云火龙民俗文化节开幕。本届火龙民俗文化节以全媒体矩阵之力，通过VR新形式、全网络传播、线下互动、报道推广等一系列线上线下相结合的方式进行，展现白云经济振兴、文化传承。

从化区

5月24日，从化区文广新局在街口街河滨公园举办幸福山歌2018年从化区客家山歌邀请赛活动。

8月25日，从化区非遗传统舞蹈项目《从化麒麟舞》参加2018广东省非物质文化遗产青年麒麟舞邀请赛银奖。

海珠区

6月8日—8月20日，由海珠区文化广电新闻出版局、海珠区教育局、沙园街道党工委办事处主办，海珠区非物质文化遗产保护中心承办的"玩转多彩非遗 共享美好生活"2018海珠非遗季系列活动在乐峰广场启动。2018海珠非遗季将海珠区非遗资源充分整合，在传统中创新，形成为期近三个月、共四大主题板块的非遗活动季，成为海珠区继岭南古琴音乐会、广东珠三角咸水歌会后第三个海珠非遗活动品牌。

10月21日，由中共海珠区委宣传部、海珠区文化广电新闻出版局、广东省非物质文化遗产保护中心主办的2018广东咸水歌（渔歌）歌会大赛在大元帅府举行。今年在原有咸水歌比赛基础上，升级为2018广东咸水歌（渔歌）歌会，参赛总人数近千人，引起广泛关注和好评。

花都区

4月9—12日，由花都区协作办公室、花都区文广新局联合毕节市织金县协作办公室、毕节市织金县文体广电旅游局、毕节市黔西县文体广电旅游局共同主办的广州花都·毕节两地文化交流、惠民演出在毕节市织金县、黔西县举行，本次演出以"同饮一江水 共筑山海情"为主题，花都区文广新局组织20名文艺工作者进行脱贫春风行文化交流惠民演出、交流走访和帮扶活动。

9月20日，由花都区盘古王民俗文化节组委会主办，花都区文化馆承办的2018年中国（狮岭）盘古王民俗文化节在花都区狮岭镇盘古王公园如期启幕，为期三天的文化节将为广大市民群众带来精彩纷呈的系列活动，本届盘古王民俗文化节暨盘古庙会主场活动"拜盘古·祈永昌"祈福仪式，突出"盘古创世"主题，同时举办"民俗薪火传承"非物质文化遗产节目展演、"民俗妙趣多"民俗文化体验展示、"盘古神踪光影秀"中国（狮岭）民俗文化节摄影大赛、"家乡的味道"特色旅游产品展示、"最是家乡美"花卉盆景展示等14项活动。

黄埔区

2017年12月28日—2018年1月3日，"又见香雪·倾听花开"为主题的"第十届萝岗香雪文化旅游节"在黄埔区萝岗香雪公园南门广场正式开幕。本届旅游节为期七天，在这期间，迎来近百万名游客前来赏花游玩。黄埔区文化馆精心策划组织了33场民族器乐展演，为梅林香雪增添了一份雅韵。

3月11日，主题为"一缕书香传承千年文化，四海乡情汇聚魅力横沙"的第十一届横沙书香文化节（横沙会）在横沙社区举行，横沙友好兄弟村、海外乡亲、港澳同胞近千人参加，广场上鞭炮齐鸣、醒狮起舞、民乐演奏、舞蹈、太极、气功、粤剧逐一上演。这是横沙海内外乡亲共叙乡情、共谋发展的一场盛会。

3月27—29日，第14届广州民俗文化节暨黄埔"波罗诞"千年庙会在南海神庙举行。本届活动以"海丝长福地·波罗多良缘"为主题，"海丝盛会""非遗展演""五子朝王""章丘诗会""梨园荟萃"等十大主题活动依次展开。省内优秀的民俗文化、非物质文化遗产表演项目将在南海神庙广场轮番登场，"互联网+"庙会活动等创意十足的活动也将为市民带来更多新鲜感。

5月31日，第十届长洲"金花诞"民俗文化活动在黄埔区长洲街金花古庙前举行。开幕式首先进行了祝礼仪式，包括"头炷香"祭拜、醒狮庆舞、"金花娘娘"祝礼等传统仪式，随后进行了文艺表演。长洲"金花诞"在多年的培育和发展下，已成为保护、传承与挖掘长洲非物质文化遗产，凸显长洲民间特色文化艺术，结合"金花娘娘送子、保平安"的传说宣传现代优生优育方针政策的社区民俗文化活动。

7月3日，2018年玉岩诞在玉岩书院前广场举行。该年农历五月二十日是萝岗钟氏二世祖宗朝宋朝已大夫玉岩公863周年庆典，萝岗钟氏子孙在仪式上敬奉三牲、香烛果品祭祀先祖，传颂祖德祖恩，宗族子孙精诚团结，孝宗敬祖，振兴家邦。

7—8月，"传承乞巧——2018黄埔乞巧文化节"以"传承乞巧"为主题，开展了为期40天的系列节庆活动，本届乞巧文化节由黄埔区文化广电新闻出版局主办，黄埔区文化馆和黄埔区民协乞巧分会承办。活动形式多样，内容包括"2018黄埔乞巧文化节开幕式""巧艺精品创作大赛""民俗活动及祠堂摆贡比巧""乞巧民俗专题摄录""乞巧文化节巧姐、巧艺进校园、进社区"以及组织作品参加"广州乞巧赛艺会"展、赛等。

荔湾区

10月24日，习近平来到广州市荔湾区西关历史文化街区永庆坊，沿街察看旧城改造、历史文化建筑修缮保护情况，并走进粤剧艺术博物馆了解粤剧艺术传承和保护情况，考察永庆坊三雕一彩一绣展厅，指示要"传承好、发展好传统文化"。

南沙区

5月7—9日，2018年第十届广州南沙妈祖文化旅游节在南沙天后宫举办。活动以"妈祖诞辰1058周年"为主题，打造了一系列民俗文化展演展示活动，连续三天在天后宫开展麒麟舞、咸水歌、龙舟歌、醒狮等非遗艺术展演。

番禺区

2月22日（农历正月初七），番禺南村镇员岗村举行飘色巡游。14板色装饰一新，300人组成的巡游队伍伴随着锣鼓声穿街过巷，男女老少奔走相告，围观"出色",形成流动的文化盛事。上一次在员岗出现此等飘色盛况,已是10年前。

2月25日(农历正月初十),是番禺特有的"十乡会景日",由南村镇樟边村与横坑村联合举办。按照习俗,"关帝圣君"神像轮流在当甲的村"坐镇"一年,南村镇樟边村是2017年"当甲村",南村镇横坑村是2018年"当甲村",樟边村负责"送神",横坑村负责"接神"。送、接"神"活动在两个村内择定吉时,安排活动节目起驾作迎、送巡游。

3月5—7日,钟村康公主帅诞出会活动在番禺区钟村街举行。本次活动连续巡游三天,较以往多一天,巡游队伍人数多达260人,有腰鼓队、仪仗队、舞蹈队、醒狮、长龙等队伍,还邀请了化龙镇潭山村的13版飘色,热闹非凡。每年正月十八、十九两天,钟村居民自发组织康公出会活动,以纪念康公主帅,祈求社区团结和谐,人民幸福安康。

4月18日,番禺区第六届民俗文化节暨沙湾三月三北帝诞民间艺术巡游活动在沙湾盛大启动。番禺多个获得国家级、省级艺术之乡称号的民间艺术齐聚沙湾,集中展示番禺丰富的民俗文化,久负盛名的飘色、广东音乐、龙狮、鳌鱼、鱼灯、乞巧和凤舞等传统民间艺术组成一支三百多米长的巡游队伍,为数万名群众奉上一场精彩绝伦的民俗文化盛宴,同时也为番禺全域旅游西部片区体验游专线鸣笛启航。2014年,番禺区第二届民俗文化节·沙湾飘色艺术节在沙湾举行,近几十年来首次在农历三月初三举办沙湾飘色巡游,迈出了恢复北帝诞传统民俗的第一步。此后每年三月初三,沙湾均会举办飘色巡游活动,至今已是第五年。

5月8日,潭山娘妈诞巡游活动在潭山村举行。本次民俗文化巡游主要是由"抬菩萨巡街、彩龙、醒狮竞技、担花篮、神话故事人物扮演、腰鼓队"等表演队伍组成,巡游人数超百人。番禺作为岭南水乡,过去村民生活与"水"息息相关,因此潭山本地有每年农历三月二十三举行娘妈诞的传统。

8月17日,广州市番禺区石碁镇凌边村举办"传承良好家风,重温峥嵘岁月"——石碁镇"我们的节日·七夕"系列活动暨第三届凌边乞巧文化节开幕式。本届凌边乞巧文化节还举行了乞巧手工制作评选活动和七夕巡游活动。石碁镇精心办好乞巧民俗文化系列活动,大力弘扬乞巧文化,是挖掘、保护、传承优秀传统民俗文化的具体实践。

天河区

6月15—20日,由尚天河文化季组委会指导,广州市天河区文学艺术联合会、广州市天河区车陂街道办事处、广州市车陂经济发展有限公司、广州市天河区车陂龙舟文化促进会主办的"一水同舟，全情共享"国际龙舟文化节成功举办开幕。本届国际龙舟文化节成立了"非遗导师团"，以车陂龙舟文化博物馆和宗祠祠堂为载体，孵化和组建民俗文化导师团，由宗族长者组成的导师团、由社区、高校志愿者组成的社区讲师团、由中小学生组成的导赏员，通过导师团开展各类多元形式的民俗文化主题活动进行民俗文化宣讲，协助参与社区文化保育与民俗传承的活动。

8月12—18日，由广州市天河区委宣传部、广州市天河区文化广电旅游体育局、广州乞巧文化节组委会主办的广州乞巧文化节在珠村举行，本届乞巧文化节的主题为"七夕天河，美丽广州"。在6天的活动期间，珠村"摆七娘""睇七娘""拜七娘"等传统乞巧习俗，七夕游·乞巧体验周，七夕嘉年华等节庆活动吸引了近40万国内外游客的参与，吸引了包括CCTV-3、人民日报、文化报等央视媒体、省、市多家主流媒体、自媒体的广泛报道、转载约230篇（次）。

越秀区

3月2—8日，2018广府庙会非遗展区在北京路展出。本届庙会不仅展示了传统广府岭南非遗项目，更有来自全国各地的特色非遗项目。非遗展区由"南北荟萃"和"岭南精粹"两大主题部分组成，共有24个非遗项目参展，其中国家级项目13个、省级项目7个、市级项目2个、区级项目2个；参加展示的有国家级非遗传承人3名、省级传承人11名、市级传承人3名，及区级传承人4名。岭南精髓展区设在北京路中段，共有9个国家级、省级的非遗项目参展，各个非遗项目的传承人都将莅临现场，为市民带来非遗项目的技艺介绍与展示。南北荟萃展区设在北京路南段，不仅展示了具有广府特色的省、市、区级非遗名录项目，还新增了来自5个省份（北京、浙江、河南、云南、广西）的国家级、省级非遗项目。

8月11日上午，在2018南国书香节上，岭南地区首套非遗传承系列教材《非遗玩家》正式发布。本套教材由中共越秀区委宣传部、越秀区文化广电新闻出版局、越秀区教育局指导，越秀区文化馆和越秀区非物质文化遗产保护中心共同推出。首套与读者见面的是《非遗玩家·广州彩瓷》，内容涵盖了广彩的历史文脉、艺术特色、技艺工序、创新设计等内容。本次发布的《非遗玩家》系列教材作为广府文化（越秀）生态保护实验区建设过程的重要成果，是岭南地区首次把非遗教学设计和教学内容编印成册，形成一套科学规范的教材向学校和社会进行推广。

增城区

4月18日，新塘帅府爷（康王）出巡在新塘群星村圣堂坊举办。每年农历三月初三日，帅府爷就要从原来坐镇的一坊庙宇转到另一坊庙宇供村民供奉。帅府爷过坊时，原坐坊的村民欢送，新坐坊的村民相迎，场面十分热闹。帅府爷过坊巡游，也是新塘的三月三庙会。

9月27日至28日，由广东省民间文艺家协会、东莞市文化馆与清溪镇人民政府等单位联合主办的广东省第五届麒麟文化节暨麒麟舞大赛在东莞市清溪镇举行，增城小楼镇大楼村的大楼麒麟队在省赛中表演可圈可点，呈现精彩的非遗元素，荣获传统组铜奖。

2019年

全市

1月4日，广州市非物质文化遗产保护中心组织国家级非遗代表性项目预申报培训班，由广东省非遗保护中心副主任蓝海红作培训讲座，各区非遗保护中心及非遗项目保护单位共30余家单位前来参会。

1月5日，由广州市非物质文化遗产保护中心组建的"广州非遗动漫创作营"正式开课。创作营学员自社会公开招募并筛选后加入课堂，课堂内容由两部分组成：一是由专业老师讲解非遗+动漫的相关知识，二是安排非遗实地调研。通过一系列活动汲取非遗智慧，用青少年喜闻乐见的动漫形式创作非遗动漫作品，设计非遗衍生品，助力非遗活态传承。

2月16日，由广州迎春花市系列活动组委会办公室主办，广州市广播电视台承办，广州动漫行业协会、广州市非物质文化遗产保护中心、广州市越秀区创意产业协会协办的"花好'粤'圆——2019广州元宵嘉年华"在中山纪念堂举办。广州非物质文化遗产互动展示作为元宵嘉年华场外活动的亮点，吸引了众多市民的关注。

3月6—7日，广州市第七批市级非遗代表性项目专家分组初评会议在广州市文化馆召开。

3月19日，第七批市级非遗代表性项目专家评审委员会在广州市文化馆召开。

6月1—10日，由广州市非物质文化遗产保护中心主办，各区非遗保护中心协办的2019年"文化和自然遗产日"——广州非遗开放日活动举办，各区有70多个非遗点对公众开放，举办体验课、大型公开课、传统工艺展导览、民俗活动导赏、传统音乐曲艺演出、非遗产品定制售卖等活动，非遗点数量和活动场次都再创新高。

6月3—10日，由广州市非物质文化遗产保护中心主办，各区非遗保护中心、各代表性传承人以及非遗保护机构协办的2019年"文化和自然遗产日"——广州非遗体验游举办，共开展包含家庭游、亲子游、研学游等多个种类的5条公益示范线路，7条市场推广路线，以全新面貌推进非遗旅游的全域化。

6月7—10日，由文化和旅游部、广东省人民政府主办，文化和旅游部非遗司、广州市人民政府、广东省文化和旅游厅承办的2019年"文化和自然遗产日"非遗主会场活动在广州市举行。本次活动主题为"非遗保护，中国实践"，期间，主办方通过演出、展览、论坛等形式，围绕40项列入联合国教科文组织非遗名录名册项目，呈现中国非遗传承发展的实践。

6月17—22日，广州市非物质文化遗产保护中心与清华大学美术学院共同举办广作新生代清华创意设计工作营，14个广作类别的20名广作新生代参与其中。新生代们在清华大学美术学院各系老师组成的导师团指导下，打开思路、团结协作，共同设计出多款传统工艺日用品，融入当代广州生活空间，让更多人感受广作的魅力。

8月26日，由文化和旅游部恭王府博物馆、广州市文化广电旅游局共同主办，国家非物质文化遗产展览展示研究中心、广州市非物质文化遗产保护中心、中共荔湾区委宣传部、中华传统技艺研究与保护中心共同承办，中华传统技艺编辑部、中国传统工艺协同创新中心、广州十三行博物馆、广东省工艺美术研究所、广州市版权保护中心共同协办的《广作华章——广绣历史文化与传承展》在文化和旅游部恭王府博物馆开幕，这是作为四大名绣之一的广绣首次在北京举办专场展览，展览持续至10月7日。展览从历史和当代两个维度，通过广绣文物、当代传承人群精品、文创等实物展品，数字化资源，文化空间，技艺展示，体验活动等，展现广绣的历史文化，更展示当代广绣发展的新面貌，展览期间还邀请了传承人进行技艺展示。

8月26日，"共话广绣——从源流到新生"研讨会在文化和旅游部恭王府博物馆举办，文化和旅游部恭王府博物馆代表、广州市非物质文化遗产保护中心代表、广绣传承人及有关专家参会，就广绣保护及传承发展等议题进行了深入探讨。

9月16日，广州市人民政府发布《广州市人民政府关于公布广州市第七批非物质文化遗产代表性项目名录的通知》，9个新增项目和7个扩展项目入选本批名录。

9月20日，由广州市非物质文化遗产保护中心申报的"广绣进校园实践案例"入选2018全国非遗进校园优秀实践案例。此次案例征集宣传活动由文化和旅游部非遗司支持，团中央网络影视中心指导，中国青年网主办，清华大学附属中学协办，于今年1月启动，共征集到30个省（区、市）申报的有效案例近500个，最终评选出"十大优秀实践案例"和"十佳创新实践案例"。

9月20—23日，中俄建交70周年系列活动（中国）国家艺术基金《丝绸之路-优秀作品海外巡展》在俄罗斯莫斯科装饰艺术博物馆开幕，中国龙文化及中国刺绣文化在异国亮相。黄埔区陆柳卿广绣工作室和张伟潮分别携中国传统广绣工艺作品和木雕作品参加展览。

9月21—27日，广州市非物质文化遗产保护中心组织工作人员赴湖南艺术职业学院，参加由省非遗保护中心主办的"广东省非物质文化遗产保护工作人员研修班"。此次培训旨在进一步加强广东省非遗保护工作者能力建设，学习与借鉴兄弟省份非遗保护工作的先进经验和做法，共同推进广东省非物质文化遗产保护、传承和发展。

10月19日，广州市非物质文化遗产保护中心组织广州市9个非遗项目赴东莞，参加东莞市文化馆举办的"东莞非遗墟市广州专场"活动，并在东莞市文化馆组织一场以"广绣"为主题的非遗体验课。"东莞非遗墟市城际联盟"在各城市的大力支持下，定期举办城市交流专场，开展非遗保护工作交流活动，已经成为省内非遗保护工作城际交流的重要平台。

10月26日，为推动国家非遗醒狮在青少年中的传承和发展，由广州市文化广电旅游局主办的第三届广州市青少年醒狮表演赛在文化公园中心台隆重举行，来自全市11个区共22支青少年醒狮队同台献技，施展出惊、险、难、飞、腾等一连串的醒狮绝技，让台下观众大开眼界。

12月23日，《广州市非物质文化遗产保护中心非物质文化遗产实物征集管理办法》经广州市文化馆党支部委员会审定通过。

各区

（按音序排列）

白云区

9月8日，第八届广州白云火龙民俗文化节在白云区文化活动中心开幕。本届广州白云火龙民俗文化节主题为"火龙献瑞　月来粤有味"，"活力、创新、传承、共享"的理念贯穿其中。本届活动内容精彩纷呈，有科技潮流与非遗传统相结合的开幕式、扎火龙和做月饼等互动体验以及中秋当晚的舞火龙等。相传，白云先祖始于元朝末年舞火龙以驱赶蝗虫，至今这项民俗已传承超过1000年。

从化区

7月16日，2019年广东省龙狮锦标赛在肇庆市广宁县体育馆开赛。从化区东风小学从化麒麟舞队在比赛中荣获一等奖、鳌头桥头龙狮醒狮团获二等奖。本次比赛日程共4天，共有全省各地155支队伍参赛，这也是历届全省龙狮锦标赛参赛人数最多、规模最大的一次比赛。

海珠区

11月2日，由广东省非物质文化遗产保护中心指导、中共海珠区委宣传部、海珠区文化广电旅游体育局，广州市创投小镇主办，海珠区文化馆、海珠区非遗中心承办了"琴韵·大湾区"——2019岭南古琴音乐会。音乐会聚焦人文湾区建设目标，借助岭南古琴音乐会的平台，邀请香港、澳门、江门、东莞及广州本地琴家同台交流，共同推进古琴艺术的传承与发展，促进大湾区文化的繁荣。

花都区

9月9日，由花都区盘古王民俗文化节组委会主办，花都区文化馆承办的2019年中国（狮岭）盘古王民俗文化节在花都区狮岭镇盘古王公园如期启幕，为期两天的文化节将为广大市民群众带来精彩纷呈的系列活动，本届盘古王民俗文化节推出了"盘古魂"——花都区武术展演、狮岭镇"庆盘古王诞、迎中秋"文艺汇演、"粤韵大戏台"——粤剧粤曲优秀节目展演、"多彩非遗"——非物质文化遗产观赏展示区、"狮王争霸"2019花都区第十三届醒狮精英大赛等10项活动，均为人民群众喜闻乐见、参与体验性强的活动。近年来，民俗文化节规模越来越大，层次越来越高，品牌越来越响，影响越来越广，实现了文化传承与经济发展的有效融合互促。

黄埔区

2018年12月28日—2019年1月3日，主题为"又见香雪，倾听花开·科技绚烂文化，创意美好生活"的第十一届萝岗香雪文化旅游节在黄埔区萝岗香雪公园南门广场正式开幕，活动为期7天。本次文化旅游节由黄埔区委、广州开发区党工委、黄埔区人民政府、广州开发区管委会主办，以"传承优秀文化、带动特色发展"为核心，大力推进文化惠民，立足岭南文化特色和群众文化需求，强调体验性，让游客在互动的品赏梅花和相关活动过程中感知、了解、感悟梅花的精神品质，培养热爱大自然的情怀，为黄埔区的优良形象增添绚烂色彩，为促进黄埔区文化旅游产业发展创造有利条件。

3月17—19日，第15届广州民俗文化节暨黄埔"波罗诞"千年庙会在南海神庙广场举行。本届活动由广州市文化广电旅游局，黄埔区委、广州开发区党工委、黄埔区人民政府、广州开发区管委会主办，黄埔区委宣传部、黄埔区文化广电新闻出版局承办，以"海丝长福地·波罗多良缘"为主题，"海丝盛会""非遗展演""五子朝王""章丘诗会""梨园荟萃"等十大主题活动依次展开，省内优秀的民俗文化、非物质文化遗产表演轮番登场，"互联网+"庙会活动等创意十足的活动为市民带来了更多新鲜感。

2月28日，第十二届横沙书香文化节（横沙会）暨2019年海外乡亲春禧联谊会在大沙街横沙书香街文化广场举行，主题为"千载书香萦绕横沙贺春禧，万里乡情共筑新梦赢未来"。横沙会形式多样，传承"鹿洞遗风"等优秀历史文化、理念，不断创新发展，各种活动都展示了横沙村对文化和教育的重视。

4月6日，张伟潮及其潮汇龙舟工作室同人参加韩国釜山国际龙舟赛进行中外龙舟文化交流，这是传统赛龙舟文化在国际上的一次展示和交流。

4月27日，黄埔区塘口醒狮团应邀赴澳门关闸广场工人体育馆参加"粤港澳传统醒狮精英邀请赛"，荣获金奖。

5月10日，参与2019年世界港口大会的贵宾参观南海神庙，"波罗诞""舞貔貅""舞春牛""凤舞""赛龙舟"等非遗项目在活动中展演。世界港口大会有港航界"奥林匹克盛会"之称，本届大会有来自超过50个国家千余名受邀嘉宾和专家学者参与。

5月21日，即农历四月十七是金花诞正诞日，第十一届长洲"金花诞"民俗文化活动在长洲金花庙广场隆重举行。长洲金花古庙今日迎来八方来客，众人一起重回明清时期长洲金花古庙的热闹场面。

6月，弘毅国术会代表中国参加了香港龙狮国术总会主办的"香港亚洲三地传统南师邀请赛"传统地狮项目，与来自世界的8支强队同台竞技，获得金奖，另在高桩赛中获得季军。

6月22日，由黄埔区钟氏文化协会主办的2019年玉岩诞在黄埔区玉岩书院前广场开幕。玉岩诞是萝岗钟氏后人为纪念钟玉而举行的极具特色的民俗传统文化活动，于每年农历五月二十日钟玉岩诞辰正日举行，拥有将近800年的历史。萝岗钟氏子孙在祭祖仪式上敬奉三牲，香烛果品祭祀先祖，传颂祖德祖恩，团结宗族，振兴家邦。仪式结束后，还有盛大的宗亲联谊会。

7—9月，由黄埔区文化广电新闻出版局主办，黄埔区文化馆、黄埔区民协乞巧分会共同承办的"展巧艺·赛巧手——2019年黄埔乞巧文化节"在黄埔区举行。本次乞巧节以"展""赛"为主题，开展为期51天的节庆系列活动，活动形式多样，内容包括"开幕式""巧艺精品创作大赛""巧艺精品展""民俗活动及祠堂贡台联展""乞巧民俗专题摄录""乞巧文化节巧姐、巧艺进校园、进社区"等七项活动组成。

10月30日—11月11日，应意大利帕多瓦大学孔子学院邀请，黄埔区弘毅国术会龚秉伟教练应赵伟斌会长邀请，前往意大利交流访问，开讲醒狮文化公开课、传授醒狮舞龙技艺。

11月25日—1月10日，黄埔区弘毅国术会应赵伟斌会长邀请派员参加广东省文旅厅安排的歌诗达大西洋号游轮旅行宣传南国醒狮活动。一行6人开启长达46天环游世界——南太平洋海上"狮"路文化之旅，抵达13个国家交流、巡演，刷新中国醒狮对外交流新纪录。

荔湾区

10月26日，第三届广州市青少年醒狮表演赛在文化公园中心台举行。来自全市11个区共22支青少年醒狮队同台献技，演绎创意醒狮节目，突显广州市青少年传承非遗醒狮的风采。

南沙区

4月26日，广州南沙天后宫迎来了一年一度的妈祖文化盛会——2019年第十一届广州南沙妈祖文化旅游节。此次活动从4月26日至28日，为期三天。妈祖文化是南沙的四大文化脉络之一，是南沙区的重点文化品牌活动。本届活动邀请了来自南沙对口扶贫地区之一的贵州省龙里县，带来了当地的苗族舞蹈《花棍舞》。妈祖文化与民族特色文化同台展示，是此次妈祖诞活动现场的最大特色。

10月27日，"不忘初心·牢记使命"第二届海峡两岸粤港澳大湾区音乐节2019广州南沙站在南沙区文化馆3楼小剧场举办，醒狮、麒麟、咸水歌、曲艺、香云纱秀等非遗团队亮相助阵活动演出。

番禺区

2月14日，"关帝十乡会"会景巡游在东环街左边村举行。番禺关帝十乡会源于明朝年间，至今已有100多年的历史，由番禺东环街东沙村、南村镇横坑村等十个自然村组成，十个村共同供奉"关帝圣君"神像，旨在抗击外来侵占，保卫家园。经过"十乡"共同研究决定，将每年的正月初十定为"十乡会景日"，也是"恭迎关帝圣驾"之日。按照习俗，"关帝圣君"神像轮流在"当甲"的村"坐镇"一年，左边村是2019年"当甲"，负责"接神"。

2月22日，番禺钟村街举行"康公出巡"活动。每年正月十八、十九这两天，钟村群众自发组织队伍，抬着康公主帅神像按既定路线巡游，途经钟一、钟二、钟三、钟四、胜石、汉溪六个村，又被称为"钟村出会"。发展至今，康公出巡已成为钟村一大文化名片，也是番禺颇具特色的民俗活动。

3月17—19日，即农历二月十一至十三，板桥波罗诞在番禺南村镇板桥村举行。板桥波罗诞又名"小波罗诞"，在活动期间，人们购买菠萝、鸡公仔、风车等代表好意头的物品，还会到南海神祠上香祈福。

4月27日，即农历三月二十三，潭山村娘妈诞在化龙镇举行。按照潭山村"三年一大搞"的惯例，本届活动未进行大型飘色抬搁，而举办了富有地方特色的民俗文化巡游活动，巡游由抬菩萨巡街、彩龙、醒狮、担花篮、吉祥物扮演、腰鼓队、回娘家等表演队伍共120人组成。

6月15日，即农历五月十三日，"弘扬传统文化 助力乡村振兴"2019年庆祝关帝诞鳌鱼舞民间文化巡游活动在大龙街沙涌村举行。巡游的队伍丰富多样，有鼎隆堂关圣帝君诞辰系列角色、"弘扬传统 振兴乡村"、鳌鱼舞一魁星引鳌、鳌龙吉祥、鳌跃龙腾、双龙出海等，整个巡游队伍由数百人组成，绵延上千米，吸引了众多市民游客观看。

8月6日，番禺区化龙镇潭山村乞巧文化节在许氏大宗祠开幕，49版乞巧贡案登场，展览持续四天。本届潭山乞巧文化节展出的49个乞巧版式（包含16版乞巧地式）中，题材除了传统的神话故事之外，还有紧贴新闻时事的新颖题材，以及"林则徐虎门销烟""贡元""招财进宝""刘金项""粤剧名伶"共5个新制作的乞巧版式。

天河区

3—10月，天河区非物质文化遗产保护中心和天河区车陂龙舟文化促进会共同主办首届"同舟杯·龙舟文创设计大赛"，本次大赛重点突出"龙舟文化"，以创造天河区更加优秀的文创环境，更好地保护非物质文化遗产为目标，向社会各界收集文创设计，号召大众关注并积极参与优秀非遗的传承与保育工作。此次比赛吸引了众多设计界大咖非遗传承人的积极参与。

6月3—10日，由天河区委宣传部、天河区文化广电旅游体育局主办的2019一水同舟国际龙舟文化艺术节在车陂村龙溪桥开幕。本次文化艺术节不仅在传统龙舟赛和盛大的传统招景活动有精彩呈现，还为游客提供扒龙舟体验、龙舟拔河趣味赛、宗祠游赏等一系列活化乡村文化的文旅产品项目，带来一场丰富的文化盛宴。

8月2—8日，以"七夕天河，活力广州"为主题的2019广州乞巧文化节在中国乞巧第一村——天河区珠村拉开帷幕。本届文化节由天河区委宣传部、天河区文化广电旅游体育局、广州乞巧文化节组委会主办，活动展示了"摆七娘""睇七娘""拜七娘"等传统乞巧习俗，七夕游·乞巧体验周、七夕嘉年华等节庆活动吸引了近60万国内外游客的参与，充分展现出"魅力天河、多彩乞巧、全民共乐"的岭南乞巧文化风情。

越秀区

2月19—25日，2019年广府庙会非遗展示区在北京路步行街中、南、北段铺开。本届庙会的非遗展示区由岭南精髓、大湾区遗珍、大湾区非遗慈善展和创市集四大展区组成，共三十三个非物质文化遗产项目参展，逾五十名非遗和民间艺术的传承人在现场与市民进行互动。特邀请来自北京、天津等地的21个市外非遗项目同台亮相，一连七天向市民传播各地的文化魅力。

1月15日，2019广东省第四届非物质文化遗产创意设计大赛顺利收官。本次大赛共计收集作品325件，包括广彩、广绣、蛋雕、陶艺、珐琅等不同种类的非物质文化遗产创意作品；共吸引了不同行业、不同年龄层次的286名参赛者，其中不仅有代表香港、澳门的工艺美术师，还有约七成来自高校、中小学和幼儿园的学生。本次大赛围绕"共享共荣·薪火传承"主题，以岭南文化为主线，延续了以当代设计展现岭南文化的传统，探索非物质文化与其他艺术种类的创意融合，对粤港澳大湾区的文化交流和传统文化的传承与发展有促进作用。

5月16—20日，第十五届中国（深圳）国际文化产业博览交易会（以下简称"文博会"）在深圳举行。本届文博会广州馆分静态展览和动态体验两大部分，为公众展示广州文化产业发展优势、国家级文化产业园区的创建成果、非遗资源活化道路、博物馆文创产品开发案例等内容，广州戏服、粤剧、西关打铜、岭南古琴等十个项目将近七十件作品及文创衍生品亮相，展会期间吸引了近万国内外领导嘉宾及群众到场参观。

7月15日，由越秀区新时代文明实践中心主办，越秀区非物质文化遗产保护中心协办的"2019年广州·世界青少年环保交流大会之越秀区新时代文明实践广府非遗国际交流活动"在北京路北段举行。近三百名来自世界各地的青少年代表共聚越秀，畅行广府文化源地，流连剪纸、广绣、醒狮等非遗项目的体验区，为"非遗绿色可持续消费与生产"出谋献策。当天下午，越秀区青少年代表与古琴艺术（岭南派）代表性传承人区宏山在主会场上，通过全球直播向世界青少年作了"大湾区可持续绿色城市"以及"非遗的绿色可持续生产与消费"的主题演讲，引起了全球网民对广府文化的兴趣，激发了世界青少年对非遗绿色发展的广泛讨论。

增城区

4月7日，由增城区新塘镇政府、增城区文化馆、新塘镇文化分馆联合举办的"新塘帅府爷出巡过坊"在新塘镇举行。新塘民间信奉帅府爷已有七百多年，帅府爷出巡过坊的习俗由于历史悠久、具有向善性、群众参与性广等原因得以很好地传承下来。

此次活动突显了地方特有的民俗风情，让更多群众近距离感受到中华民族传统文化以及非物质文化遗产的无穷魅力。

8月14日，增城区文化广电旅游体育局、正果镇人民政府、增城区文化馆、正果镇文化分馆联合举办的"2019年盘瓠王文化节活动"在正果镇畲族村举行。正果畲族盘瓠王节是纪念畲族始祖盘瓠王的节日，从畲族村民定居在此就开始举办，一直延续至今。

9月6日，为期两天的2019广州（增城）何仙姑文化旅游节在小楼镇何仙姑文化广场开幕。本届何仙姑文化旅游节以"勤贤孝善 和美小楼"为主题，由增城区委宣传部、文化广电旅游体育局指导，小楼镇党委、政府主办。何仙姑文化旅游节源于生活、源于基层，经过多年的发展，从一个地方性的节庆活动演变为广州市"一区一品牌"民间民俗文化活动，充分体现了增城人民对何仙姑文化的坚守与传承。

11月17日，剪纸传承人何丹凤及其学生参加在安徽省黄山市举办的全国首届"黄炎培杯"中华职业教育非遗创新大赛暨非遗职业教育成果展示会，剪纸作品《中国梦–舞火狗》获得三等奖和最佳组织奖。本次活动有来自西藏、广东、天津等全国22个省市自治区直辖市的53所应用本科、高职高专、中专院校的近300名师生（包括非遗大师）参加100多个非遗项目的展览比赛。

2020年

全市

1月14日，市文广旅局和市教育局主办、市龙狮协会承办的"非遗醒狮进校园成果汇报演出"。活动展示了全市各区的中小学醒狮精英团队以及在第三届广州市青少年醒狮表演赛获得金奖团队的精彩节目。

2—3月，广州市非物质文化遗产保护中心广泛组织发动全市各非遗项目保护单位和代表性传承人群创作抗疫作品、开展抗疫服务，选录发布"抗击疫情 广州非遗人在行动"系列公众号文章28篇。

3月，制定《广州市非物质文化遗产保护中心非物质文化遗产实物征集管理办法》。

5月13—14日，第七批市级非遗代表性项目传承人专家评审会在广州市文化馆召开。

5月27日—6月4日，广州市非物质文化遗产保护中心发布2020年"文化和自然遗产日"的"非遗推荐官"招募计划，并公布五位"非遗推荐官"骆伟瑜、闫涛、金玲、梁捷、陈俊晟，他们在"广州非遗购物节"多场直播活动中担任主播，探索出一条"非遗+文化名人志愿者"的新路。

5月30日，广州市非物质文化遗产保护中心组织广州饼印制作技艺项目赴东莞市参加"2020年东莞非遗墟市粤港澳城际联盟专场"。受疫情影响，该专场是2020年"东莞非遗墟市"首场线下活动，共有21个非遗项目、20个龙舟文创项目集中亮相。

6月11日，由广州市文化广电旅游局主办，广州市非物质文化遗产保护中心承办的2020年"文化和自然遗产日"广州非遗宣传展示活动暨"广州非遗购物节"启动仪在广州图书馆举行，启动仪式上还进行了广州市入选第六批省级代表性传承人证书颁发仪式和代表性传承人抗疫作品捐赠仪式。同时还推出"悬壶济世——广州传统医药类非遗项目抗击新冠肺炎疫情主题展览"，生动再现了广州传统医药类非遗项目的抗疫行动。

6月11日，由广州市非物质文化遗产保护中心开设的东家APP"我哋广式"线上非遗馆正式上线，作为2020年广州非遗购物节的线上主场，展示近50个非遗项目，吸引26家广州非遗单位入驻，这也标志着广州非遗传承人群正式集体"触网"、开始转型线上进行传播发展。

7—11月，广州市非物质文化遗产保护中心举行2020年度广州非遗新生代研培活动。本次活动以"老广餐桌再造"为主题，探寻在新生活方式需求下，将多类非遗项目融合成可落地体验的系统性场景的可能性，共计开展新生代研培活动30课时，8位专家学者和行业精英为新生代开课，31名广州非遗新生代和设计师、媒体参培，并出炉《广式生活方式体验报告》第一版和第二版。

7月13日，广州市文化广电旅游局发布《广州市文化广电旅游局关于公布广州市第七批非物质文化遗产代表性项目传承人名单的通知》，31人入选本批名单。

8月7日—10月1日，广州市非物质文化遗产保护中心参与承办在广州塔举办的"影响世界的中国非遗展——非遗见证广州与世界的对话"，此次展览是广州17项国家级非遗代表性项目首次集中展示，粤剧、岭南古琴艺术、"三雕一彩一绣"等项目以图文、视频、实物、场景、传承人活态演示等多种形式呈现，展品历史文物与当代作品交相辉映，生动反映了"海上丝绸之路"上广州与世界的对话。

9月11—15日上午，以"湾区花正开，工美促融合"为主题的2020粤港澳大湾区工艺美术博览会在海珠区琶洲国际会展中心盛大开幕。本次博览会荟聚了逾万件工美名匠精品，彰显了岭南地区独特文化魅力，塑造和丰富湾区人文精神内涵。在博览会"国匠杯"评比中，广彩传承人周承杰的作品《锦耀华勋》在"国匠杯"作品评选中斩获金奖，广州玉雕传承人余其泽的作品《随遇而安》、广绣传承人陆柳卿的作品《荔熟飘香醉岭南》分别获银奖，广州玉雕传承人尹志强的作品《荷塘清趣》获铜奖。

10月14日，由广州市文化广电旅游局主办，广州市非物质文化遗产保护中心承办的"广州非遗新作品展示宣传系列活动"，公开向社会征集100个非遗新作品，通过非遗作品来记录历史与当下，庆祝中国共产党成立100周年。

10月23—27日，广州广州市非物质文化遗产保护中心协助组织在济南举办的"第六届中国非物质文化遗产博览会"，策划组织了其中"感悟习近平总书记的非遗情缘"板块中的"永庆坊"展区，并组织广州非遗传承人群参与了非遗好物云销售、线上云展厅等线上展览。中国非物质文化遗产博览会是非遗领域的重要品牌活动，每两年举办一届，已连续举办五届。

10月31日—11月2日，广州市非物质文化遗产保护中心组织小凤饼制作技艺和广彩两个项目参加东莞市文化馆举办的东莞非遗墟市。广州非遗已多次参与东莞非遗墟市，为东莞市民带去了丰富多彩的广府文化，也促进了城际间的非遗保护经验交流。

11月6日—12月，由中共广州市委宣传部、中共潮州市委宣传部指导，广州市文化广电旅游局、潮州市文化广电旅游体育局共同主办的"广州·潮州非遗精品展"在广州塔举办，本次展览是广州与潮州两座国家历史文化名城首次携手举办非遗主题展览，通过两地非遗项目的对比式呈现和场景化展示，让游客切身感悟习近平总书记的非遗情缘和岭南文化的多样性与丰富性。

11月12日，由文化和旅游部恭王府博物馆与广州市文化广电旅游局合作共建的"国家非物质文化遗产展览展示研究中心（华南展示基地）"和"中国传统工艺振兴计划（广州）协同创新中心"成立仪式在广州举行。两个国字号非遗中心的学术科研机构落地广州，标志着广州非遗保护工作迈上新台阶，也将进一步推动华南地区乃至全国非遗的传承发展。

11月12—13日，由广州市文化广电旅游局主办、广州市非物质文化遗产保护中心协办的全市非遗代表性传承人培训班在广州举办，共有170余名非遗传承人和非遗保护工作者参加培训。

11月12日，文旅部原副部长项兆伦，文旅部非遗司原巡视员、国家非物质文化遗产展示保护基地专家委员会主任马盛德等专家到北京路步行街调研。

12月，广州市非物质文化遗产保护中心正式出版《广州非遗校园读本》，以生动活泼、通俗易懂、互动性强的讲述方式，在十类非遗代表性项目中，每类选取一个项目做典型课例，呈现了五羊传说、广东音乐、粤剧、粤语讲古、广东醒狮、洪拳、广彩、广式月饼制作技艺、陈李济中药文化、乞巧节十个非遗项目，同时旁及同类所有项目，让读者比较全面了解广州非遗的全貌。

12月5日，由广州市文化广电旅游局、荔湾区人民政府主办，广州市龙狮协会执行承办的"第四届广州市青少年醒狮表演赛"在文化公园中心台隆重举行。本次活动旨在促进国家级非遗项目"广东醒狮"的繁荣发展，推动广东醒狮项目在青少年中的推广以及彰显"老城市新活力"的传承创新。广州市青少年醒狮表演赛每年一届，从2017年举办以来，至今已经连续举办第四届，已成为检验非遗进校园、进社区效果和影响力的品牌赛事，同时也有力推动了荔湾区优秀传统文化传播和传承发展。

12月11日，第二届中国非遗传承与创新发展高峰论坛暨2020年度非遗传承创新模范人物颁奖典礼在北京友谊宾馆举行，增城区文化馆彭小荣荣获中国非遗传承创新先锋模范人物称号。

12月15日，由广东省非遗保护中心和东莞市人民政府主办的第三届广东省青少年麒麟舞邀请赛在樟木头镇市民休闲广场举行，来自全省的16支队伍同台竞技，共同展示客家麒麟舞的新传承。南沙区黄阁镇麒麟队在赛事中获得金奖，从化区东风小学麒麟舞队获银奖。

12月27日，由广东省文化和旅游厅指导，广州市文化广电旅游局主办，广东省非物质文化遗产保护中心、广州图书馆、广州市非物质文化遗产保护中心协办，中山大学中国非物质文化遗产研究中心、广州翼空港文旅小镇支持协办的"2020非遗品牌大会（广州）"在广州图书馆举办。本次大会邀请了各界代表，重点关注"非遗如何赋能行业和品牌"与"非遗品牌传播与大事件营销"，聚焦"品牌建设、非遗创新、晋级国礼、营销传播、接轨新生代"等热门话题，汇聚多元观点，激发深度探讨，助力新时代、新格局下非遗品牌的传播与发展。

12月29日，国家文化和旅游部非遗司一级巡视员、负责人王晨阳调研广州非遗街区。

12月31日，由广州市文化广电旅游局主办，广州市非物质文化遗产保护中心承办的"记录我们的新时代——广州非遗新作品展示宣传系列活动"，评选出100个广州非遗新作品。活动通过新作品征集、创作过程记录、展览展演、党建研学、发布报告等多种形式，展现新时代广州非遗的发展活力。

各区

（按音序排列）

白云区

9月8日晚，2020广东时装周一秋季暨广州（白云）时尚设计产业交流推介系列活动开幕式在白云区国际会议中心举行，白云区拳术节目受邀参与开幕式演出。白云区非遗保护中心精心编排区代表性拳术表演节目参加开幕式表演，作为开幕式开场节目，充分展现了白眉拳、洪拳、蔡李佛拳三个市级项目的特色，武术与时装融合，刚柔并济，颇具观赏性。完美诠释了非遗与设计的跨界融合，促进非遗活化传承。

从化区

1月1日，由广州市从化区文化广电旅游体育局和从化区江埔街道办事处主办的2020年首届广州从化文化艺术节——广州市客家山歌邀请赛在从化区江埔街凤二村客家山歌广场举行，约有2000多名群众参与活动。本次比赛共有15支来自广州市各区的山歌队伍同台竞技，选手们带来了别具本土特色的原生态唱法"过山拉"、创新性的山歌说唱、接地气的山歌情景剧，还有独唱、表演唱、歌伴舞等多种形式的参赛作品。

海珠区

9月，广药陈李济大厦实现首层进行试运营，首层整体以"国家非遗、广州印记、广药老字号、陈李济老铺"为路径进行综合展现。在运营期间，陈李济非遗工作室以"中医药非遗活化"为核心目标，通过"器、技、艺、礼"等手段，以"展贸、体验、交流"等形式，向广大市民推广传统中药文化。

9月，白云山光华制药股份有限公司参加由中国中药协会主办的国际亳州中医药博览会，此次博览会邀请资深专家与传承人一起深入小柴胡方中中药的道地产地，学习中药的种植、采收、加工等，为更好地传承小柴胡非遗项目所包含的价值收集资料，同时也培训传承人，提升技艺水平。

花都区

9月9日，在"小茹裙褂"品牌成立18周年之际，小茹裙褂携手非遗技艺创新服饰及传统钉金绣裙褂亮相2020广东时装周。"广东时装周小茹裙褂18周年庆（非遗专场）"通过一场别开生面的钉金绣裙褂大秀，掀起了"非遗+时尚"热潮。

9月25日，2020年中国（狮岭）盘古王民俗文化节暨花都区第十七届体育节"醉美花都行"徒步活动在狮岭镇盘古王公园隆重举行。本届活动以"拜盘古·祈永昌"为主题，旨在擦亮"盘古王文化"品牌，弘扬传承花都深厚的历史文化，形成全区民俗氛围，提升城市整体文化内涵。随后，"狮王争霸"2020年花都区第十四届传统醒狮精英大赛暨花都区第十七届体育节龙狮锦标赛决赛隆重举办。促进我区民间艺术发展，进一步提高我区醒狮技艺水平，丰富广大群众的精神文化生活。

黄埔区

2019年12月26日—2020年1月1日，"第十二届萝岗香雪文化旅游节"在黄埔区萝岗香雪公园南门广场正式开幕。本届文化节由黄埔区委、广州开发区党工委，黄埔区人民政府、广州开发区管委会主办，以"又见香雪·倾听花开——用心创造美好生活"为主题，集聚多元休闲旅游元素，融观展、赏花、美食、文艺、休闲娱乐为一体，更强调体验性，让人们在系列活动中了解"梅"文化，感悟梅花的精神品质。香雪节结合每年梅花花期举办，历经11年，已成为广州市知名文化旅游品牌。

7月10日（农历五月二十日），由黄埔区钟氏文化协会主办的"2020年玉岩诞文化节"在黄埔区玉岩书院前广场开幕。每年农历五月二十日是钟玉岩之诞辰日，钟玉岩的后代为追思祖先德行、团结乡里、教育后人，在玉岩书院内举办隆重的"玉岩诞"。在黄埔区钟式文化协会的创新下，玉岩诞成为一个非遗展示、文化交流与传播的综合性文化节。

8月10日—9月18日，由黄埔区文化馆主办的"翘首七夕——2020黄埔乞巧文化节"在线上线下同步开展，期间举办"巧艺精品创作网络大赛""乞巧文化节巧姐、巧艺进校园、进社区网上慕课"两项活动。

荔湾区

3月18日，荔湾区非遗中心组织国务院政府特殊津贴专家、国家级广彩大师谭广辉、荔湾区广绣大师王新元作为授课老师远赴贵州毕节开展非遗技艺交流和文化产业扶贫培训等对口帮扶工作，拓展了两地对口帮扶的内涵与外延。

8月17日，荔湾区非遗保护中心在沙面和曦美术馆举办"荔湾区三雕一彩一绣非遗大师精品展"，展览集合了荔湾区8个工艺美术类非遗项目、15位非遗大师的精品力作近200件，可以说是近年来规格高、范围广的非遗大师精品展。

8月22日，广州非遗街区（永庆坊）正式开市。广彩、广绣、珐琅、骨雕、榄雕、醒狮、饼印、箫笛、古琴等具备较强创新意识和市场运营能力的10个项目进驻非遗街区，10间集展示、展销、体验、传承、交流、培训等功能为一体的非遗大师工作室在街区建立。

南沙区

9月24日，南沙区组织"东涌咸水歌""黄阁麒麟舞"参加波密县文旅局文化交流。"东涌咸水歌""黄阁麒麟舞"是南沙区独具特色的非物质文化遗产项目。

10月30日，南沙区举办"弘扬妈祖大爱精神　助建人类命运共同体"2020年第十二届广州南沙妈祖文化旅游节。妈祖文化是南沙的四大文化脉络之一，广州南沙妈祖文化旅游节至今已成功举办了11届，对妈祖文化的传承和发扬起了重要作用。

番禺区

11—12月，分别在市桥中心小学（11月18日进行启动仪式）、番禺中学附属学校、市桥德兴小学、石楼中心小学、大石小学、沙湾西村育才小学、二师附属小学、石碁傍江东小学、钟村韦大小学、大博学校等10间中小学举办2020年未成年人剧场暨非遗进校园活动——粤剧艺术进校园活动。

12月5日，广彩和广绣部分作品参加2020年小谷围国际产业人才大会暨科技创新大会欢迎晚宴非遗展示环节。

天河区

8月19—26日，2020广州乞巧文化节通过"线上+线下"的创新方式开展，同时首次打破以官方主办为主要形式的传统模式，引入社会组织、文化企业、文创产业园区、旅游景区等多方力量共同参与，在广州市乞巧文化博物馆、明德堂、广州塔、中国科学院华南植物园、广州天河公园天河艺苑、琪林里文旅产业园、科学家之家创工场、花城汇多地同步举行。本届广州乞巧文化节包含启动仪式暨珠村民俗文化展、1场主题论坛、4大主题活动及多个特色活动等内容。

12月，"潮汕工夫茶文化"的保护单位广东省茶文化研究院出版的《潮汕工夫茶源流考》被评为"广东省优秀社会科学普及作品"。《潮汕工夫茶源流考》共分六章，约17万字，作品内容通俗有趣，在弘扬工夫茶文化中坚定文化自信，普及工夫茶知识，兼具通俗性和学术性。

越秀区

6月11日，越秀区发布了全球首套通草画文化传承系列教材《非遗玩家·通草画》。该套教材由中共越秀区委宣传部、越秀区文化广电旅游体育局、越秀区教育局指导，越秀区文化馆、越秀区少年宫、越秀区非物质文化遗产保护中心共同推出，参照我国中小学生美术教学大纲，以螺旋式、循序渐进的方式分三册递进编排，以文化探索、品读趣味、创新学习为主线，针对通草画的历史、文化、题材、技艺、装裱等方向进行解构和教学。

10月24日，越秀区"广府非遗进校园"入选全国第二届"非遗进校园"十大优秀实践案例，是广东省唯一一个入选的优秀实践案例。越秀区以校园生活为立足点，建设杨箕小学等多个教育传承基地，采用"教师+传承人"的模式，通过第二课堂、"430课堂"、学生社团活动、专题讲座、艺术节、综合实践活动等形式，为青少年创造浸入式的非遗学习情境。

增城区

7月1日，榄雕传承人周汉军参加第七届珠三角工艺美术作品邀请展，其设计创作的榄雕作品《白衣圣人·钟南山》荣获工美金匠奖银奖。邀请展共展出450件作品，其中包括多位国家、省、市级工艺美术大师和非物质文化遗产传承人、一大批新晋高级工艺美术师、高级技师以及珠三角工艺美术行业年轻新人的作品，作品形式新颖，风格多样。

9月10日，增城区剪纸非遗传承培训基地挂绿小学入选了2020年度广东省"非遗进校园"十大优秀案例之一。广东省"非遗进校园"优秀案例评选活动由广东省文化和旅游厅指导，广东省振兴传统工艺工作站主办，旨在切实加强对青少年学生的中华优秀传统文化教育，推动非遗保护传承事业蓬勃发展。这次入围广东省"非遗进校园"十大优秀案例，为增城区非遗传承与保护添上了浓墨重彩一笔。

11月1日，由增城区文化广电旅游体育局、增城区文学艺术界联合会主办，增城区文化馆承办的增城区乡村振兴之二——"第二届精雕细榄—榄雕艺术联展"在1978文化产业创意美术馆开展。本次展览共展出增城区各级代表性传承人和知名榄雕艺人等9人45件作品，展期将持续至11月10日。近年增城区来大力发展榄雕文化事业，不仅逐步培育榄雕代表性传承人的梯队建设，榄雕产业和市场逐渐转好，产业化态势也逐步形成。此次榄雕艺术联展充分展示了微雕传统工艺以及群文工作效能。